Università Italiana per Stranieri

Ignazio Baldelli
Alberto Mazzetti

Vocabolario minimo della lingua italiana per stranieri

1741 parole
con frasi ed esempi di uso frequente
e con traduzione
in inglese, francese, tedesco e spagnolo

Le Monnier – Firenze

Prima edizione: luglio 1974.
Prima ristampa: dicembre 1975.
Seconda ristampa: gennaio 1977.
Terza ristampa: gennaio 1978.
Quarta ristampa: ottobre 1979.
Quinta ristampa: maggio 1981.
Sesta ristampa: ottobre 1985.
Settima ristampa: aprile 1989.

ISBN 88-00-85283-1

PROPRIETÀ LETTERARIA RISERVATA

Si ritengono contraffatte le copie non firmate
o non munite del contrassegno della S.I.A.E.

C.M. 852.837

16317-7 – Stabilimenti Tipolitografici «E. Ariani» e «L'Arte della Stampa»
della S.p.A. Armando Paoletti – Firenze

Il Vocabolario minimo *della lingua italiana per stranieri è nato dall'esperienza dell'Università Italiana per Stranieri di Perugia.*

Nel Vocabolario minimo *si trovano le parole di uso più frequente della lingua italiana; più largo è il* Vocabolario *per le necessità degli studenti stranieri e degli stranieri che viaggiano in Italia.*

In molti casi nel Vocabolario minimo *si troverà soltanto la parola più frequente di tutta una famiglia di parole (per esempio, c'è* regalo *ma non c'è* regalare*).*

Nel Vocabolario minimo *ogni parola è seguita da frasi ed esempi che da soli sono sufficienti per la conoscenza della lingua d'uso: basterebbe quindi leggere e studiare tali frasi per imparare in maniera* sufficiente *la lingua italiana.*

Tenuto conto del carattere del Vocabolario minimo*, si danno di solito, nelle frasi, soltanto i significati più frequenti delle parole ammesse.*

La traduzione delle parole in inglese, francese, tedesco e spagnolo naturalmente serve per un primo aiuto (perciò non è stata data la traduzione delle preposizioni e di molte altre parole grammaticali) e indica quasi sempre soltanto un valore della parola tradotta, tenendo conto di solito del primo significato che si incontra nelle frasi.

Tutte le forme degli articoli e dei pronomi personali sono indicate al loro posto secondo l'alfabeto; sono poi trattate in fondo al Vocabolario*, insieme alle coniugazioni principali dei verbi.*

L'abbreviazione che segue la parola indica il rapporto grammaticale; segue la traduzione in inglese, francese, tedesco e spagnolo; si danno poi le forme irregolari, quando necessarie; seguono le frasi. Tali frasi sono divise in due o più gruppi soltanto quando le parole hanno significati o usi grammaticali molto diversi fra di loro.

Le frasi idiomatiche o i proverbi sono spiegati soltanto quando non si comprendano di colpo o non siano chiari attraverso le lingue straniere usate nelle traduzioni.

Le frasi in discorso diretto molto forte sono messe fra virgolette.

Per le forme irregolari dei verbi composti, si rimanda di solito al verbo semplice.

ABBREVIAZIONI

agg.	aggettivo	loc. avv.	locuzione avverbiale
art.	articolo		
aus.	ausiliare	loc. cong.	locuzione congiuntiva
avv.	avverbio		
cond.	condizionale	loc. prep.	locuzione prepositiva
cong.	congiuntivo		
congz.	congiunzione	m.	maschile
determ.	determinativo	num.	numerale
dim.	dimostrativo	part.	participio
ecc.	eccetera	pass.	passato
esclam.	esclamazione	pers.	personale
es.	esempio	pl., plur.	plurale
f.	femminile	poss.	possessivo
fig.	figurato	prep.	preposizione
fut.	futuro	pres.	presente
ger.	gerundio	pron.	pronome
idiom.	idiomatico	pronom.	pronominale
imp.	imperativo	prov.	proverbio
impers.	impersonale	rec.	reciproco
imperf.	imperfetto	reg.	regolare
indeterm.	indeterminativo	rel.	relativo
ind.	indicativo	rem.	remoto
indef.	indefinito	rifl.	riflessivo
inter.	interiezione	sing.	singolare
interr.	interrogativo	s.	sostantivo
intr.	intransitivo	tr.	transitivo
invar.	invariabile	v.	verbo
irr.	irregolare	voc.	vocale
loc.	locuzione		

A

a, prep. ⊚ Ho dato il libro di storia a tuo fratello; Ho fatto leggere ad alcuni amici la tua lettera; È andato a casa; Siamo alla fine del viaggio; Abita a cento metri da casa mia; Verrò a Natale; « Andiamo a spasso? »; È stato condannato a tre anni di prigione; Bevo alla tua salute!; Ho comprato una barca a motore; Uova al burro; Carne ai ferri; I ragazzi giocano a palla; Uscivano dalla scuola a due a due; Posso fare questo lavoro ad occhi chiusi.

abbandonare, v. tr. *to abandon; abandonner; verlassen, ueberlassen; abandonar* ⊚ Mio zio ha abbandonato la sua famiglia; È stato abbandonato dai suoi amici, perché dice troppe bugie.

abbastanza, avv. *enough; assez; genug; bastante* ⊚ « Hai mangiato abbastanza? »; La mia camera da letto è abbastanza grande; « Hai fatto abbastanza bene l'esercizio di grammatica ».

abbracciare, v. tr. *to embrace; embrasser; umarmen; abrazar* ⊚ Prima di partire ho abbracciato tutti i miei amici; Il bambino alla vista del cane abbracciò la mamma.

abbreviazione, s. f. *abreviation; abréviation; Abkuerzung; abreviatura* ⊚ *Pron. pers.* sono le abbreviazioni di *pronome personale.*

abitante, s. m. e f. *inhabitant; habitant; Einwohner; habitante* ⊚ Gli abitanti di questa città aumentano di anno in anno; « Quanti abitanti ha la tua città? ».

abitare, v. intr., aus. *avere to live (in); habiter; wohnen; habitar* ⊚ « Dove abiti? »; Lo studente abita con i suoi genitori; Non abito più in città, abito in campagna; « Abita qui il signor...? ».

abito, s. m. *suit, dress*; *vêtement*; *Anzug, Kleid*; *traje, vestido* ⊚ « Ti sta molto bene quest'abito »; Per andare a questa festa è necessario l'abito scuro; La signora è venuta con un abito da sera molto elegante.

abituarsi, v. rifl. *to get used to*; *s'habituer*; *sich gewoehnen an*; *habituarse* ⊚ Non mi sono ancora abituato a questo clima; Ci siamo abituati ai rumori.

abitudine, s. f. *habit, custom*; *habitude*; *Gewohnheit*; *costumbre* ⊚ Ha l'abitudine di alzarsi presto la mattina; « Prendi l'abitudine di rispondere subito a chi ti scrive ».

accademia, s. f. *academy*; *académie*; *Akademie*; *academia* ⊚ Accademia di Belle Arti; Accademia delle Scienze.

accadere, v. intr. *to happen*; *arriver*; *geschehen*; *suceder*. [solo 3ª persona: pass. rem. *accadde, accaddero*; fut. *accadrà, accadranno*; cond. *accadrebbe, accadrebbero*] aus. *essere* ⊚ In quell'anno accaddero molte disgrazie. (Vedi SUCCEDERE).

accanto, prep. *beside*; *à côté*; *neben, daneben*; *junto a*. 1. « Posso sedermi accanto a te? »; Il cane sta accanto al fuoco. 2. avv. ⊚ L'avvocato abita qui accanto.

accendere, v. tr. *to light*; *allumer*; *anzuenden*; *encender*. [pass. rem. *accesi, accendesti, accese, accendemmo, accendeste, accesero*; part. pass. *acceso*] ⊚ Per favore, mi accende la sigaretta?; « In questa camera fa molto freddo: perché non accendi la stufa elettrica? »; La mamma accende tutte le sere la radio alla stessa ora.

accendisigaro, s. m. *(cigarette-)lighter*; *briquet*; *Feuerzeug*; *encendedor* ⊚ « Vuoi i fiammiferi o l'accendisigaro? ».

accento, s. m. *accent*; *accent*; *Akzent*; *acento*. 1. Su questa parola ci vuole l'accento. 2. Parlava italiano con forte accento straniero.

accettare, v. tr. *to accept*; *accepter*; *annehmen*; *aceptar* ⊚ « Accetto volentieri il tuo bel regalo »; Paolo non accetta mai le idee degli altri.

accidenti, inter. *dash!, damn!*; *zut!*; *verdammt!*; *¡caramba!, ¡caracoles!* ⊚ « Acccidenti! Mi son fatto male alla mano ».

accogliere, v. tr. *to welcome*; *accueillir*; *aufnehmen*; *acoger*. [vedi COGLIERE] ⊚ Il padrone di casa ci ha accolti con piacere; Abbiamo accolto con gioia la bella notizia.

accomodare, v. tr. *to mend, to repair*; *arranger*; *ausbessern*; *reparar*. 1. Il mio orologio non va bene, devo farlo accomodare; Abbiamo accomodato la vecchia casa. **2. accomodarsi,** v. rifl. ◦ «Posso entrare?» «Prego, si accomodi! Entri pure».

accompagnare, v. tr. *to accompany; accompagner; begleiten; acompañar* ◦ Ho accompagnato mio fratello dal dottore; «Accompagnate i vostri amici al treno»; «Perché non vuoi accompagnare la tua sorellina a scuola?».

accordo, s. m. *agreement; accord; Zustimmung; acuerdo* ◦ Io e mio zio lavoriamo in perfetto accordo; Andiamo sempre d'accordo; Abbiamo deciso la cosa di comune accordo; I miei fratelli non vanno d'accordo, discutono spesso; «Allora ci vediamo stasera alle sette, va bene?» «Sì, d'accordo!».

accorgersi, v. intr. *to notice, to realize; s'apercevoir; bemerken; darse cuenta.* [pres. *mi accorgo, ti accorgi,* ecc.; pass. rem. *mi accorsi, ti accorgesti, si accorse, ci accorgemmo, vi accorgeste, si accorsero;* part. pass. *accorto*] aus. *essere* ◦ Non si era accorto che ero entrato e perciò continuò a parlar male di me; Mi accorgo che si è fatto tardi, devo partire; Quando mi accorsi di avere sbagliato, gli chiesi scusa.

accusare, v. tr. *to accuse; accuser; beschuldigen; acusar* ◦ Lo accusano di aver ucciso il suo compagno di lavoro.

aceto, s. m. *vinegar; vinaigre; Essig; vinagre* ◦ «L'insalata la preferisce con l'aceto o senza?».

acqua, s. f. *water; eau; Wasser; agua* ◦ Ho sete, voglio bere un bicchiere d'acqua fresca; Una camera con acqua corrente calda e fredda; Acqua minerale; Acqua dolce (*di lago, di fiume*). Frase idiom., «Acqua in bocca!» (*non parlare a nessuno di questa cosa!*); Trovarsi in cattive acque (*avere una crisi economica*).

adatto, agg. *suitable; approprié; passend; conveniente, apropiado* ◦ Non mi sembra il momento adatto per dirglielo; È la persona più adatta per parlare di questo argomento; Questa ragazza non è adatta allo studio delle scienze naturali.

addio, esclam. *good-bye; adieu; auf Wiedersehen; adiós.* **1.** «Devo proprio andare, ti saluto, addio!»; «Addio papà!»; «Ciao! addio!». **2.** s. m. ◦ Abbiamo dato l'ultimo addio al caro amico; Lo studente ha dato l'addio alla sua vecchia scuola.

addirittura, avv. *quite, really; vraiment; wirklich; aun incluso* ◦ Sembra che il tempo si sia addirittura fermato; È addirittura amico del ministro.

addormentare

addormentare, v. tr. *to send to sleep*; *endormir*; *einschlaefern*; *dormir*. **1.** La mamma addormenta il suo bambino. **2. addormentarsi,** v. intr. pronom. *to go to sleep* ⊙ Ieri sera avevo molto sonno e perciò mi sono addormentato subito.

addosso, avv. e prep. ⊙ « Fa freddo, mettiti addosso qualcosa di lana »; È caduto addosso a me.

adesso, avv. *now*; *maintenant*; *jetzt*; *ahora* ⊙ Vengo adesso da casa sua; Adesso siamo tutti; Il treno è arrivato adesso adesso.

aereo, s. m. *aeroplane*; *avion*; *Flugzeug*; *avión*. **1.** Molti hanno paura di viaggiare in aereo. **2.** agg. ⊙ Questa lettera deve arrivare presto, la manderò per via aerea.

aeroporto, s. m. *airport*; *aéroport*; *Flughafen*; *aeropuerto* ⊙ Accompagno all'aeroporto la mia fidanzata; Vado all'aeroporto per salutare il mio professore.

affacciarsi, v. intr. pronom. *to appear, to face*; *se montrer*; *sich zeigen*; *asomarse* ⊙ Quando sentii bussare, mi affacciai alla finestra per vedere chi era.

affare, s. m. *business, affair*; *affaire*; *Angelegenheit*; *asunto* ⊙ Ho pagato poco questa auto quasi nuova, credo di aver fatto un buon affare; Suo padre è un uomo d'affari; « Non ti devono importare queste cose: sono affari privati »; È il ministro degli Affari Esteri.

affatto, avv. ⊙ Non sono stanco affatto; Non è tardi affatto; « Va bene così? » « Niente affatto! ».

affetto, s. m. *affection, love*; *affection*; *Zuneigung*; *afecto* ⊙ Dimostra molto affetto per la sua famiglia; Sento un grande affetto per lui.

affitto, s. m. *rent*; *location*; *Miete*; *alquiler* ⊙ Devo pagare l'affitto di casa; Ho preso in affitto una bella camera; L'affitto del mio appartamento è molto alto.

affresco, s. m. *fresco*; *fresque*; *Fresko*; *fresco*. [pl. *affreschi*] ⊙ In quella chiesa ci sono dei begli affreschi.

affrontare, v. tr. *to face (up to)*; *affronter*; *gegenuebertreten*; *afrontar* ⊙ I soldati hanno affrontato il nemico con molto coraggio; Dobbiamo affrontare questo pericolo.

aggettivo, s. m. *adjective*; *adjectif*; *Adjektiv*; *adjetivo* ⊙ Nelle frasi *Il fiore rosso, Il mio quaderno, rosso* e *mio* sono aggettivi.

aggiungere, v. tr. *to add*; *ajouter*; *hinzufuegen*; *añadir*. [pass. rem. *aggiunsi, aggiungesti, aggiunse, aggiungemmo, aggiun-*

allegro

geste, aggiunsero; part. pass. *aggiunto*] ◉ È necessario aggiungere un po' di sale alla minestra; «Ti ho detto tutto, non voglio aggiungere altro».

agitare, v. tr. *to shake*; *agiter*; *schuetteln*; *agitar*. **1.** «Prima di prendere la medicina, dovete agitare la bottiglia»; Agitava il fazzoletto per salutare gli amici. **2. agitarsi**, v. rifl. ◉ Il malato si è agitato tutta la notte; «Stai tranquillo, non agitarti!».

agosto, s. m. *August*; *août*; *August*; *agosto* ◉ In Italia, agosto è il mese più caldo dell'anno; Tornerò ad agosto.

agricoltura, s. f. *agriculture*; *agriculture*; *Landwirtschaft*; *agricultura* ◉ In questo paese l'agricoltura è in crisi.

aiutare, v. tr. *to help*; *aider*; *helfen*; *ayudar* ◉ «Aiutami a fare l'esercizio»; Abbiamo aiutato i nostri amici; Un buon caffè aiuta a digerire.

aiuto, s. m. *help*; *aide*; *Hilfe*; *ayuda* ◉ Chiedere aiuto; Ho avuto quel posto senza l'aiuto di nessuno; Spero di avere un aiuto da mio padre per comprare la casa.

ala, s. f. *wing*; *aile*; *Fluegel*; *ala*. [pl. *le ali*] ◉ Un uccello con grandi ali; I motori degli aerei sono spesso sulle ali.

albergo, s. m. *hotel*; *hôtel*; *Hotel*; *hotel*. [pl. *alberghi*] ◉ Quando sono arrivato a Roma, ho preso una camera in un albergo vicino alla stazione; Albergo al centro della città.

albero, s. m. *tree*; *arbre*; *Baum*; *árbol* ◉ Nel giardino ci sono molti alberi; È un albero da frutto; Sto preparando l'albero di Natale.

alcuno, agg. e pron. *some*; *quelques*; *einige*; *alguno*. **1.** Ho visto alcune città italiane; C'erano alcuni bambini che giocavano; Questa mattina mancano alcuni studenti; Non ho alcun bisogno di lavorare. **2.** Alcuni arrivano sempre tardi; Alcuni di voi mi hanno chiesto di ripetere la lezione.

alfabeto, s. m. *alphabet*; *Alphabet*; *Alphabet*; *alfabeto* ◉ «Quante sono le lettere dell'alfabeto italiano?» «Ventuno».

alleato, agg. e s. m. *allied, ally*; *allié*; *Verbuendeter*; *aliado*. **1.** L'esercito alleato venne subito in nostro aiuto. **2.** Gli alleati non erano d'accordo sulle condizioni di pace.

allegro, agg. *cheerful*; *joyeux*; *froehlich*; *alegre* ◉ È un giovane sempre allegro; Una musica allegra.

allievo

allievo, s. m. *pupil*; *élève*; *Schueler*; *alumno* ⊙ È un bravo allievo; Gli allievi e le allieve ascoltano la lezione del loro professore con attenzione.

allontanare, v. tr. *to remove*; *éloigner*; *entfernen*; *alejar*. **1.** Ho allontanato la sedia dalla tavola; La madre è stata allontanata dal luogo della disgrazia. **2. allontanarsi,** v. intr. pronom. ⊙ Mi sono allontanato soltanto cinque minuti; «Non allontanarti dalla riva!».

allora, avv. *then*; *alors*; *dann*; *entonces*. **1.** Quando ha ripetuto per la decima volta lo stesso sbaglio, allora ho perso la pazienza; Da allora non l'ho più visto; Ero uscito allora allora (*proprio in quel momento*). **2.** «Non ti piace nemmeno questo dolce? Allora vuol dire che non hai fame»; «Se non viene tuo fratello, allora non vengo nemmeno io».

almeno, avv. *at least*; *au moins*; *wenigstens*; *por lo menos* ⊙ «Dovresti studiare almeno due ore al giorno»; «Dammi almeno mille lire»; Almeno facesse bel tempo!

altezza, s. f. *height*; *hauteur*; *Hoehe*; *altura* ⊙ Vogliamo misurare l'altezza di quella casa; In questo punto l'altezza dell'acqua è di circa sette metri; Questo aereo può volare a una grande altezza.

alto, agg. *high*, *tall*; *haut*, *grand*; *hoch*; *alto* ⊙ Mio fratello è più alto di me; È un albero alto dieci metri; È un negozio che ha prezzi alti; Parlare a voce alta (*forte*); Alta Italia (il Nord d'Italia).

altrettanto, agg., pron., avv. **1.** Sulla tavola c'erano sei libri e altrettanti quaderni. **2.** «Buon anno!» «Grazie e altrettanto a te!». **3.** Mio fratello è stato bravo, ma anch'io ho fatto altrettanto bene.

altrimenti, avv. *otherwise*; *autrement*; *sonst*; *de otro modo* ⊙ «Devo partire, non posso fare altrimenti»; Non saprei esprimermi altrimenti; «Fa' presto, altrimenti perdi il treno».

altro, agg., pron. *other*, *autre*; *anderer*; *otro*. **1.** Non è venuto con noi, ha preso un altro treno; Io sono restato, mentre gli altri amici sono partiti; Ho comprato un altro vestito; Non posso venire oggi, verrò un'altra volta; L'ho visto l'altro ieri (*due giorni fa*). **2.** «Ho già letto il libro, puoi darmene un altro?»; Non m'importa ciò che pensano gli altri; È un modo come un altro per fare denaro; Non ho altro da dire; Non fa altro che lavorare.

alzare, v. tr. *to raise*, *to lift up*; *lever*; *aufheben*, *erheben*; *alzar* ⊙ Non riesco ad alzare la valigia, pesa troppo; Il maestro alza spesso la voce (*grida spesso*). **2. alzarsi,** v. intr. pronom. ⊚ «A che ora ti sei alzato stamattina?»; A quelle parole s'alzò ed uscì dalla stanza.

amare, v. tr. *to love*; *aimer*; *lieben*; *amar* ⊚ La madre ama i suoi bambini; Tutti amano la propria patria.

amaro, agg. *bitter*; *amer*; *bitter*; *amargo* ⊚ Preferisco il caffè amaro, senza zucchero; Mi sono alzato con la bocca amara; Ha avuto un'amara sorpresa.

ambasciata, s. f. *embassy*; *ambassade*; *Botschaft*; *embajada* ⊚ «Mi rivolgerò all'ambasciata del mio paese!»; Lavora all'ambasciata.

ambiente, s. m. *environment*; *le milieu*; *Umgebung*, *Milieu*; *ambiente* ⊚ Quest'animale vive molto bene qui: è nel suo ambiente naturale; Mi piace andare spesso dai nostri vicini: la loro casa è un ambiente sereno.

amicizia, s. f. *friendship*; *amitié*; *Freundschaft*; *amistad* ⊚ La mia amicizia per te è veramente profonda; Ho fatto amicizia con un bravo giovane; Vivo in amicizia con tutti; Rompere l'amicizia.

amico, agg. e s. m., f. -a *friend*; *ami*; *Freund*; *amigo*. [pl. m. *amici*, pl. f. *amiche*]. **1.** Era solo in quella città e sentiva il bisogno di un viso amico; È bello, nei momenti difficili, sentire una parola amica; È una nazione amica. **2.** Quel medico è un amico di mio padre; Questa sera verranno le amiche di mia sorella.

ammalarsi, v. intr. pronom. *to fall ill*; *tomber malade*; *erkranken*; *enfermarse* ⊚ Mi sono ammalato durante il viaggio; «È molto freddo: se non ti copri bene, ti ammalerai!».

ammazzare, v. tr. *to kill*; *tuer*; *toeten*; *matar* ⊚ Hanno ammazzato due uccelli. *Frase idiom.*, Giochiamo per ammazzare il tempo (*per non annoiarci*).

ammettere, v. tr. *to admit*; *admettre*; *zulassen*, *zugeben*; *admitir*. [vedi METTERE]. **1.** Non hanno ammesso agli esami il nostro amico; È stato ammesso alla presenza del Presidente della Repubblica. **2.** Devo ammettere che hai proprio ragione.

amore, s. m. *love*; *amour*; *Liebe*; *amor* ⊚ L'amore per il padre, per la moglie, per la madre, per i figli; Non merita il tuo amore; «Fa' questa cosa per amor mio»; «Aiutami per amor di Dio!»; Paolo e Luisa fanno all'amore, sono fidanzati.

anche, congz. *also, too*; *aussi, même*; *auch*; *también*. **1.** Lo vedo ogni giorno, l'ho visto anche oggi; C'era anche lui; « Anche questa volta sei arrivato tardi ». **2.** Anche se glielo dicessi, non ci crederebbe; Anche se avessi voluto, non avrei potuto.

ancora, avv. *still, yet, again*; *encore*; *noch*; *todavía* ◦ « Sei ancora qui? che cosa aspetti? »; Non posso ancora venire, devo finire questo lavoro; Il treno non è ancora arrivato; Quando ho fatto questo quadro ero ancora molto giovane; « Buono questo vino! Dammene ancora un bicchiere ».

andare, v. intr. *to go*; *aller*; *gehen*; *ir*. [pres. *vado, vai, va, andiamo, andate, vanno*; imperf. *andavo*, ecc.; fut. *andrò*, ecc.; cong. pres. *vada*, ecc., *andiamo, andiate, vadano*; cond. pres. *andrei*, ecc.; imp. *va', andiamo, andate*] aus. *essere*. **1.** Vado a Roma; Vado in Italia; D'estate andiamo al mare e d'inverno andiamo in montagna; « Siete andati alla stazione per salutare il professore? »; Dopo la lezione, siamo andati a casa e poi al cinema; Domani andrò da mio fratello; « Quando andrai dal medico? »; Ogni sera vado a letto alle dieci; Non ho l'auto, perciò vado quasi sempre a piedi; « Preferisci andare in macchina, in treno o in aereo? »; Di solito, vado a dormire molto presto; Il mio orologio non va mai bene, un giorno va avanti un altro va indietro. *Prov.*, Dimmi con chi vai e ti dirò chi sei. **2. andarsene** ◦ Me ne sono andato perché la musica non mi piaceva; « Non voglio più vederti, vattene! ».

andata, s. f. *òne way*; *l'aller*; *einfache Hinfahrt*; *ida* ◦ « Un biglietto di andata e ritorno per Roma! »; « Un biglietto per Roma, solo andata! ».

anello, s. m. *ring*; *bague*; *Ring*; *anillo* ◦ È un anello d'oro; Porta sempre l'anello che le ha regalato il suo fidanzato.

angolo, s. m. *corner, angle*; *coin*; *Ecke*; *rincón* ◦ « Metti questa sedia nell'angolo della stanza »; « Vediamoci all'angolo della strada di casa tua ».

anima, s. f. *soul*; *âme*; *Seele*; *alma* ◦ Molti credono che l'anima degli uomini non muoia mai. *Frase idiom.*, Per la strada non c'era anima viva (*non c'era nessuno*).

animale, s. m. *animal*; *animal*; *Tier*; *animal* ◦ Fra tutti gli animali preferisco il cavallo; Nessun animale come il cane segue il padrone anche nel pericolo.

animo, s. m. *mind, heart*; *esprit*; *Gemuet*; *ánimo* ◦ Quel mio amico ha un animo buono; Ha una grande forza d'animo; « Mettiamoci l'animo in pace, non c'è più niente da fare ».

anno, s. m. *year; année; Jahr; año* ◦ «Quanti anni hai?»; L'anno prossimo andrò in Italia; Ho cominciato a studiare questa lingua l'anno passato; Resterò tre anni in questo paese; Quattro anni fa ho cominciato a studiare l'italiano.

annoiare, v. tr. *to bore; ennuyer; langweilen; aburrir.* **1.** Le sue parole mi annoiano. **2. annoiarsi,** v. intr. pronom. ◦ Mi sono annoiato molto a quello spettacolo.

annunciare, v. tr. *to announce; annoncer; verkuenden; anunciar* ◦ È stata annunciata la fine della guerra; Ci hanno annunciato la morte di suo nonno.

anteriore, agg. ◦ Nella frase *Partirò dopo che avrò mangiato*, le parole *avrò mangiato* sono futuro anteriore del verbo mangiare.

antico, agg. *ancient; ancien; alt; antiguo.* [pl. *antichi*]. ◦ Mi piace studiare la storia antica; Questa chiesa è molto antica; La nostra antica amicizia.

antipasto, s. m. *hors-d'oeuvre; hors-d'oeuvre; Vorspeise; entrada (en las comidas)* ◦ «Cameriere, può portare degli antipasti?».

anzi, avv. ◦ Non è freddo, anzi è molto caldo; «Disturbo se vengo anch'io?» «Anzi, mi fa piacere»; Ha fatto male, anzi malissimo.

aperitivo, s. m. *aperitif; apéritif; Aperitif; aperitivo* ◦ «Posso offrirti un aperitivo?».

apostrofo, s. m. *apostrophe; apostrophe; Apostroph; apóstrofe* ◦ Nella frase *l'albero del giardino è grande*, il piccolo segno fra la *l* e *albero* è un apostrofo.

apparire, v. intr. *to appear, to come into sight; apparaître; erscheinen; aparecer.* [pres. *appaio, appari, appare, appariamo, apparite, appaiono*; fut. *apparirò*, ecc.; pass. rem. *apparvi, appariste, apparve, apparimmo, appariste, apparvero*; cong. pres. *appaia*, ecc., *appariamo, appariate, appaiano*; part. pass. *apparso*] aus. *essere* ◦ Uno strano animale apparve tra l'erba; Dice che gli è apparso in sogno il fratello; Nel cielo già appare la luna; Con quel vestito rosso appariva ancora più bella.

appartamento, s. m. *flat, apartment; appartement; Wohnung; apartamento* ◦ Ho preso in affitto un appartamento al mare; Ho comprato un appartamento al terzo piano; «Hai un bell'appartamento, mi piace molto».

appartenere, v. intr. *to belong*; *appartenir*; *gehoeren*; *pertenecer*. [vedi TENERE] aus. *essere* ⊙ La casa appartiene a mio padre; Questo libro non mi appartiene, non è mio.

appena, avv. *hardly, scarcely*; *à peine*; *kaum*; *apenas*. **1.** Era così debole che poteva appena stare in piedi; Quando è arrivato erano appena le sette; Ci si vede appena; Abbiamo fatto appena in tempo a prendere il treno; «Vuoi ancora un po' di vino?» «Sì, ma appena appena». **2.** cong. ⊙ Appena l'ho visto, mi sono ricordato di lui; Verrò appena che avrò finito.

appetito, s. m. *appetite*; *appétit*; *Appetit*; *apetito* ⊙ Mio figlio ha perduto l'appetito, voglio farlo visitare da un medico; Il ragazzo mangia con molto appetito; «Buon appetito!». *Prov.* L'appetito vien mangiando.

apposta, avv. *on purpose*; *exprès*; *absichtlich*; *adrede* ⊙ Gliel'ho detto apposta; «Scusi, non l'ho fatto apposta»; «Sono venuto apposta per te»; «Questa casa sembra fatta apposta per la tua famiglia».

appuntamento, s. m. *appointment, date*; *rendez-vous*; *Verabredung*; *cita* ⊙ Ho chiesto un appuntamento all'avvocato per domani alle cinque; Non posso venire, ho un appuntamento d'affari.

appunto, avv. *precisely, just*; *justement*; *genau*; *justo* ⊙ «Volevo appunto te»; Appunto per questo sono venuto; «È la nuova cameriera?» «Appunto».

aprile, s. m. *April*; *avril*; *April*; *abril* ⊙ Partiremo ad aprile; Questo lavoro sarà finito nel mese di aprile. *Prov.*, Aprile, dolce dormire.

aprire, v. tr. *to open*; *ouvrir*; *oeffnen*; *abrir*. [part. pass. *aperto*]. **1.** «Apri la porta ed entra!»; Ho aperto la finestra per cambiare l'aria; Non ho il coraggio di aprire questa lettera, ho paura di ricevere brutte notizie; Lo studente non ha aperto bocca durante l'esame (*non ha risposto a nessuna domanda*). **2. aprirsi**, v. intr. pronom. ⊙ Quando la porta si aprì entrò un bel bambino.

arancia, s. f. *orange*; *orange*; *Apfelsine*; *naranja* ⊙ Abbiamo comprato un chilogrammo di arance; Le arance sono la frutta che io preferisco.

aranciata, s. f. *orange drink*; *orangeade*; *Apfelsinensprudel*; *naranjada* ⊙ «Cameriere, mi porti un'aranciata fresca»; «Ti va un'aranciata?» «Sì, grazie, ma non molto fredda».

arco, s. m. *bow, arch*; *arc*; *Bogen*; *arco*. [pl. *archi*]. ⊙ Molti stranieri vengono a vedere quest'arco antico; Le navi passano sotto gli archi del grande ponte.

argento, s. m. *silver*; *argent (métal)*; *Silber*; *plata* ⊙ Il mio accendisigaro è d'argento. *Fig.*, Quel vecchio signore ha i capelli d'argento (*bianchi*); È un ragazzo che ha l'argento vivo addosso (*non sta mai fermo*).

argomento, s. m. *subject, matter*; *sujet, thème*; *Beweis, Thema*; *argumento* ⊙ Ha portato degli argomenti che hanno convinto tutti; « Qual è l'argomento della lezione? »; « Non cambiare argomento! ».

aria, s. f. *air*; *air*; *Luft*; *aire* ⊙ In città l'aria non è buona, bisogna andare in montagna per respirare aria pura; Qui c'è una bell'aria; Esco per prendere aria; Questa sera fa molto caldo, non c'è un filo d'aria.

arma, s. f. *weapon, arm*; *arme*; *Waffe*; *arma*. [pl. *le armi*]. ⊙ I soldati avanzano con le armi in mano; Armi da fuoco; Arma bianca.

armare, v. tr. *to arm, to equip*; *armer*; *bewaffnen*; *armar*. **1.** Tutti gli uomini, dai diciotto anni in su, furono armati; Quella nazione potrebbe armare diecine di navi in pochi giorni. **2. armarsi,** v. rifl. ⊙ Si è armato di coltello. *Fig.*, « Armiamoci di coraggio e partiamo! ».

arrabbiarsi, v. intr. pronom. *to get angry*; *se fâcher*; *in Wut geraten*; *enfadarse* ⊙ Quando mio padre ha saputo che avevo rotto la sua macchina, si è arrabbiato molto; È una persona che si arrabbia spesso; Il medico gli ha detto che non deve arrabbiarsi.

arrestare, v. tr. *to stop, to arrest*; *arrêter*; *anhalten, verhaften*; *detener* ⊙ La polizia ha arrestato un uomo e l'ha portato in prigione; Il medico non ha potuto arrestare il sangue ed il malato è morto.

arrivare, v. intr., aus. *essere to arrive, to reach*; *arriver*; *ankommen*; *llegar*. **1.** Domani arriverà il nostro amico; Non sono arrivato in tempo all'appuntamento, la mia amica era già partita; « A che ora arriva il treno da Roma? ». **2.** Il bambino è molto piccolo non arriva ancora alla finestra; Il malato è molto grave, non arriverà a domani.

arrivederci, esclam. *goodbye*; *au revoir*; *auf Wiedersehen*; *adiós* ⊙ « Arrivederci a presto! »; « Devo partire, vi saluto tutti, arrivederci! ».

arrivo

arrivo, s. m. *arrival*; *arrivée*; *Ankunft*; *llegada* ◦ Aspettiamo l'arrivo di un caro amico; Oggi abbiamo saputo del prossimo arrivo degli zii; Il treno è in arrivo (*sta per arrivare*).

arte, s. f. *art*; *art*; *Kunst*; *arte*. **1.** L'arte italiana; È un professore di storia dell'arte; Quel quadro è una vera opera d'arte. **2.** Imparare un'arte (*imparare un mestiere*). *Prov.*, Impara l'arte e mettila da parte. *Frase idiom.*, Questo lavoro è fatto a regola d'arte (*è fatto molto bene*).

articolo, s. m. *article*; *article*; *Artikel*; *artículo*. **1.** Nelle frasi *Il cane è un animale fedele all'uomo, La sorella del mio amico, il, un, la,* sono articoli. **2.** Ho letto nel giornale un articolo molto interessante.

artista, s. m. e f. *artist*; *artiste*; *Kuenstler*; *artista*. [pl. m. *artisti*]. ◦ È un artista famoso del cinema; È un'artista molto brava; Quel giovane ha un animo di artista.

ascensore, s. m. *lift, elevator*; *ascenseur*; *Aufzug*; *ascensor* ◦ «Prendiamo l'ascensore o saliamo a piedi?»; «Chiami l'ascensore, per favore!».

asciugare, v. tr. *to dry*; *essuyer*; *trocknen*; *secar*. **1.** La mamma ha lavato la camicia e poi l'ha messa ad asciugare al sole. **2. asciugarsi,** v. rifl. ◦ Non mi sono ancora asciugato bene.

ascoltare, v. tr. *to listen (to)*; *écouter*; *zuhoeren*; *escuchar* ◦ Quel signore parla molto bene, tutti lo ascoltano con piacere; Quando ho tempo ascolto dischi di musica.

aspettare, v. tr. *to wait (for)*; *attendre*; *warten*; *esperar*. **1.** Aspetto un compagno per andare insieme al cinema; Devo andare, è tardi, non posso più aspettare; Aspetto una lettera da casa mia. *Prov.*, Chi ha tempo, non aspetti tempo (*se devi fare una cosa, falla subito*). **2.** La signora aspetta un bambino (*fra poco avrà un bambino*).

aspetto[1]**,** s. m. *appearance, look*; *aspect*; *Ausehen*; *aspecto* ◦ È un uomo di bell'aspetto; Bisogna studiare tutti gli aspetti della questione.

aspetto[2] (**sala d'**), s. m. *waiting room*; *sale d'attente*; *Warteraum*; *sala de espera* ◦ La sala d'aspetto di quella piccola stazione era molto sporca.

assai, avv. ◦ Il quadro che ho comprato è assai bello; Ha lavorato assai.

assente, s. m. e agg. *absent*; *absent*; *abwesend*; *ausente*. **1.** Oggi a scuola ci sono molti assenti. **2.** L'avvocato oggi è assente.

assicurare, v. tr. *to insure*; *assurer*; *versichern*; *asegurar*
⊙ Con il suo lavoro ha assicurato il futuro della sua famiglia; Vi assicuro che tornerò presto.

assistere, v. intr. *to assist, to help*; *assister*; *beiwohnen, helfen*; *asistir, ayudar*. [part. pass. *assistito*] aus. *avere*. **1.** Ho assistito alla prima lezione del nuovo professore. **2.** v. tr. ⊙ Abbiamo assistito un malato; « Che Dio ti assista! ».

assumere, v. tr. *to engage, to employ*; *engager*; *uebernehmen*; *emplear*. [pass. rem. *assunsi, assumesti, assunse, assumemmo, assumeste, assunsero*; part. pass. *assunto*]. ⊙ In quella fabbrica assumono molti operai; Hanno assunto un nuovo cameriere.

attaccare, v. tr. *to attach, to attack*; *accrocher*; *befestigen*; *pegar* ⊙ « Può attaccarmi un bottone alla giacca? »; Ho attaccato due quadri alla parete.

atteggiamento, s. m. *attitude*; *attitude*; *Benehmen*; *actitud* ⊙ Il suo atteggiamento non mi piaceva; Aveva un atteggiamento da gran signore.

attendere, v. tr. *to wait (for)*; *attendre*; *erwarten*; *esperar*. [pass. rem. *attesi, attendesti, attese, attendemmo, attendeste, attesero*; part. pass. *atteso*]. ⊙ Attendo ancora la tua risposta; Ti ho atteso per più di un'ora; Sono stanco di attendere. [Vedi ASPETTARE].

attento, agg. *careful*; *attentif*; *wachsam*; *atento* ⊙ Dovresti stare più attento a quello che fai; « Sta' attento! »; È un impiegato molto attento.

attenzione, s. f. *attention, care*; *attention*; *Aufmerksamkeit*; *atención*. **1.** Non mette molta attenzione nello studio; Fa' attenzione a quello che dici; « Attenzione! ». **2.** Ho passato dei giorni molto belli a casa tua, ho ricevuto mille attenzioni dalla tua famiglia.

attimo, s. m. *moment*; *instant*; *Augenblick*; *instante* ⊙ « Aspettami qui un attimo »; « Farò in un attimo ».

attività, s. f. *activity*; *activité*; *Taetigkeit*; *actividad* ⊙ È un uomo di grande attività; La fabbrica è in piena attività.

attivo, agg. *active*; *actif*; *taetig, aktiv*; *activo* ⊙ Conduce una vita molto attiva; Sua madre è una donna attiva; Ha parte attiva in quest'opera; Studieremo la forma attiva e passiva del verbo.

atto, s. m. *act, action*; *acte*; *Tat*; *acto*. **1.** Il soldato ha compiuto un atto di gran valore; « Dovrete rispondere dei

attore

vostri atti »; Quando fece l'atto di colpirlo, il cane si allontanò; Questo è un atto di vera amicizia; Averlo liberato, è stato un atto di giustizia. 2. Ho visto solo il primo atto della commedia.

attore, s. f. *actor*; *acteur*; *Schauspieler*; *actor*. [f. *attrice*]. ⊙ È un giovane attore di teatro; È una delle più famose attrici del cinema.

attorno, avv. [vedi INTORNO]. 1. Andava attorno senza fare niente. 2. prep. ⊙ I bambini correvano attorno alla casa.

attraversare, v. tr. *to cross, to pass through*; *traverser*; *durchqueren*; *atravesar* ⊙ Ho dovuto attraversare tutta la città; È pericoloso attraversare il fiume in questo punto, l'acqua è molto alta; Il ragazzo attraversa un periodo difficile.

attraverso, prep. *across, through*; *à travers*; *durch, quer*; *a través de* ⊙ I bambini guardavano cadere la neve attraverso i vetri della finestra; Ha lasciato l'automobile attraverso la strada.

attuale, agg. *present*; *actuel*; *gegenwaertig*; *actual* ⊙ L'attuale presidente della repubblica è uomo di grande cultura; « Come si chiama il papa attuale? ».

augurio, s. m. *wish*; *souhait*; *Wunsch*; *felicidades* ⊙ « Ti faccio molti auguri »; « Buon Natale, auguri! »; Gli ho mandato gli auguri per un felice anno nuovo.

aula, s. f. *class-room*; *classe*; *Klassenzimmer*; *aula* ⊙ « In quale aula è la lezione di storia dell'arte? »; La nostra aula è molto grande; Il maestro è entrato in aula.

aumentare, v. tr. *to increase*; *augmenter*; *erhoehen*; *aumentar*. 1. Quella fabbrica ha aumentato il numero dei suoi operai. 2. v. intr., aus. *essere* ⊙ I prezzi aumentano ogni giorno; Il rumore aumenta; Gli abitanti di questa città sono aumentati molto; La febbre questa sera è aumentata.

ausiliare, agg. *auxiliary*; *auxiliaire*; *Hilfs...*; *auxiliar* ⊙ *Essere* e *avere* sono due verbi ausiliari.

auto, s. f. invar. *car*; *automobile*; *Auto*; *auto, coche* ⊙ « Sei venuto con l'auto? » « no, sono venuto a piedi ».

autobus, s. m. *bus*; *autobus*; *Bus*; *autobús* ⊙ « Scusi, dov'è la fermata dell'autobus? »; « Per venire a casa mia devi prendere l'autobus numero 2 »; Sono arrivato tardi perché ho perduto l'autobus.

automobile, s. f. *car*; *automobile*; *Auto*; *automóvil* ⊙ Mio fratello ha comprato una bell'automobile rossa.

autorità, s. f. *authority*; *autorité*; *Autorität*; *autoridad* ◦ I cittadini devono riconoscere l'autorità dello Stato; È un uomo di molta autorità; I genitori hanno autorità sui figli; C'erano tutte le autorità cittadine.

autostrada, s. f. *motor-way, speedway*; *autoroute*; *Autobahn*; *autopista* ◦ Questa non è un'autostrada libera, è necessario pagare.

autunno, s. m. *autumn*; *automne*; *Herbst*; *otoño* ◦ In autunno cadono le foglie. *Fig.*, L'autunno della vita.

avanti, avv. 1. «Non aspettarmi, va' avanti»; Il lavoro va avanti bene; I prezzi aumentano ogni giorno, non si va più avanti con questo stipendio; Suo zio è abbastanza avanti con gli anni. 2. interr. ◦ «È permesso?» «Avanti!».

avanzare[1], v. tr. *to advance*; *avancer*; *befoerdern*; *avanzar*. 1. Avanzo da lui diecimila lire; «Che cosa avanzi da me?». 2. v. intr., aus. *essere* ◦ È avanzata molta carne oggi; Hanno bevuto tutto, non è avanzato nemmeno un bicchier di vino.

avanzare[2], v. intr., aus. *essere* *to go forward, to advance*; *avancer*; *vorwaerts gehen*; *avanzar* ◦ L'esercito nemico avanzò fino al fiume.

avere, v. tr. *to have*; *avoir*; *haben*; *haber, tener*. [pres. *ho, hai, ha, abbiamo, avete, hanno*; imperf. *avevo, avevi, aveva, avevamo, avevate, avevano*; fut. *avrò, avrai, avrà, avremo, avrete, avranno*; pass. rem. *ebbi, avesti, ebbe, avemmo, aveste, ebbero*; cond. *avrei, avresti, avrebbe, avremmo, avreste, avrebbero*; cong. *abbia*, ecc., *abbiamo, abbiate, abbiano*; imp. *abbi, abbiate*; part. pass. *avuto*]. 1. Ha una bella casa in campagna; La signorina ha bellissimi occhi neri; Il mio amico è molto giovane, ha appena vent'anni; «Vado a letto, ho sonno»; Ha la moglie malata; Questo soldato ha molto coraggio; Non ha colpa nessuno per quello che è successo; Bisogna dargli qualcosa, non ha niente da mangiare; Oggi non ho niente da fare; Ho voglia di fare un viaggio; «Con chi ce l'hai?». 2. *verbo ausiliare della coniugazione attiva*: Ho mangiato, avranno detto, avresti creduto, avevate visto.

avvenire, v. intr. *to happen*; *arriver*; *geschehen*; *suceder*. [vedi VENIRE], aus. *essere*. 1. Questo fatto è avvenuto molto tempo fa; Voglio sapere come è avvenuto l'incidente; Avvengono spesso cose strane in questo paese. [Vedi ACCADERE e SUCCEDERE]. 2. s. m. ◦ L'avvenire è nelle mani di Dio; L'avvenire non mi fa paura.

avventura, s. f. *adventure*; *aventure*; *Abenteuer*; *aventura* ⊙ Mi son trovato in una brutta avventura; Ha avuto una vita piena di avventure; I ragazzi preferiscono i libri d'avventure.

avverbio, s. m. *adverb*; *adverbe*; *Adverb*; *adverbio* ⊙ Nelle frasi *Corre troppo forte, Oggi ho mangiato molto, Un quadro veramente bello,* le parole *troppo, forte, molto, veramente* sono avverbi.

avvertire, v. tr. *to warn*; *prévenir*; *verständigen, warnen*; *advertir* ⊙ Bisogna avvertire la polizia; « Avverti tuo padre che domani andrò da lui »; Ho avvertito tutti.

avvicinare, v. tr. *to draw near, to approach*; *approcher*; *naehern*; *acercar*. **1.** « Avvicina questa sedia al tavolo »; Gli ho avvicinato il piatto. **2. avvicinarsi,** v. intr. pronom. ⊙ Il bambino si avvicinò al padre; Mi sono avvicinato al fuoco perché avevo freddo; L'inverno s'avvicina.

avviso, s. m. *notice, advice*; *avis*; *Warnung*; *aviso* ⊙ « Non hai tenuto conto del mio avviso »; Sono dell'avviso che sia meglio partire.

avvocato, s. m. *lawyer*; *avocat*; *Rechtsanwalt*; *abogado* ⊙ Domani andrò dall'avvocato; È il migliore avvocato della città.

azione, s. f. *action*; *action*; *Handlung*; *acción* ⊙ « Hai commesso una cattiva azione »; Bisogna avere il coraggio delle proprie azioni.

azzurro, agg. *blue*; *bleu*; *blau*; *azul* ⊙ Oggi il mare è azzurro; Ho comprato una cravatta azzurra; E finalmente la signorina ha potuto sposare il suo « principe azzurro ».

B

babbo, s. m. *daddy*; *papa*; *Papa*; *papá* ⊙ Mio fratello non è in casa, è uscito con il babbo; Il suo babbo è molto alto; È andato al cinema col babbo e la mamma.

baciare, v. tr. *to kiss*; *embrasser*; *kuessen*; *besar* ⊙ Ha baciato la mano alla signora; L'ha baciata sulle labbra; Il bambino baciò la mamma prima di andare a letto; Si sono baciati davanti a tutti.

bacio, s. m. *kiss*; *le baiser*; *Kuss*; *beso* ⊙ « Dammi un bacio »; Gli ha dato un bacio in fronte.

badare, v. intr., aus. *avere to mind, to take care of*; *s'occuper de...*, *faire attention*; *hueten*; *prestar atención, tener cuidado* ⊙ Bada solo ai suoi affari; « Non badare a quello che dice »; « Bada a quello che fai! »; « Badate di non arrivare tardi ».

bagnare, v. tr. *to wet*; *mouiller*; *naessen*; *mojar*. **1.** La pioggia ha bagnato le strade. **2. bagnarsi,** v. intr. pronom. ⊙ Ieri sera quando sono uscito dal cinema pioveva forte, non avevo l'ombrello, e mi sono bagnato tutto.

bagno, s. m. *bath*; *bain*; *Bad*; *baño*. **1.** « Vorrei una camera con bagno ». **2.** Ho fatto un bagno caldo; Abbiamo fatto il bagno nel lago.

ballare, v. intr., aus. *avere to dance*; *danser*; *tanzen*; *bailar* ⊙ Abbiamo ballato tutta la notte; Non so ballare; La signorina balla molto bene.

bambino, s. m. (f. **-a**) *baby, child*; *enfant*; *kleines Kind*; *niño* ⊙ Il bambino impara a scrivere; È un bambino molto buono; La bambina piange; Le bambine giocano in giardino.

banca, s. f. *bank*; *banque*; *Bank*; *banco* ⊙ « Scusi, dov'è la banca...? »; Vado alla banca per cambiare il denaro.

banco, s. m. *desk*; *banc*; *Bank*; *banco*. [pl. *banchi*]. ⊙ Il libro è sul banco; Gli studenti sono seduti sui banchi.

bandiera, s. f. *flag*; *drapeau*; *Flagge*; *bandera* ⊙ È la bandiera del mio paese; La bandiera italiana è verde, bianca e rossa.

bar, s. m. invar. *bar, coffee-bar*; *Bar*; *bar* ⊙ Vado al bar; Oggi il bar è chiuso; Lo incontro spesso al bar.

barba, s. f. *beard*; *barbe*; *Bart*; *barba* ⊙ Mi faccio la barba ogni mattina; Suo fratello è molto giovane, non ha ancora la barba; Molti giovani portano la barba lunga.

barbiere, s. m. *barber*; *coiffeur pour hommes*; *Barbier*; *barbero* ⊙ Devo andare dal barbiere per farmi tagliare i capelli; Nell'albergo c'è il barbiere.

barca, s. f. *boat*; *barque*; *Boot*; *barca* ⊙ Ha una bella barca a motore; Siamo andati in barca.

base, s. f. *base, basis*; *base*; *Grundlage*; *base* ⊙ La base di questo muro è buona; Lo studente ha buone basi per continuare a studiare.

basso, agg. *low*, *short*; *bas, petit*; *niedrig*; *bajo* ⊙ È un uomo basso; L'acqua è bassa in questo punto; « Devi parlare a bassa voce ».

basta, int. *enough*; *assez*; *genug*; *basta*. 1. « Basta! fate silenzio! »; « Ora basta, non parliamone più! »; « Ne vuoi ancora? » « No, grazie, basta così ». 2. congz. ⊙ Verrò anch'io, basta che non facciamo tardi.

bastare, v. intr., aus. *essere* **to be enough**; *suffire*; *genuegen*; *bastar, ser suficiente* ⊙ « Ti sono bastati i soldi? »; Mi basta poco per vivere; Mi è bastato guardarlo per capire chi fosse.

battaglia, s. f. *battle*; *bataille*; *Schlacht*; *batalla* ⊙ È stata una battaglia terribile con molti morti da tutte e due le parti; Ha vinto molte battaglie, ma ha perduto la guerra; L'esercito nemico darà presto battaglia.

battere, v. tr. *to beat*; *battre*; *schlagen*; *golpear* ⊙ Alla fine dello spettacolo abbiamo battuto a lungo le mani; Battevo i denti dal freddo; Ha battuto la testa sulla parete della stanza.

bellezza, s. f. *beauty*; *beauté*; *Schoenheit*; *belleza* ⊙ È una donna di grande bellezza; È un paese famoso per le sue bellezze naturali; Questo quadro è una bellezza.

bello, agg. *beautiful*; *beau*; *schoen*; *bello*. [sing. m. *bello*, pl. m. *belli*, dopo il s.; sing. m. *bel*, pl. m. *bei*; davanti a consonante che non sia *s*, seguita da altra consonante, o *z*; sing. m. *bello*, pl. m. *begli*, davanti a vocale, *s*, seguita da altra consonante, o *z*]. ⊙ Sua sorella è proprio una bella donna; È un bel bambino; Nella stanza c'è un bello specchio; Ha comprato un bell'orologio; È un'attrice famosa per i suoi begli occhi; Davanti alla casa c'è un bel giardino con molti bei fiori; Oggi fa bel tempo; Faremo un bel viaggio.

bene[1], s. m. *good*; *bien*; *Gute*; *bien* ⊙ L'ho fatto per il tuo bene; Dobbiamo fare del bene ai poveri; Ha perso al gioco tutti i suoi beni.

bene[2], avv. *well*; *bien*; *gut*; *bien* ⊙ Oggi non sto bene; Il lavoro va avanti bene; Gli piace mangiar bene; Il professore mi ha parlato bene di te; Non sta bene dire queste cose dell'amico assente; «Ti aspetto stasera alle sei» «Va bene».

benedire, v. tr. *to bless*; *bénir*; *segnen*; *bendecir*. [pres. *benedico*, ecc.; imperf. *benedicevo*, ecc.; pass. rem. *benedissi, benedicesti, benedisse, benedicemmo, benediceste, benedissero*; imp. *benedici*, part. pass. *benedetto*]. ⊙ Il padre morendo ha benedetto la famiglia; Il prete è venuto a benedire la casa.

benzina, s. f. *petrol, gas*; *essence*; *Benzin*; *gasolina, bencina* ⊙ «Quanto costa la benzina in Italia?»; «Mi metta venti litri di benzina».

bere, v. tr. *to drink*; *boire*; *trinken*; *beber*. [pres. *bevo*, ecc.; pass. rem. *bevvi, bevesti, bevve, bevemmo, beveste, bevvero*; fut. *berrò*, ecc.; cond. *berrei*, ecc.]. ⊙ Ho bevuto un bicchiere di vino rosso; «Hai bevuto l'uovo?»; «Non bere troppo, ti farà male!»; Bere per dimenticare.

bestia, s. f. *animal, beast*; *bête*; *Tier*; *bestia* ⊙ Il contadino conduce le bestie sul prato; Lavora come una bestia (*lavora moltissimo*).

bianco, agg. *white*; *blanc*; *weiss*; *blanco*. [pl. m. *bianchi*]. ⊙ È bianco come la neve; «Come lo desidera il vino, rosso o bianco?»; Mio nonno ha tutti i capelli bianchi.

biblioteca, s. f. *library*; *bibliothèque*; *Bibliotek*; *biblioteca* ⊙ «A che ora apre la biblioteca?»; Vado in biblioteca per leggere un libro; È una biblioteca ricca di libri interessanti.

bicchiere, s. m. *glass*; *verre*; *Glas*; *vaso* ◦ « Vorrei un bicchiere d'acqua »; Ha bevuto due bicchieri di vino; Il bicchiere è caduto e si è rotto; « Alzo il bicchiere e bevo alla vostra salute! ».

bicicletta, s. f. *bicycle*; *bicyclette*; *Fahrrad*; *bicicleta* ◦ « È nuova questa bicicletta? »; « Sai andare in bicicletta? »; Ho fatto un giro in bicicletta.

bidello, s. m. *caretaker*; *concierge*; *Pedell*; *bedel* ◦ Il bidello ha portato in classe alcuni fogli per il professore; « Chiama il bidello, per piacere! ».

biglietto, s. m. *ticket*; *billet*; *Karte, Fahrkarte*; *billete* ◦ Devo andare alla stazione per comprare il biglietto; « Hai comprato il biglietto per il concerto di stasera? »; Ho già comprato il biglietto per l'aereo; « Quanto costa il biglietto »?.

binario, s. m. *track, platform*; *voie*; *Geleis*; *via* ◦ È vietato attraversare i binari; Il treno per Roma parte dal terzo binario.

biondo, agg. *fair*; *blond*; *blond*; *rubio* ◦ Suo fratello ha i capelli biondi; Quella signorina è bionda.

biro, s. f. invar. *biro, ball-point pen*; *stylo à bille*; *Kugelschreiber*; *bolígrafo* ◦ Questa penna biro scrive molto bene; « Mi presti la tua biro? ».

birra, s. f. *beer*; *bière*; *Bier*; *cerveza* ◦ « Ti piace la birra? »; « Cameriere, una birra per piacere! »; Ha bevuto tre bottiglie di birra.

biscotto, s. m. *biscuit*; *biscuit*; *keks*; *bizcocho* ◦ « Vuole qualche biscotto col tè? »; Mia sorella ha comprato una scatola di biscotti.

bisognare, v. intr. e impers., aus. *essere to be necessary*; *falloir*; *noetig sein*; *necesitar* ◦ « È tardi, bisogna andare! »; Bisogna studiare di più; Bisogna che io legga questi libri; « Bisognerebbe che tu tornassi prima delle sette ».

bisogno, s. m. *need*; *besoin*; *Beduerfnis*; *necesidad* ◦ Sono stanco, ho bisogno di riposo; Avrei bisogno di centomila lire; « Hai bisogno di qualche cosa? » « No, grazie, non ho bisogno di niente »; C'è bisogno del medico.

bistecca, s. f. *steak*; *bifteck*; *Beefsteak*; *filete* ◦ « Cameriere mi porti una bistecca al sangue ».

bocca, s. f. *mouth*; *bouche*; *Mund*; *boca* ◦ Ha una bella bocca; « Apri la bocca! »; Il bambino si mette le dita in bocca;

Prendere una medicina per bocca. *Fig.*, Questa notizia è sulla bocca di tutti (*tutti ne parlano*); Lo studente non ha aperto bocca (*non ha risposto a nessuna domanda*). *Frase idiom.*, Acqua in bocca! (*Non parlare!*).

bomba, s. f. *bomb*; *bombe*; *Bombe*; *bomba* ⊙ Hanno tirato delle bombe a mano; La bomba è caduta vicino al ponte.

borghese, agg. *middle-class*; *bourgeois*; *buergerlich*; *burgués* ⊙ Appartiene a una ricca famiglia borghese.

borsa, s. f. *hand-bag, purse*; *sac à main, bourse*; *Handtasche*; *bolso*. **1.** È una borsa per signora; La borsa è piena di libri. **2.** Ha ricevuto una borsa di studio.

bosco, s. m. *wood*; *forêt, bois*; *Wald*; *bosque*. [pl. *boschi*]. ⊙ Nel bosco vivono molti animali; Siamo stati tutto il giorno nel bosco.

bottega, s. f. *shop*; *boutique*; *Laden*; *tienda, almacén* ⊙ Oggi è domenica e perciò le botteghe sono tutte chiuse; Ha aperto una bottega nella via principale della città.

bottiglia, s. f. *bottle*; *bouteille*; *Flasche*; *botella* ⊙ La bottiglia è vuota; Una bottiglia di birra; Ho comprato tre bottiglie di vino italiano.

bottone, s. m. *button*; *bouton*; *Knopf*; *botón* ⊙ « Può attaccarmi il bottone alla camicia? »; Ho comprato una giacca a tre bottoni; Il bottone del campanello.

braccio, s. m. *arm*; *bras*; *Arm*; *brazo*. [pl. *le braccia*]. ⊙ Porta i libri sotto il braccio; La mamma tiene il bambino in braccio; « Digli che venga, lo aspetto a braccia aperte »; Il giovane, gentile, offre il braccio alla signora.

bravo, agg. *good, clever*; *bon*; *tuechtig*; *bueno, valiente* ⊙ È uno scolaro molto bravo in italiano; È un bravo attore di teatro; « Bravo! ».

breve, agg. *brief, short*; *bref*; *kurz*; *breve* ⊙ La vita è breve; Ha fatto un breve viaggio; Gli ho scritto una breve lettera.

bruciare, v. tr. *to burn*; *brûler*; *verbrennen*; *quemar*. **1.** Non ho più il giornale, l'ho bruciato; Hanno bruciato la loro casa. **2.** v. intr., aus. *essere* ⊙ La legna bruciava nella stufa; C'è un sole che brucia; Questa minestra è troppo calda, brucia!; « Brucio dalla sete! ».

brutto, agg. *ugly*; *laid*; *haesslich*; *feo* ⊙ I suoi ultimi disegni sono proprio brutti; È una brutta abitudine; Ieri ha fatto brutto tempo; Piange perché ha ricevuto una brutta notizia; Se non ha risposto alla tua lettera è un brutto segno.

bugia

bugia, s. f. *lie*; *mensonge*; *Luege*; *mentira* ⊙ È un bambino che dice molte bugie; Abbiamo dovuto dirgli una bugia per non farlo soffrire; Non gli credo più, racconta sempre un sacco di bugie.

buio, agg. *dark*; *obscur*; *dunkel*; *oscuro*. **1.** La stanza è buia; Era una notte buia senza luna né stelle. **2.** s. m. ⊙ In quel negozio c'è sempre buio; La nonna sta al buio in camera sua.

buonasera, esclam. *good afternoon, good evening*; *bonsoir*; *guten Abend*; *buenas tardes, buenas noches*. **1.** « Ciao, buonasera ». **2.** s. f. ⊙ Ha dato la buonasera a tutti ed è uscito.

buongiorno, esclam. *good morning*; *bonjour*; *guten Tag*; *buenos dias*. **1.** « Buongiorno signore ». **2.** s. m. ⊙ « Vi do il buongiorno ».

buono, agg. *good*; *bon*; *gut*; *bueno*. [*buon* davanti a sostantivo che comincia per vocale o per consonante che non sia *z* o *s* seguita da altra consonante]. ⊙ È un buon padre; Quel tuo amico mi sembra un buon figliolo; Ci ha detto delle buone parole; È stato un buono spettacolo; Ci vuol molta buona volontà; « Buon giorno ».

burro, s. m. *butter*; *beurre*; *Butter*; *mantequilla* ⊙ « Vuole un po' di burro? »; Spaghetti al burro; Ho mangiato il pane col burro.

bussare, v. intr., aus. *avere to knock*; *frapper*; *klopfen*; *golpear, llamar a la puerta* ⊙ « Chi ha bussato? »; Hanno bussato alla porta; « Bussiamo! qualcuno verrà ad aprire ».

busta, s. f. *envelope*; *enveloppe*; *Umschlag*; *sobre* ⊙ Ho dimenticato di scrivere l'indirizzo sulla busta.

buttare, v. tr. *to throw*; *jeter*; *werfen*; *tirar*. **1.** Il vento ha buttato in terra l'albero; L'ho preso e l'ho buttato dalla finestra; « Non fumare più, butta via quella sigaretta! ». **2. buttarsi**, v. rifl. ⊙ Si è buttato nel fiume; Si butterebbe sul fuoco per i suoi amici; « Sono stanco morto, mi butto sul letto ».

C

caccia, s. f. *hunt*; *chasse*; *Jagd*; *caza* ⊙ La caccia agli uccelli è proibita durante la primavera; La polizia dà la caccia ai ladri; Il giornalista va a caccia di notizie per il suo giornale.

cacciare, v. tr. *to hunt, to drive out*; *chasser*; *jagen, fortjagen*; *cazar*. **1.** Il padre ha cacciato di casa il figlio cattivo; Lo studente fu cacciato dalla scuola. **2.** Ha cacciato tutto il giorno e non ha preso neanche un uccellino.

cadere, v. intr. *to fall*; *tomber*; *fallen*; *caer*. [pass. rem. *caddi, cadesti, cadde, cademmo, cadeste, caddero*; fut. *cadrò*, ecc.; cond. *cadrei*, ecc.] aus. *essere* ⊙ Il vaso è caduto per terra; In autunno cadono le foglie dagli alberi; Mi cadono i capelli. *Frase idiom.*, Cadere dalle nuvole; Son caduto dalle nuvole quando mi ha parlato della sua situazione.

caffè, s. m. invar. *coffee*; *café*; *Kaffee*; *café*. **1.** Ho bevuto una tazza di caffè; « Cameriere, mi dia un caffè »; Un caffè alto, lungo (*con molta acqua*). **2.** Passa molto tempo al caffè con gli amici.

calcio, s. m. *kick, football*; *coup de pied, football*; *Fusstritt, Fussball*; *patada, fútbol* ⊙ Dare un calcio alla palla; Il gioco del calcio; Prendere a calci una persona.

caldo, agg. e s. m. *warm, hot*; *chaud*; *warm*; *caliente*. **1.** Preferisco lavarmi con l'acqua calda; Quest'anno abbiamo avuto un'estate calda; Ha sempre le mani calde. **2.** Oggi fa molto caldo; Questi vestiti di lana tengono molto caldo; « C'è troppo caldo in questa stanza, apri la finestra! ». *Frase idiom.*, Le sue parole non mi fanno né caldo né freddo! (*non mi importano*).

calendario, s. m. *calendar*; *calendrier*; *Kalender*; *calendario* ⊙ Mi hanno portato il calendario per l'anno nuovo; Questo calendario ha molte belle fotografie.

calza, s. f. *stocking, sock*; *bas, chausette*; *Strumpf, Socke*; *calcetín, media* ⊙ Mettere le calze; Ho comprato un paio di calze di lana per l'inverno; Mi si è rotta una calza.

cambiare, v. tr. *to change*; *changer*; *wechseln*; *cambiar* ⊙ Abbiamo cambiato i fiori nel vaso; Per andare a teatro devo cambiare il vestito; Non abito più vicino alla stazione, ho cambiato casa; « Alla prossima stazione devi cambiare treno »; Vado alla banca per cambiare il denaro; Apro la finestra per cambiare aria alla stanza; Non parto più domani, ho cambiato idea.

cambio, s. m. *change, exchange*; *échange*; *Wechsel*; *cambio* ⊙ Gli ho dato un libro e in cambio ho ricevuto un disco; « Vogliamo fare a cambio delle nostre penne? »; Devo dare il cambio al mio amico.

camera, s. f. *room, bedroom*; *chambre*; *Zimmer*; *habitación* ⊙ « Vorrei una camera con bagno »; « Ha una camera a un letto? »; Devo pagare l'affitto della camera; È una bella camera con un bel panorama; In questa camera il riscaldamento non funziona.

cameriere, s. m. e f. -a *waiter*; *garçon (restaurant-bar)*; *Kellner*; *camarero* ⊙ « Chiama il cameriere e fatti portare un caffè »; La cameriera ha pulito la camera.

camicia, s. f. *shirt*; *chemise*; *Hemd*; *camisa* ⊙ È una camicia da uomo; Ho comprato due camicie bianche; « La tua camicia è sporca, cambiala! »; Ho perduto un bottone della camicia; Quando lavora sta sempre in maniche di camicia.

camminare, v. intr., aus. *avere* *to walk*; *marcher*; *gehen*; *caminar* ⊙ Cammina in fretta; Camminava piano, piano; Ho camminato tutta la notte su e giù per la stanza; Il mio orologio è caduto ed ora non cammina più.

cammino, s. m. *way*; *chemin*; *Weg*; *camino*; ⊙ Eravamo a metà del cammino quando ci fermammo in un albergo per passare la notte; Dopo due ore di cammino, siamo arrivati a casa.

campagna, s. f. *country*; *campagne*; *Land*; *campo* ⊙ La nostra campagna è bella; Domenica vado in campagna; Abitano in campagna; Mi piace la campagna; È gente di campagna.

campanello, s. m. *bell, door-bell*; *sonnette*; *(Kleine) Glocke*; *timbre* ⊙ Sulla porta c'è un campanello elettrico; « Suona il campanello, qualcuno verrà ad aprire »; Fra poco suonerà il campanello e la lezione sarà finita.

campione, s. m. *champion*; *champion*; *Vorkaempfer*; *campeón*. [f. *campionessa*]. **1.** È il campione del mondo di questo sport. **2.** Campione senza valore; Ho preso un campione del tuo vino.

campo, s. m. *field*; *champ*; *Feld*; *campo* ⊙ Il contadino lavora il campo; È un campo di patate; Mi piace la vita dei campi; Il campo da gioco è pronto per la partita.

cancellare, v. tr. *to cancel*; *annuler*; *annullieren*; *borrar* ⊙ Abbiamo cancellato il tuo nome; Ha cancellato tutta la frase perché c'erano molti sbagli; L'avvocato ha cancellato tutti gli appuntamenti per domani, deve partire.

cane, s. m. *dog*; *chien*; *Hund*; *perro* ⊙ Il cane è l'amico dell'uomo; È un cane da caccia. *Frase idiom.*, Per la strada non c'era un cane (*nessuno*); È rimasto solo come un cane (*lo hanno abbandonato tutti*); È un lavoro da cani (*che dà grande fatica*); Oggi è un freddo cane.

cantare, v. tr. *to sing*; *chanter*; *singen*; *cantar* ⊙ Ha cantato una bella canzone italiana; La mamma cantava per addormentare la bambina; Gli uccelli cantano; « Canta molto bene, ascoltiamolo! ».

canzone, s. f. *song*; *chanson*; *Lied*; *canción* ⊙ Cantava una vecchia canzone; Conosco la musica di questa canzone, ma non le parole; È una canzone che si canta in tutto il mondo per Natale; Il Petrarca ha scritto molte canzoni.

capace, agg. *able, capable*; *capable*; *faehig*; *capaz* ⊙ Non sono capace di accomodare la macchina; Sua moglie è capace di preparare un buon pranzo in un'ora; È capace di parlare tre ore di seguito; Non è capace di far male a nessuno.

capello, s. m. *hair*; *cheveu*; *Haar*; *cabello* ⊙ Molti giovani portano i capelli lunghi; Vado dal barbiere, devo farmi tagliare i capelli; Mio nonno ha tutti i capelli bianchi.

capire, v. tr. *to understand*; *comprendre*; *verstehen*; *entender*. [pres. *capisco, capisci*, ecc.]. ⊙ « Hai capito la spiegazione del maestro? »; Non ho capito neanche una parola di quello che ha detto; « Se non parli più forte, non capisco »; Non capisce niente!; « Capirai bene, io non posso farci niente ».

capitano, s. m. *captain*; *capitaine*; *Hauptmann, Kapitaen*; *capitán* ⊙ È un capitano amato dai suoi soldati; Il capitano della nave ha dato l'ordine di partire.

capitare

capitare, v. intr., aus. *essere to happen; arriver, survenir; vorkommen; suceder, ocurrir* ⊙ Siamo capitati in piazza proprio in un giorno di mercato; « Se capito a Roma, ti telefono, andiamo a pranzo insieme »; Mi è capitata nelle mani una sua lettera; Gli è capitata una bella occasione; « Dove sono capitato! »; Mi capita di incontrarlo spesso.

capitolo, s. m. *chapter; chapitre; Kapitel; capítulo* ⊙ Ho letto soltanto i primi due capitoli del libro che mi hai dato; « Per la prossima settimana studiate il quarto capitolo ».

capo, s. m. *head, chief; tête, chef; Haupt, Haupt-; cabeza, jefe* **1.** Ho battuto il capo contro il muro; Tien sempre il cappello in capo. *Fig.*, Non so dove battere il capo (*Non so dove andare, a chi rivolgermi*); Da capo a piedi (*da cima a fondo*). *Prov.*, Cosa fatta, capo ha. **2.** Il marito è il capo della famiglia; Il capo del governo; Il capo dello Stato.

cappello, s. m. *hat; chapeau; Hut; sombrero* ⊙ « Non toglierti il cappello, fa freddo! »; Il vento mi ha fatto volare il cappello; Un cappello da uomo.

cappotto, s. m. *coat; manteau; Mantel; abrigo, sobretodo* ⊙ Questo cappotto tiene molto caldo; « Non uscire senza il cappotto, oggi c'è molto vento ».

cappuccino, s. m. *white coffee; café-crème; Kaffee mit Milch, café con leche* ⊙ « Cameriere, un cappuccino e due paste, per favore! »; Prendo sempre un cappuccino a colazione.

carabiniere, s. m. *policeman; gendarme; Polizist; policía* ⊙ È stato preso dai carabinieri e portato in prigione; I carabinieri mantengono l'ordine nel paese; È arrivato il nuovo capitano dei carabinieri.

carattere, s. m. *character; caractère; Charakter; carácter* ⊙ Quel bambino ha un buon carattere; È un uomo senza carattere; Suo marito ha un carattere debole.

carbone, s. m. *coal; charbon; Kohle; carbón* ⊙ Questa stufa a carbone è molto vecchia; Era nero come il carbone.

carità, s. f. *charity; charité; Barmherzigkeit; caridad.* **1.** Ci vuol carità con tutti; È una persona piena di carità. **2.** Davanti alla chiesa c'era un cieco che chiedeva la carità; Ho fatto la carità a quella povera vecchia. **3.** Non dirmi niente, per carità!; Fai piano, per carità!

carne, s. f. *meat; viande; Fleisch; carne* ⊙ Avete mangiato molta carne; È un bambino con poca carne addosso (*piuttosto magro*). *Fig.*, Quest'uomo non è né carne né pesce (*non ha né carattere né personalità*).

caro, agg. *dear*; *cher*; *teuer*; *querido, caro.* **1.** Il mio caro papà; Le mie care bambine; Carissima amica...; Quest'orologio è un caro ricordo di mio padre; Terrò sempre caro questo libro. **2.** La vita in questa città è molto cara; Questo quadro è troppo caro, desidero qualche cosa più a buon mercato; « Hai pagato caro questo vestito! ».

carta, s. f. *paper*; *papier*; *Papier*; *papel* ⊙ « Vorrei un foglio di carta da lettere ed una busta »; Sul pavimento ci sono molti pezzi di carta. *Fig.*, In questo affare gli ho dato carta bianca (*gli ho dato la libertà di fare come vuole*).

cartolina, s. f. *post-card*; *carte postale*; *Postkarte*; *tarjeta postal* ⊙ « Quando sarò arrivato ti manderò una cartolina »; Durante il viaggio abbiamo mandato molte cartoline ai nostri amici.

casa, s. f. *house, home*; *maison*; *Haus, Heim*; *casa* ⊙ Hai comprato una bella casa; Sta tutto il giorno in casa; Erano fuori di casa quando sono arrivato; Ha passato la fine della settimana nella sua casa di campagna; La mamma si occupa delle faccende di casa; È una perfetta padrona di casa; Il padre manda avanti la casa con il suo lavoro.

caso, s. m. *chance, case*; *cas, hasard*; *Fall*; *caso, casualidad*. **1.** Il caso ha voluto che incontrassi mio padre all'uscita del cinema; I casi della vita sono tanti; Gli ho parlato del tuo caso; « Perché non pensi ai casi tuoi? »; In caso di bisogno potrai sempre rivolgerti a me; Non è il caso di parlarne. **2.** loc. avv. ⊙ L'ho saputo per caso; Ha risposto a caso, senza pensare.

catena, s. f. *chain*; *chaîne*; *Kette*; *cadena* ⊙ La catena del cane; La catena dell'orologio è d'oro; Una catena di montagne.

cattivo, agg. *bad*; *mauvais*; *schlecht*; *malo* ⊙ « Non devi essere cattivo con la mamma »; Abbiamo avuto una settimana di tempo cattivo; « Non bere questo vino, è cattivo! »; Siamo arrivati in un cattivo momento.

causa, s. f. *cause*; *cause*; *Ursache*; *causa.* **1.** È stato la causa di tutti i miei mali. *Prov.*, Chi è causa del suo mal, pianga se stesso. **2.** È un avvocato che ha molte cause; Ho perduto la causa. **3.** loc. prep. ⊙ Non sono venuto a causa del cattivo tempo; Per causa sua dobbiamo restare tutti a casa.

cavallo, s. m. *horse*; *cheval*; *Pferd*; *caballo* ⊙ Il cavallo è il più intelligente degli animali; Ogni giorno vado a cavallo per un'ora; Ha una febbre da cavallo (*temperatura molto alta*); Questo scrittore è vissuto a cavallo di due secoli.

cavare 28

cavare, v. tr. *to take out, to extract; tirer de...; herausziehen; sacar, quitar, extraer* ◉ Devo cavare due denti; « Perché hai cavato le scarpe? ». *Fig.*, Con l'italiano me la cavo (*lo parlo abbastanza*).

celebre, agg. *famous; célèbre; beruehmt; célebre* ◉ Ho conosciuto un celebre poeta; È una celebre attrice; Questo quadro è celebre.

cena, s. f. *dinner; dîner; Abendessen; cena* ◉ Vado a cena; « A che ora è la cena? »; Partiremo dopo cena; Ieri sera è andato a letto senza cena.

centesimo, agg. num. *hundredth; centième; hundertste; centésimo*. 1. La centesima parte; Questa è la centesima persona che è venuta a chiedermi la stessa cosa. 2. s. m. ◉ Non vale un centesimo (*niente*).

cento, num. invar. *hundred; cent; hundert; cien, ciento* ◉ Cent'anni; L'ho pagato più di centomila lire; La mia casa è cento metri più avanti; È italiano al cento per cento; Sul denaro che mi presta vuole un interesse del sei per cento.

centrale, agg. *central; central; zentral; central* ◉ Ha il negozio in una via centrale; Vive in una città dell'Italia centrale; Questa casa ha il riscaldamento centrale.

centro, s. m. *centre; centre; Zentrum; centro* ◉ Il centro della terra; La fontana si trova al centro della piazza; Per le vie del centro c'è sempre molta gente; Governo di centro-sinistra.

cercare, v. tr. *to look for; chercher; suchen; buscar*. 1. Cerco le chiavi di casa; Cercava un amico, ma non l'ha trovato; Sto cercando la pagina nel libro; Cercano un nuovo lavoro; Quella signorina cerca marito. *Fig.*, Cercare per mare e per terra (*dappertutto*). *Prov.*, Chi cerca, trova. 2. v. intr., aus. *avere* ◉ « Cerca di far presto! »; Ho cercato di aprire quella porta, ma non ci sono riuscito; Cercherò di tornare in tempo per la festa.

certamente, avv. *certainly, of course; certainement; sicherlich; ciertamente* ◉ Arriverò certamente domani; « Verrete? » « Certamente! ».

certo, agg. *certain; certain; gewiss; cierto*. 1. La notizia non è ancora certa; Son certo che verrà; È certo che Dio esiste. 2. Si è fermato in quel paese un certo numero di anni; Non parlo con certa gente; Certi giorni non riesco a lavorare. 3. avv. ◉ « Voi, certo, non ne sapete niente »; « Verranno anche le tue sorelle? » « Certo! ».

cervello, s. m. *brain*; *cerveau*; *Gehirn*; *cerebro* ⊙ Ha un gran cervello; Quella donna ha poco cervello; È un ragazzo senza cervello; È il cervello della fabbrica.

cestino, s. m. *basket*; *corbeille*; *Korb*; *papelera, cesto* ⊙ «Ti prego, getta questi fogli nel cestino!»; Il cestino è sotto il tavolo; Alla prossima stazione, compreremo un cestino da viaggio per il pranzo.

che[1], pron. rel. invar. **1.** Il signore che entra è il mio professore; Il film che ho visto ieri, non mi è piaciuto; Le persone che ho salutato sono miei amici; Il giornale che stai leggendo è di ieri. **2.** pron. interr. [*solo sing.*]. ⊙ «Che fai stasera?»; «Che vuoi?»; «Che ha risposto tuo padre?»; «A che pensi?»; «Che ne sarà di loro?»; «Di che parlavi?». **3.** agg. invar. ⊙ «Guardate che bel panorama!»; Che strane idee ti vengono!; «Di che colore è il tuo cappello?».

che[2], congz. ⊙ So che è partito; Non credo che venga; Ti ringrazio che mi hai aiutato; «Mettiti il cappotto che fa freddo»; Uscì di casa che era buio; È un anno che non lo vedo; Corre così forte che non gli si può star dietro; «Fa che non si svegli!».

chi, pron. interr., rel. e indef. **1.** «Chi era quel signore?»; «Di chi è questa matita?»; «Con chi sei andato al cinema?»; «A chi hai scritto?»; Chi sa se verrà questa sera? **2.** Chi vuole, vada; Non ho mai saputo chi mi ha preso il libro; C'è chi ti può aiutare; Chi cerca, trova. **3.** Nel giardino c'erano tanti bambini, chi giocava, chi correva...

chiamare, v. tr. *to call*; *appeler*; *rufen*; *llamar*. **1.** Ho chiamato il mio amico al telefono; Mia sorella è malata, devo chiamare il medico; L'ho chiamato da parte e gli ho parlato. **2. chiamarsi,** v. intr. pronom. ⊙ «Come ti chiami?»; «Come si chiama tuo fratello?»; Non ricordo più come si chiamano.

chiaro, agg. *clear, bright, light*; *clair*; *klar*; *claro*. **1.** Mi sono alzato che era giorno chiaro; Oggi il cielo è chiaro; Ha un bell'abito chiaro; Ha le idee chiare; È chiaro come il sole. **2.** avv. ⊙ «Parla chiaro!». **3.** s. m. ⊙ Una bella notte col chiaro di luna; Sarà bene mettere in chiaro questa situazione.

chiave, s. f. *key*; *clé*; *Schluessel*; *clave, llave* ⊙ Sto cercando le chiavi di casa; Ho chiuso la porta a chiave.

chiedere, v. tr. *to ask*; *demander*; *fragen*; *pedir*. [pass. rem. *chiesi, chiedesti, chiese, chiedemmo, chiedeste, chiesero*;

part. pass. *chiesto*]. ⊚ Gli ho chiesto notizie sulla sua famiglia; C'era un cieco che chiedeva la carità; « Chiedo scusa »; Abbiamo chiesto il permesso.

chiesa, s. f. *church*; *église*; *Kirche*; *iglesia*. **1.** Vado in chiesa; È una musica di chiesa. **2.** L'autorità della Chiesa.

chilo, s. m. *kilogramme*; *kilogramme*; *Kilogramm*; *kilogramo* ⊚ Ho comprato due chili di pane; « Vorrei un chilo di mele »; Pesa più di cento chili.

chilometro, s. m. *kilometer*; *kilomètre*; *Kilometer*; *kilómetro* ⊚ Fra le due città c'è una distanza di cento chilometri; « Ho fatto molti chilometri per venirti a trovare ».

chiudere, v. tr. *to close*; *fermer*; *schliessen*; *cerrar*. [pass. rem. *chiusi, chiudesti, chiuse, chiudemmo, chiudeste, chiusero*; part. pass. *chiuso*]. ⊚ Ho chiuso la finestra perché c'era corrente; Quando esce, chiude sempre la porta a chiave; Abbiamo chiuso il giardino con un muro; Domani chiudiamo casa e andiamo tutti al mare; Oggi si chiudono le scuole; « Hai già chiuso la lettera? »; « Ricordati di chiudere il gas ».

chiunque, pron. pers. [*solo sing.*]. ⊚ Chiunque potrebbe farlo; Potrei discuterne con chiunque; Chiunque, al suo posto, avrebbe detto le stesse parole.

ci, ce, pron. pers. **1.** Quando ci ha visto, ci ha salutato subito; Prima di partire ci ha ringraziato; Non ci ha detto niente; Ci racconterà ogni cosa; Sono sicuro che non ce lo darà; Ce li ha prestati la biblioteca; Ieri ci siamo alzati alle dieci; Siamo andati a teatro e ci siamo molto divertiti. **2.** avv. ⊚ Oggi non sono andato a scuola, ci andrò domani; « Non ci sei ancora andato? Vacci subito »; « Quanti libri ci sono sul tavolo? »; « Ce ne sono tre ».

ciao, esclam. *hello, bye-bye*; *salut!*; *hallo, tschuess*; *hola, adiós* ⊚ « Ora devo andare, ti saluto, ciao! »; « Ciao, come stai? ».

ciascuno, agg. *each (one), every (one)*; *chaque, chacun*; *jeder(mann)*; *cada uno*. [*solo sing.*]. **1.** A ciascuno studente sarà consegnato il programma delle lezioni; Ciascun uomo. **2.** pron. ⊚ A ciascuno sarà data la sua parte; Ciascuno di noi ha sentito quelle parole.

cieco, agg. *blind*; *aveugle*; *blind*; *ciego*. [pl. m. *ciechi*]. **1.** È cieco da un occhio; È diventato cieco a causa di una grave malattia; È nato cieco. **2.** s. m. ⊚ I ciechi sono spesso accompagnati da un cane; Davanti alla chiesa c'era un cieco che chiedeva la carità.

città

cielo, s. m. *sky, heaven(s)*; *ciel*; *Himmel*; *cielo* ⊙ Oggi c'è un bel cielo azzurro; Fra poco pioverà: il cielo è pieno di nuvole nere; Il cielo d'Italia. *Fig.*, Toccare il cielo con un dito (*essere molto felice*).

cima, s. f. *top, summit*; *sommet*; *Gipfel*, *Spitze*; *cima*. **1.** La cima dell'albero; La cima del monte è ancora lontana; È già arrivato in cima alle scale. **2.** loc. avv. ⊙ Da cima a fondo: bisogna rifarlo da cima a fondo; Si è bagnato tutto, da cima a fondo.

cinema, s. m. invar. *cinema*; *cinéma*; *Kino*; *cine* ⊙ Siamo andati al cinema e ci siamo molto divertiti; Quell'attrice è una famosa stella del cinema; Ora quell'attore di teatro fa anche del cinema.

cinquanta, num. invar. *fifty*; *cinquante*; *fuenfzig*; *cincuenta* ⊙ Quest'autobus può portare cinquanta persone; L'ho pagato più di cinquantamila lire; Suo zio non ha ancora compiuto i cinquanta anni.

cinque, num. invar. *five*; *cinq*; *fuenf*; *cinco* ⊙ Le cinque dita della mano; Sono arrivato cinque giorni fa. *Fig.*, In cinque minuti (*molto presto*).

ciò, pron. invar. *what*; *ce que*; *was*; *esto* ⊙ « Ciò che hai detto è giusto »; « Non dimenticherò mai ciò che hai fatto per me »; « Puoi chiedermi tutto ciò che vuoi ».

cioccolata, s. f. *chocolate*; *chocolat*; *Schokolade*; *chocolate* ⊙ Il bambino ha mangiato troppa cioccolata; Ho bevuto una tazza di cioccolata calda.

cioè, avv. *that is*; *c'est-à-dire*; *das heisst*; *esto es, es decir* ⊙ Me ne andrò fra tre giorni, cioè sabato.

circa, avv. e prep. *about, nearly*; *à peu près*; *ungefaehr*; *alrededor de*. **1.** La mia casa è a circa due chilometri da qui; È un uomo di circa quarant'anni; È partito da circa un'ora. **2.** Non so niente circa quell'affare.

circondare, v. tr. *to surround*; *entourer*; *umgeben*; *rodear* ⊙ I carabinieri circondarono la casa; Alte mura circondano l'antica città; È circondato dall'affetto di tutti i parenti e di molti amici.

città, s. f. *city, town*; *ville*; *Stadt*; *ciudad* ⊙ È una grande città moderna; Fra le due città ci sono trenta chilometri circa; È una città molto fredda; Preferisco la città alla campagna; Il discorso del sindaco è piaciuto a tutta la città; Alla stazione c'era quasi tutta la città, per salutare il Presidente della Repubblica.

cittadino, s. m. (f. -a) *citizen*; *citoyen*; *Staedbewohner*; *ciudadano*. 1. Furono scelti quattro fra i più ricchi cittadini; È cittadino italiano. 2. agg. ⊙ Gli piace molto la vita cittadina.

civile, agg. *civil*; *civil*; *buergerlich*; *civil*. 1. Tutti devono conoscere i modi del vivere civile. 2. Sabato prossimo ci sarà una festa civile: la festa della Repubblica; In quel paese c'è stata una lunga guerra civile.

civiltà, s. f. *civilization*; *civilisation*; *Kultur*; *civilización* ⊙ Quel popolo ha raggiunto un alto grado di civiltà.

classe, s. f. *class*; *classe*; *Klasse*; *clase*. 1. Lo studente frequenta la seconda classe. 2. Viaggio sempre in seconda classe.

cliente, s. m. *customer, client*; *client*; *Kunde*; *cliente* ⊙ La bottega era piena di clienti; L'avvocato è atteso dai suoi clienti; « Servitelo bene: è nostro cliente da molti anni ».

clima, s. m. *climate*; *climat*; *Klima*; *clima*. [pl. *climi*]. ⊙ Questo paese ha un clima troppo freddo; È un luogo famoso per il suo clima.

cogliere, v. tr. *to gather, to pick*; *cueillir*; *sammeln, pfluecken*; *coger*. [pres. *colgo, cogli*, ecc.; pass. rem. *colsi, cogliesti, colse, cogliemmo, coglieste, colsero*; part. pass. *colto*]. 1. Siamo andati in giardino e abbiamo colto tutti i fiori; È ora di cogliere le mele. 2. La notte ci colse mentre eravamo sulla via del ritorno; La polizia ha colto il ladro sul fatto (*mentre rubava*).

cognome, s. m. *surname*; *nom de famille*; *Familienname*; *apellido* ⊙ « Scrivano il loro nome e cognome sul foglio »; Ha cambiato il cognome per non farsi riconoscere.

colazione, s. f. *breakfast*; *petit déjeuner*; *Fruehstueck*; *desayuno* ⊙ Lo scolaro si alza, fa colazione e poi va a scuola; Vado al bar per fare colazione.

collega, s. m. e f. *colleague*; *collègue*; *Kollege*; *colega*. [pl. m. *colleghi*). ⊙ Era un mio collega d'ufficio; Ha offerto una cena a tutti i colleghi.

collina, s. f. *hill*; *colline*; *Huegel*; *colina* ⊙ La città è stata costruita sulla collina; L'uva di queste colline dà un ottimo vino.

collo, s. m. *neck*; *cou*; *Hals*; *cuello* ⊙ Quella signorina ha il collo alto; Il bambino non vuole lavarsi il collo; È andata da lui e gli ha gettato le braccia al collo. *Fig.*, Il mio amico si trova nei guai fino al collo; Il collo della giacca deve essere pulito.

colore, s. m. *colour*; *couleur*; *Farbe*; *color* ⊙ Mi piace il colore del suo vestito; « Di che colore è la tua automobile? »; Ha comprato una borsa color caffè; Il verde, il rosso, il bianco sono i colori della bandiera italiana; « Si vede che oggi stai meglio: hai un bel colore! ». *Fig.*, Quel ragazzo ne ha fatte di tutti i colori.

colpa, s. f. *fault*; *faute*; *Schuld*; *culpa* ⊙ Ha rotto il vetro della finestra e poi ha dato la colpa al suo compagno; Questa non è una colpa grave; « Di chi è la colpa? »; Se abbiamo sbagliato strada, la colpa è tua.

colpire, v. tr. *to hit*; *frapper*; *treffen*; *golpear*. [pres. *colpisco, colpisci,* ecc.). ⊙ La palla lo colpì nel viso; È stato colpito alla testa da una pietra. *Fig.*, Quella scena mi ha colpito (*mi ha fatto impressione*).

colpo, s. m. *blow, stroke*; *coup*; *Schlag*; *golpe* ⊙ Gli hanno dato un colpo di coltello; Ha sparato due colpi in aria; Un colpo di vento ha fatto volare tutte le carte dal tavolo. *Fig.*, Quando arriverò alla stazione, ti darò un colpo di telefono (*ti telefonerò*); Si sente male, oggi ha preso un colpo di sole; È stato per lui un brutto colpo! (*ha avuto una brutta sorpresa*); Questo lavoro è fatto male: si vede a colpo d'occhio (*si vede subito*); In quel paese c'è stato un colpo di Stato.

coltello, s. m. *knife*; *couteau*; *Messer*; *cuchillo* ⊙ Questo coltello taglia molto bene; Si è ferito con il coltello; Coltelli da tavola, coltelli da frutta, coltelli da pesce.

colui, pron. (f. **colei**). [pl. m. e f. *coloro*]. ⊙ Coloro che desiderano entrare, devono mostrare il passaporto; « Colui che ha scritto la lettera, s'alzi in piedi ».

comandare, v. tr. *to command, to order*; *commander*; *befehlen*; *mandar* ⊙ Gli ufficiali comandano i soldati; Il capitano comanda ai soldati di sparare.

comando, s. m. *order, command*; *commandement*; *Befehl*; *mandato, orden* ⊙ Tutti obbedirono al comando del maestro; Prese il comando dell'esercito.

combattere, v. intr., aus. *avere to fight*; *combattre*; *(be-)kaempfen*; *combatir*. **1.** I soldati combatterono con coraggio contro il nemico; Fino dai tempi più antichi gli uomini hanno combattuto fra loro. **2.** v. tr. ⊙ Dobbiamo combattere la fame nel mondo.

come, avv. e congz. *how, like, as*; *comme, comment*; *wie*; *còmo* ⊙ È bianco come il latte; Ho fatto come hai detto tu; Devi fare come me!; È stato un male per lei, come per tutti; Ecco come andarono i fatti; «Ed ora come faremo?»; «Com'è buono!»; «Come stai?»; «Come mai non sei venuto ieri sera?».

cominciare, v. tr. *to begin*; *commencer*; *beginnen*; *comenzar*. **1.** Ho cominciato a scrivere la lettera; Comincio a parlare italiano; Il bambino comincia a camminare. *Prov.*, Chi bene comincia, è a metà dell'opera. **2.** v. intr., aus. *essere* o *avere* ⊚ Lo spettacolo è cominciato alle otto; La scuola è cominciata alcuni giorni fa; «Hai cominciato bene!».

commedia, s. f. *comedy*, *play*; *comédie*; *Lustspiel*; *comedia* ⊚ Ho visto una bella commedia; Questa sera danno una commedia alla televisione.

commerciante, s. m. e f. *business-man*, *dealer*; *commerçant*; *Haendler*; *comerciante* ⊚ Suo padre è un commerciante di frutta; Quest'uomo è un vero commerciante; Il nostro amico è uno dei più grandi commercianti della città.

commercio, s. m. *trade*; *commerce*; *Handel*; *comercio* ⊚ È diventato ricco col commercio della lana; Ha smesso di studiare e si è dato al commercio; È in commercio da quasi trent'anni.

commettere, v. tr. *to commit*; *commettre*; *begehen*; *cometer*. [vedi METTERE]. ⊚ Il tuo compagno ha commesso una cattiva azione; Nella sua vita commise molti sbagli.

commuovere, v. tr. *to move*; *émouvoir*; *bewegen (gefuehlsmaessig)*; *conmover*. [vedi MUOVERE]. **1.** La vostra disgrazia mi commuove; Le bellezze della natura lo commuovono. **2. commuoversi,** v. intr. pronom. ⊚ Mia madre si commuove spesso; Ogni volta che penso al mio povero fratello, mi commuovo; Il maestro, quando legge questa poesia, si commuove sempre; Davanti a quella scena si è commosso ed ha pianto.

comodo, agg. *comfortable*; *confortable*; *bequem*; *cómodo* ⊚ Gli piace la vita comoda; È una casa molto comoda; «Sieda, stia pure comodo».

comodo, s. m. *convenience*; *convénience*; *Bequemlichkeit*; *conveniencia* ⊚ Vuol fare sempre il proprio comodo; «Può fare con comodo, non c'è fretta»; «Quando posso venire?» «A Suo comodo, quando vuole»; «Mi fa comodo questo foglio di carta, posso prenderlo?».

compagnia, s. f. *company*; *compagnie*; *Gesellschaft*; *compañía* ⊚ Ama la compagnia; Stiamo in buona compagnia; Vado a fare compagnia al mio amico malato; «Non frequentare le cattive compagnie!»; Sono una piccola compagnia di amici che si incontrano la sera al caffè.

compagno, s. m. (f. -a) *companion, partner*; *compagnon*; *Genosse*; *compañero* ◉ È andato al cinema con i suoi compagni di scuola; È stato un caro compagno durante tutto il viaggio.

compiere, v. tr. *to complete, to achieve, to fulfil*; *achever*; *vollenden*; *cumplir* ◉ Oggi mio figlio compie dieci anni; Ho compiuto gli studi in questa città; Il pittore ha compiuto l'opera.

compito, s. m. *task*; *devoir*; *Aufgabe*; *deber*, *tarea* ◉ Il maestro ha dato un compito difficile; Andremo al cinema dopo che avremo finito i compiti; Domani ci sarà il compito in classe.

complemento, s. m. *complement*; *complément*; *Ergaenzung*; *complemento* ◉ Nella frase: «Il bambino mangia la mela», *la mela* è un complemento oggetto.

completamente, avv. *completely*; *complètement*; *vollstaendig, voellig*; *completamente* ◉ La città è stata completamente distrutta.

completo, agg. *complete, full up*; *complet*; *vollstaendig*; *completo* ◉ Il teatro è completo per oggi, andremo domani a vedere la commedia; L'autobus è completo.

complimento, s. m. *compliment*; *compliment*; *Kompliment*; *cumplido*. 1. Ho fatto un complimento alla signora; Ho ricevuto un bel complimento. 2. «Prendine ancora un po', non fare complimenti!»; «Fai pure come vuoi, senza complimenti».

comportarsi, v. intr. pronom. *to behave (oneself)*; *se conduire*; *sich benehmen*; *comportarse* ◉ Non si è comportato bene con suo fratello; «Comportati bene!».

composto, agg. *composite*; *composé*; *zusammengesetzt*; *compuesto* ◉ Il passato prossimo, il futuro anteriore, il trapassato remoto, sono tempi composti.

comprare, v. tr. *to buy*; *acheter*; *kaufen*; *comprar* ◉ Ho comprato delle uova al mercato; Ho comprato un vestito a buon mercato; Ha comprato un'auto quasi nuova; Per mille lire abbiamo comprato tutte queste cose.

comprendere, v. tr. *to understand*; *comprendre*; *begreifen*; *comprender*. [vedi PRENDERE]. 1. Non ho compreso bene *comune*

ciò che hai detto; « Cerca di comprendere bene il problema ». **2.** Il dizionario che stai leggendo comprende molte parole; Il conto comprende anche il servizio.

comune[1], agg. *common; commun; gemeinsam, gewoehnlich; común*. **1.** Dobbiamo fare qualcosa per il bene comune; L'aria, la luce, l'acqua sono beni comuni a tutti gli uomini; È un nostro comune amico; La parola « cane » è un nome comune. **2.** s. m. ⊙ È una bellissima casa, fuori del comune; Non voglio aver niente in comune con lui; Abbiamo messo in comune tutti i nostri beni.

comune[2], s. m. *municipality; municipalité; Gemeinde; municipio, ayuntamiento*. **1.** Il sindaco è capo del comune; Gli impiegati del comune sono in sciopero. **2.** La Camera dei Comuni.

comunista, agg. e s. m. *communist; communiste; Kommunist; comunista* ⊙ Il Partito Comunista Italiano; Suo fratello è comunista; In quel paese i comunisti sono al potere.

comunque, avv. e congz. *however, anyhow; quand même; wie auch immer; de todos modos*. **1.** Riuscirò ad averlo comunque; È inutile che trovi delle scuse, devi farlo comunque; Comunque, ne riparleremo la settimana prossima. **2.** Comunque tu faccia, fai male; Comunque stiano le cose, bisogna dirglielo; Comunque sia, devi partire.

con, prep. ⊙ Parte con suo fratello; Studia italiano con un professore molto bravo; Scrive con la penna rossa; L'ha ferito con il coltello; « Arriveremo con il treno delle nove »; Ho comprato una bella casa con giardino; Andò dal direttore col cappello in testa; Era un vecchio con la barba bianca; « Non si può lavorare con questo caldo! »; Con tutti i suoi guai è sempre sereno.

concedere, v. tr. *to concede, to grant; accorder; gewaehren; conceder*. [pass. rem. *concessi, concedesti, concesse, concedemmo, concedeste, concessero*; part. pass. *concesso*]. ⊙ Gli è stato concesso di restare; Non mi hanno concesso il permesso.

concerto, s. m. *concert; concert; Konzert; concierto* ⊙ « Andiamo al concerto, stasera? »; Abbiamo ascoltato un ottimo concerto.

concludere, v. tr. *to conclude; conclure; schliessen; concluir*. [pass. rem. *conclusi, concludesti, concluse, concludemmo, concludeste, conclusero*; part. pass. *concluso*]. ⊙ Ha cominciato a parlare, ma non ha concluso il suo discorso;

La settimana scorsa abbiamo concluso dei buoni affari; Ha frequentato per cinque anni l'università, ma non ha concluso nulla.

condannare, v. tr. *to condemn, to sentence*; *condamner*; *verurteilen*; *condenar* ⊙ Il ladro è stato condannato a cinque anni di prigione; Tutti condannano il suo modo di fare; Chi sbaglia, sarà condannato.

condizionale, agg. e s. m. *conditional*; *conditionnel*; *Konditionalis*; *condicional* ⊙ *Vorrei* è il condizionale presente del verbo *volere*.

condizione, s. f. *condition*; *condition*; *Bedingung, Zustand*; *condición*. **1.** Le sue condizioni di salute non sono buone; Il vestito è in cattive condizioni, devo comprarmene un altro; Appartiene a una famiglia di buona condizione. **2.** « Verrò a casa tua, a condizione che possa venire anche il mio amico »; « Non lo farò, a nessuna condizione »; Non è in condizione di fare un lavoro così duro; Non mi sento in condizione di venire alla festa.

condurre, v. tr. *to conduct, to lead*; *conduire*; *fuehren*; *conducir*. [pres. *conduco, conduci,* ecc.; imperf. *conducevo,* ecc.; fut. *condurrò, condurrai,* ecc.; pass. rem. *condussi, conducesti, condusse, conducemmo, conduceste, condussero*; imp. *conduci*; cong. pres. *conduca*; ger. *conducendo*; part. pass. *condotto*]. **1.** Ogni mattina la mamma conduce i bambini a scuola; Il mio amico conduce molto bene l'automobile; Conducono una vita felice. **2.** v. intr., aus. *avere* ⊙ Questa strada conduce a casa mia.

confessare, v. tr. *to confess, to admit*; *avouer, confesser*; *gestehen*; *confesar*. **1.** Ha confessato tutte le sue colpe; Il ragazzo confessò di aver rubato le mele; Confeso di essermene dimenticato; Il prete è in chiesa e sta confessando. **2. confessarsi,** v. rifl. ⊙ « Vado a confessarmi ».

confine, s. m. *border, boundary*; *limite, frontière*; *Grenze*; *límite* ⊙ « Siamo al confine con l'Italia: dobbiamo mostrare il passaporto alla polizia »; I confini della nostra patria; Questa pietra indica il confine tra il mio campo e il tuo.

congiuntivo, agg. e s. m. *conjunctive*; *subjonctif*; *Konjunktiv*; *Subjuntivo* ⊙ Nella frase *Spero che tu venga*, la parola *venga* è congiuntivo presente del verbo *venire*.

congiunzione, s. f. *conjunction*; *conjonction*; *Konjunktion*; *conjunción* ⊙ Nella frase *Lo studente e la signorina sono andati alla stazione, ma il treno era partito*, le parole *e* e *ma* sono congiunzioni.

coniugazione

coniugazione, s. f. *conjugation*; *conjuguaison*; *Konjugation*; *conjugación* ⊙ La lingua italiana ha tre coniugazioni del verbo; Il verbo *amare* appartiene alla prima coniugazione, il verbo *leggere* appartiene alla seconda coniugazione ed il verbo *partire* alla terza coniugazione; Il verbo *amare* ha una coniugazione regolare, il verbo *leggere* ha una coniugazione irregolare.

conoscenza, s. f. *knowledge, acquaintance*; *connaissance*; *Wissen, Bekanntschaft*; *conocimiento* ⊙ Quello studente ha una buona conoscenza della lingua italiana; La nostra conoscenza è cominciata molti anni fa; « Piacere di fare la Sua conoscenza! »; È molto grave, ha perduto conoscenza.

conoscere, v. tr. *to know*; *connaître*; *kennen*; *conocer*. [pass. rem. *conobbi, conoscesti, conobbe, conoscemmo, conosceste, conobbero*; part. pass. *conosciuto*]. ⊙ « Chi è quel signore? » « Non lo conosco »; Vogliamo conoscere la verità; È una persona che conosce bene il proprio mestiere; Non conosco questo scrittore: non ho mai letto niente di lui; Viaggia molto, vuol conoscere il mondo.

consegnare, v. tr. *to deliver*; *remettre*; *aushaendigen*; *entregar* ⊙ Ho consegnato a tuo fratello il denaro per te; Prima di partire per la villeggiatura, mia moglie ha consegnato le chiavi di casa al portiere.

conservare, v. tr. *to preserve*; *conserver*; *aufbewahren*; *conservar*. 1. Conserva tutte le lettere che riceve; « Conserviamo di voi un caro ricordo ». 2. **conservarsi,** v. intr. pronom. ⊙ Questa frutta si conserva bene a lungo; Mio zio si conserva forte e in buona salute.

considerare, v. tr. *to consider*; *tenir compte de, considérer*; *betrachten*; *considerar*. 1. Dobbiamo considerare tutte le proposte; « Consideriamo che sono molto giovani e non hanno esperienza ». 2. **considerarsi,** v. rifl. ⊙ Si considera molto bello.

consigliare, v. tr. *to advise*; *conseiller*; *(be-)raten*; *aconsejar*. 1. « Vi consiglio di aspettare che smetta di piovere »; Il medico gli ha consigliato di non bere liquori. 2. **consigliarsi,** v. intr. pronom. ⊙ « Prima di decidere, mi consiglierò con il mio avvocato ».

consiglio, s. m. *advice*; *conseil*; *Rat*; *consejo*. 1. « Ascolta i consigli di tuo padre »; Non accetta consigli da nessuno. *Prov.*, La notte porta consiglio. 2. Il consiglio dei ministri; Il consiglio di guerra.

consonante, s. f. *consonant*; *consonne*; *Konsonant*; *consonante* ⊙ Nella parola «libro», *l*, *b*, *r* sono consonanti.

consumare, v. tr. *to consume*; *consommer*; *verbrauchen*; *consumir* ⊙ Ha consumato tutti i soldi in pochi mesi; Il bambino corre sempre e consuma le scarpe; Questa macchina consuma troppa benzina.

contadino, s. m. (f. -a) *peasant*; *paysan*; *Bauer*; *campesino*. 1. Il contadino lavora la terra. 2. Quel giovane appartiene a una brava famiglia contadina.

contare, v. tr. *to count*; *compter*; *zaehlen*; *contar* ⊙ Il professore conta gli sbagli del mio esercizio; Contiamo i giorni che mancano alla nostra partenza; Sta contando il denaro.

contatto, s. m. *contact*; *contact*; *Beruehrung*; *contacto* ⊙ Il contatto con quel malato è pericoloso; «Vorrei mettermi in contatto con tuo fratello, puoi darmi il suo indirizzo?».

contenere, v. tr. *to contain*; *contenir*; *enthalten*; *contener*. [vedi TENERE]. ⊙ Quest'aula contiene trenta studenti; La borsa conteneva libri e quaderni; Quella bottiglia contiene vino.

contento, agg. *pleased*; *content*; *zufrieden*; *contento* ⊙ È contento della propria situazione; «Sei contento se vengo anch'io?».

continuare, v. tr. *to continue, to keep on*; *continuer*; *fortsetzen*; *continuar* ⊙ Non so se potrai continuare gli studi; Il giovane pittore continua l'opera di suo padre; Continua a darmi noia.

continuo, agg. *continuous*; *continu*; *fortdauernd*; *continuo*. 1. Ha avuto due settimane di febbre continua, ma ora sta meglio; Si sentiva un rumore continuo. 2. loc. avv. ⊙ Il maestro lo deve correggere di continuo.

conto, s. m. *account, bill*; *compte*; *Rechnung*; *cuenta*. 1. «Cameriere, il conto!»; Hanno sbagliato il conto; «Non devo rendere conto a nessuno». 2. È venuto per conto del suo direttore; «Per conto mio, va bene così».

contrario, agg. *contrary, opposite*; *contraire*; *Gegenteilig*; *contrario*. 1. La mia idea è contraria alla sua; «Non siamo contrari alle vostre proposte». 2. s. m. ⊙ Fa sempre il contrario di quello che gli si dice; È accaduto proprio il contrario. 3. avv. ⊙ Questo quadro non è brutto; al contrario, è molto bello.

contro, avv. e prep. *against*; *contre*; *gegen*; *contra* ⊙ Gli furono contro anche i suoi fratelli; Si è rivoltato contro di me con cattive parole; Ha battuto la testa contro il muro; Parla contro tutti e contro tutto.

controllare, v. tr. *to control, to check*; *vérifier*; *nachpruefen*; *controlar*. 1. Controlleremo l'ora; È necessario controllare quell'operaio. 2. **controllarsi**, v. rifl. ⊙ «Devi controllarti un po' di più!».

convenire, v. intr. *to suit, to agree*; *convenir*; *uebereinstimmen*; *convenir*. [vedi VENIRE] aus. *essere* e *avere* ⊙ Dobbiamo convenire che ha parlato molto bene; «Ne convengo»; Quest'affare non ci conviene; Ci conviene partire prima che piova; «Ti conveniva stare zitto».

conversazione, s. f. *conversation*; *conversation*; *Unterhaltung*; *conversación* ⊙ La sua conversazione è simpatica ed intelligente; Abbiamo fatto un po' di conversazione; Non prende parte alla conversazione.

convincere, v. tr. *to convince*; *convaincre*; *ueberzeugen*; *convencer*. [vedi VINCERE]. 1. Lo convinceremo del suo sbaglio; Li abbiamo convinti a fare la villeggiatura insieme con noi. 2. **convincersi**, v. intr. pronom. ⊙ Finalmente si è convinto di avere sbagliato.

coperta, s. f. *cover, blanket*; *couverture*; *Decke*; *manta* ⊙ «La prego di mettere un'altra coperta sul letto, perché stanotte ho sentito freddo».

coprire, v. tr. *to cover*; *couvrir*; *bedecken*; *cubrir*. [part. pass. *coperto*]. ⊙ La neve copre tutta la campagna; Abbiamo coperto le pareti di quadri; Davanti a quel triste spettacolo, si è coperto gli occhi con le mani; «Fa molto freddo: copriti bene prima di uscire».

coraggio, s. m. *courage*; *courage*; *Mut*; *coraje, valor* ⊙ Ha compiuto un atto di coraggio; Bisogna affrontare con coraggio i problemi della vita; Dobbiamo avere il coraggio delle nostre idee; Gli mancò il coraggio di andare avanti.

corno, s. m. *horn*; *corne*; *Horn*; *cuerno*. [pl. *le corna*, f.]. ⊙ Le corna di quell'animale sono molto lunghe.

corpo, s. m. *body*; *corps*; *Koerper*; *cuerpo* ⊙ Abbiamo imparato i nomi delle parti del corpo umano; Lo uccisero e gettarono il suo corpo in mare.

correggere, v. tr. *to correct*; *corriger*; *verbessern*; *corregir*. [pass. rem. *corressi, correggesti, corresse, correggemmo,* *correggeste, corressero*; part. pass. *corretto*]. ⊙ Il professore corregge l'esercizio dello studente; Quel ragazzo si comporta male: dobbiamo correggerlo; Il bambino deve essere corretto in tempo.

corrente, s. f. *current*; *courant*; *Stroem*; *corriente*. **1.** Da questo punto del mare parte una corrente di acqua calda; « Chiudete la porta! C'è corrente! » (*corrente d'aria*); La lampada non si accende: non c'è corrente (*corrente elettrica*). **2.** s. m. ⊙ Non sono al corrente dei fatti (*non so nulla*); « Voglio sapere tutto, mettetemi al corrente ». **3.** agg. ⊙ Nella camera c'è acqua corrente, calda e fredda; « Arriverò il 25 del corrente mese »; Pagherò queste cose al prezzo corrente.

correre, v. intr. *to run*; *courir*; *rennen*; *correr*. [pass. rem. *corsi, corresti, corse, corremmo, correste, corsero*; part. pass. *corso*] aus. *essere* e *avere* ⊙ Sono stanco: ho corso due ore; Quel ragazzo corre come il vento; Sono corso subito dal medico; Il treno corre attraverso la campagna.

corridoio, s. m. *passage, corridor*; *couloir*; *Gang, Korridor*; *pasillo* ⊙ Il corridoio di casa tua è molto lungo; Gli studenti, dopo la lezione, vanno nel corridoio per fumare una sigaretta.

corsa, s. f. *race*; *course*; *Rennen*; *carrera* ⊙ I ragazzi fanno una corsa in giardino; Ho fatto una bella corsa in automobile; Sono venuto di corsa per portarti la bella notizia.

corso, s. m. *course*; *cours*; *Kursus*; *curso* ⊙ Frequenta un corso di italiano all'università; Seguiamo il corso del fiume.

cortile, s. m. *court-yard*; *cour*; *Hof*; *patio* ⊙ Il palazzo ha un cortile molto grande.

corto, agg. *short*; *court*; *hurz*; *corto* ⊙ Ha i capelli corti; Prenderemo la via più corta; Ha una gamba più corta dell'altra. *Prov.*, Le bugie hanno le gambe corte.

cosa, s. f. *thing*; *chose*; *Ding, Sache*; *cosa* ⊙ « Che cosa fai? »; « Devo dirti una cosa! »; « Che è quella cosa rossa sul tavolo? »; È successa una cosa terribile!; È una cosa da nulla; Queste non sono cose da fare!

coscienza, s. f. *conscience*; *conscience*; *Gewissen*; *conciencia* ⊙ « Fa' come ti dice la tua coscienza »; Ha dimostrato di essere senza coscienza!; È una persona piena di coscienza.

così, avv. *thus, so*; *ainsi*; *so*; *así* ⊙ « Non dire così »; Così dicendo se ne andò; Le cose stanno così; « È tornato a casa sua » « Meglio così »; « Meglio di così non so fare ».

costa, s. f. *coast*; *côte*; *Kueste*; *costa* ⊙ La barca si avvicina alla costa; La mia casa di campagna è costruita sulla costa del monte.

costare, v. intr., aus. *essere to cost*; *coûter*; *kosten*; *costar* ⊙ « Quanto costa questo vestito? »; Il libro costa mille lire; Quella cravatta mi è costata tremila lire. *Fig.*, Questo quadro mi è costato tre anni di lavoro.

costituire, v. tr. *to form, to set up*; *constituer*; *bilden*; *constituir* ⊙ Il padre, la madre ed i figli costituiscono una famiglia; Il lavoro costituisce la sua ragione di vita; Abbiamo costituito una società per costruire una casa con molti appartamenti.

costringere, v. tr. *to compel*; *contraindre*; *zwingen*; *obligar*. [vedi STRINGERE]. ⊙ Lo costringeremo a dire la verità; È costretto a partire; « Non costringetemi a chiamare la polizia! ».

costruire, v. tr. *to build*; *construire*; *bauen*; *construir* ⊙ Abbiamo costruito una casa sulla collina; Costruiranno una nuova strada.

cotto, agg. *cooked*; *well done*; *cuit*; *gekocht*; *cocido* ⊙ « Cameriere, mi porti una bistecca ben cotta! »; « Mi dia un etto di prosciutto cotto »; A mio nonno piacciono molto le mele cotte.

cravatta, s. f. *neck-tie*; *cravate*; *Krawatte*; *corbata* ⊙ Non porto mai la cravatta; Mi piace il colore della tua cravatta; Questa cravatta non sta bene col colore del vestito.

creare, v. tr. *to create*; *créer*; *schaffen*; *crear* ⊙ Dio ha creato il cielo e la terra; I poeti, i pittori creano opere d'arte.

credere, v. tr. *to believe, to think*; *croire*; *glauben*; *creer* ⊙ Crede a tutto quello che gli dicono; Crediamo in Dio; « Non riesco a crederlo! »; Si crede un grand'uomo.

crescere, v. intr. *to grow*; *grandir, pousser*; *wachsen*; *crecer*. [pass. rem. *crebbi, crescesti, crebbe, crescemmo, cresceste, crebbero*; part. pass. *cresciuto*], aus. *essere* ⊙ I bambini crescono; Gli alberi del giardino sono cresciuti; In quel campo non cresce più niente.

crisi, s. f. *crisis*; *crise*; *Krise*; *crisis* ⊙ Quel paese ha una crisi economica, una crisi politica; Il malato ha avuto una crisi pericolosa.

croce, s. f. *cross*; *croix*; *Kreuz*; *cruz* ⊙ Nel luogo dell'incidente hanno messo una croce; Porta al collo una piccola croce d'oro; Croce Rossa Italiana.

crudo, agg. *raw*; *cru*; *roh*; *crudo* ◦ « Questa carne è quasi cruda, lasciala ancora sul fuoco ».

cucchiaio, s. m. *spoon*; *cuillère*; *Loeffel*; *cuchara* ◦ Questo cucchiaio è troppo piccolo per mangiare la minestra; Cucchiaino da caffè, da tè.

cucina, s. f. *kitchen, cooking*; *cuisine*; *Kueche*; *cocina* ◦ Nella mia casa c'è una cucina abbastanza grande; « Ti piace la cucina italiana? »; È una cucina troppo grassa, mi fa male; Il mio amico ama la buona cucina.

cui, pron. rel. invar. ◦ Arriverà domani il signore di cui ti ho parlato; La signorina a cui ho dato la penna è mia sorella; Quello è lo studente da cui ho avuto questi libri; « Qual è il motivo per cui studiate l'italiano? »; Non ricordo l'anno in cui è venuto il nostro amico.

cultura, s. f. *culture*; *culture*; *Kultur*; *cultura* ◦ Studio l'italiano per conoscere meglio la cultura dell'Italia; Il mio professore è un uomo di grande cultura.

cuore, s. m. *heart*; *coeur*; *Herz*; *corazón* ◦ Ha una malattia di cuore. *Fig.*, È una persona di buon cuore; È senza cuore!; « Te lo do, di cuore » (*volentieri*); Mi sta molto a cuore; « Mettetevi il cuore in pace ».

cura, s. f. *cure, care*; *soin*; *Pflege*; *cuidado, diligencia* ◦ La mamma ha la cura della casa; « Abbi cura di tuo fratello »; È un lavoro fatto con la massima cura.

curare, v. tr. *to take care of*; *soigner*; *versorgen*; *cuidar*. **1.** Quel padre cura poco la famiglia; Bisogna curare i propri interessi. **2.** Il medico cura i malati. **3. curarsi,** v. intr. pronom. ◦ Non si cura più di lui; Non mi curo di quello che dicono.

D

da, prep. ⊙ Il malato è andato dal medico; La casa è stata distrutta da una bomba; Il ragazzo batte i denti dal freddo; Ho fatto tutto da me; L'ho saputo dalla radio; Ti aspetto da mio fratello; Abita dagli zii; Sono arrivato dall'Italia il mese passato; È partito da casa mezz'ora fa; Il bambino sa contare da uno a cento; Dopo la lezione andrò dal mio amico; Non lo vedo da molti giorni; Da ragazzo faceva molto sport; La signorina dagli occhi azzurri; È cieco da un occhio; Camera da letto; Sala da pranzo; Biglietto da visita; Macchina da scrivere; Occhiali da sole.

danno, s. m. *damage*; *dommage*; *Schaden*; *daño* ⊙ Ha avuto molti danni all'auto; Hanno ricevuto un danno molto grave.

dappertutto, avv. *everywhere*; *partout*; *ueberall*; *por todas partes* ⊙ Possiamo andare dappertutto; Quel signore lo incontriamo dappertutto.

dare, v. tr. *to give*; *donner*; *geben*; *dar*. [pres. *do, dai, dà, diamo, date, danno*; imperf. *davo, davi*, ecc.; pass. rem. *diedi, desti, diede, demmo, deste, diedero*; fut. *darò, darai*, ecc.; cong. pres. *dia*, ecc., *diamo, diate, diano*; cong. imperf. *dessi, dessi, desse, dessimo, deste, dessero*; cond. pres. *darei, daresti*, ecc.; imp. *da'*; ger. *dando*; part. pass. *dato*]. **1.** Ho dato la lettera al portiere; Gli ho dato un libro da leggere; Vi diamo una bella notizia; « Avete dato l'acqua ai fiori? »; Dopo la lezione apriremo le finestre e daremo aria alla stanza; « Quanto ti danno per questo lavoro? »; Ci hanno dato una bella stanza; Hanno dato la colpa al vento; Non mi dà nessun piacere; « Da' la buona notte allo zio »; Non può venire perché non gli danno il permesso; « Finirò questo lavoro: datemi ancora tre giorni »; Gli ha dato in moglie la figlia. *Fig.*, « Dammi una mano! » (*aiutami*); « Dagli una voce! » (*chiamalo*).

2. darsi, v. rifl. ⊙ Si è dato allo studio delle lingue straniere; Si dà l'aria di grand'uomo (*crede di essere un uomo importante*); S'è data tutta a Dio; Quando cominciò a piovere si diede a correre. **3.** v. intr. ⊙ È un vino così forte che dà alla testa; La finestra della mia stanza dà sulla piazza del paese; Gli hanno dato tutti contro; Può darsi che sia partito.

data, s. f. *date*; *date*; *Datum*; *fecha* ⊙ Ha dimenticato di mettere la data sulla lettera; La cartolina è senza data; È una data molto importante; Siamo amici da vecchia data (*da molto tempo*).

davanti, avv. e prep. **1.** « Si sieda davanti »; Me lo trovo sempre davanti. **2.** La sedia è davanti alla tavola; Ogni mattina passo davanti a casa tua; L'ha detto davanti a me.

davvero, avv. *really, indeed*; *vraiment*; *wirklich*; *verdaderamente* ⊙ Si è messo a lavorare davvero; « Dici davvero? »; Questo vino è buono davvero.

debito, s. m. *debt*; *dette*; *Schuld, Pflicht*; *deuda* ⊙ Quell'uomo è pieno di debiti; Devi pagare i tuoi debiti; Per comprare la casa ho dovuto fare un debito.

debole, agg. *weak, faint*; *faible*; *schwach*; *débil* ⊙ È ancora molto debole per la malattia; Ha una memoria debole; Deve mettere gli occhiali: è di vista debole. *Fig.*, Quello studente è debole in italiano.

decidere, v. tr. *to decide*; *décider*; *beschliessen*; *decidir*. [pass. rem. *decisi, decidesti, decise, decidemmo, decideste, decisero*]. **1.** Abbiamo deciso la data della partenza; Ho deciso di scrivergli una lettera; Non ho ancora deciso che cosa farò. **2. decidersi,** v. intr. pronom. ⊙ Finalmente si è deciso a cambiare la sua vecchia auto.

decimo, agg. num. *tenth*; *dixième*; *Zehntel*; *décimo*. **1.** È la decima persona che viene a chiedermi la stessa cosa; È arrivato decimo; Ha avuto la decima parte di quello che sperava. **2.** s. m. ⊙ Non ho neanche un decimo di quello che hai tu.

decisione, s. f. *decision*; *décision*; *Entscheidung*; *decisión* ⊙ Ho preso la decisione di restare; Parla con decisione.

dedicare, v. tr. *to dedicate*; *dédier*; *widmen*; *dedicar*. **1.** Dedica alla famiglia tutte le sue cure; Hanno dedicato la piazza del paese al famoso poeta. **2. dedicarsi,** v. intr. pronom. ⊙ È un medico che si dedica completamente ai malati; Si è dedicata a Dio.

delusione

delusione, s. f. *disappointment*; *déception*; *Enttaeuschung*; *desengaño*, *desilusión* ⊙ Ha avuto una grande delusione; Gli hai dato una delusione; Lo spettacolo di ieri sera è stato una delusione.

denaro, s. m. *money*; *argent*; *Geld*; *dinero* ⊙ Suo zio ha molto denaro; Non è vero che con il denaro si può far tutto; Ha fatto molto denaro con il commercio della frutta.

dente, s. m. *tooth*; *dent*; *Zahn*; *diente* ⊙ Ha tre denti superiori malati; Quella bambina ha ancora i denti di latte; Ho un forte mal di denti; Devo farmi cavare un dente; Batte i denti dal freddo. *Fig.*, Non è pane per i suoi denti (*è cosa troppo difficile per lui*). *Prov.*, Occhio per occhio, dente per dente.

dentista, s. m. e f. *dentist*; *dentiste*; *Zahnarzt*; *dentista*. [m. pl. *dentisti*]. ⊙ Mi fa male un dente: devo andare dal dentista; « Hai preso l'appuntamento col dentista? ».

dentro, avv. *in*, *within*, *inside*; *dedans*; *innerhalb*; *dentro*. **1.** Guardai dentro e vidi i miei amici; « Non andare dentro, aspetta qui fuori! ». *Fig.*, La polizia ha messo dentro il ladro (*in prigione*). **2.** prep. ⊙ I libri sono dentro la borsa; « Vieni dentro casa »; Arriverà dentro oggi.

desiderare, v. tr. *to wish, to want*; *désirer*; *wuenschen*; *desear* ⊙ « Che cosa desidera? »; Desidero un po' di pane; Desidero la vostra compagnia; Desidero un po' di pace.

desiderio, s. m. *wish*, *desire*; *désir*; *Wunsch*; *deseo* ⊙ Sento il desiderio di parlargli; « È un giusto desiderio il tuo ».

destino, s. m. *fate*, *destiny*; *destin*; *Schicksal*; *destino* ⊙ Il destino ha voluto così; « Credi al destino? »; Se la prende con il destino.

destra, s. f. *right*; *droite*; *rechts*; *derecha* ⊙ Quando cammino insieme al mio professore gli do sempre la destra (*in segno di rispetto*); In Italia, con l'automobile, bisogna tenere la destra; « Chi era quella signorina seduta alla tua destra? »; « Per andare in quella piazza dovete girare a destra ».

destro, agg. *right*; *droit*; *recht*; *derecho* ⊙ Scrivo con la mano destra; Mi fa male il braccio destro; I soldati si sono fermati sulla riva destra del fiume.

determinativo, agg. *definite*; *déterminatif*; *bestimmend*; *determinado* ⊙ Le parole *il, la, lo, i, gli, le,* sono articoli determinativi.

dettato, s. m. *dictation*; *dictée*; *Diktat*; *dictado* ⊙ Oggi, a scuola, abbiamo fatto un dettato.

di, prep. ⊙ La casa di mia sorella è grande; Le sedie della camera da letto sono molto basse; Era un giorno d'estate; L'affetto dei figli verso il padre; Alcuni di noi partiranno più tardi; Ho incontrato una diecina d'uomini; Questo studente è il più bravo di tutti; « Va' via di qui! »; « Di dove sei? »; Sono uscito di casa molto presto; Vanno di città in città, di paese in paese; Ho cominciato nel mese di marzo; Ho comprato un libro di grammatica; « Abbiamo parlato di te »; Sulla tavola c'è una bottiglia piena di vino; Sono andato di corsa a casa di mio fratello; È malato di cuore; Lo aspetto di ora in ora; L'orologio dello zio è d'oro; « Ti prego di dirmi la verità »; Mi ha detto di aspettarlo; In piazza c'erano delle donne che gridavano; Questa mattina ho visto al mercato delle mele bellissime.

diavolo, s. m. *devil*; *diable*; *Teufel*; *diablo* ⊙ Non tutti credono che il diavolo esista.

dicembre, s. m. *December*; *décembre*; *Dezember*; *diciembre* ⊙ Il mese di dicembre ha trentuno giorni; Partirà a dicembre.

dichiarare, v. tr. *to declare*; *déclarer*; *erklaeren*; *declarar* ⊙ Ha dichiarato che non l'ha mai conosciuto; Il presidente di quella repubblica ha dichiarato guerra allo stato vicino; Ha dichiarato alla signorina tutto il suo amore; Gli operai hanno dichiarato lo sciopero generale.

diciannove, num. *nineteen*; *dix-neuf*; *neunzehn*; *diecinueve* ⊙ Mio figlio ha diciannove anni; Tornerò fra diciannove giorni.

diciassette, num. *seventeen*; *dix-sept*; *siebzehn*; *diecisiete* ⊙ Il treno parte alle otto e diciassette minuti; Il mio amico abita al numero diciassette di questa strada.

diciotto, num. *eighteen*; *dix-huit*; *achtzehn*; *dieciocho* ⊙ Sua figlia avrà diciotto anni il mese prossimo; « Ti ho scritto il diciotto di questo mese ».

dieci, num. *ten*; *dix*; *zehn*; *diez* ⊙ Arriverò fra dieci minuti; Sono le dieci di mattina.

diecina, s. f. *set of ten*; *dizaine*; *Zehner*; *decena* ⊙ Hai fatto una diecina di sbagli; La città è ancora a una diecina di chilometri.

dietro, avv. e prep. **1.** È seduto dietro; « Vieni dietro! »; L'ho trovato lì dietro. **2.** Il giardino è dietro quest'alto muro; È seduto dietro la tavola; I bambini andarono dietro alla mamma.

difendere

difendere, v. tr. *to defend*; *défendre*; *verteidigen*; *defender*. [pass. rem. *difesi, difendesti, difese, difendemmo, difendeste, difesero*; part. pass. *difeso*]. ⊙ I soldati difendono la patria; Dobbiamo difendere la nostra libertà; È difeso da un bravo avvocato; Questo muro ci difenderà dal vento; Si sono difesi con coraggio.

difesa, s. f. *defence*; *défense*; *Verteidigung*; *defensa* ⊙ È venuto in nostra difesa; Ho preso le tue difese; Questo cappotto è una difesa contro il freddo.

differenza, s. f. *difference*; *différence*; *Unterschied*; *diferencia* ⊙ Fra le due borse non c'è nessuna differenza, sono uguali; C'è soltanto una differenza di colore; « C'è una bella differenza! ».

difficile, agg. *difficult*; *difficile*; *schwierig*; *difícil* ⊙ L'esercizio è difficile; È difficile trattare con lui; Sono tempi difficili!; È difficile che possa andare al cinema questa sera.

digerire, v. tr. *to digest*; *digérer*; *verdauen*; *digerir*. [pres. *digerisco, digerisci*, ecc.; part. pass. *digerito*]. ⊙ Digerisce tutto; Digerisco male.

dimenticare, v. tr. *to forget*; *oublier*; *vergessen*; *olvidar*. **1.** Ho dimenticato il nome di quel signore; Ha dimenticato la poesia; « Non dimenticare ciò che ti ho detto »; Abbiamo dimenticato di scrivere una cartolina al nostro maestro. **2. dimenticarsi**, v. intr. pronom. ⊙ Si è dimenticato di portarmi il libro; « Ti sei già dimenticato di me? »; Si è dimenticato l'ombrello nell'autobus.

diminuire, v. tr. *to diminish, to reduce*; *diminuer*; *vermindern*; *disminuir*. **1.** Quest'anno bisogna diminuire la produzione del latte. **2.** v. intr., aus. *essere* ⊙ Con le prime piogge, il caldo è diminuito; Durante l'ultima crisi economica la produzione è diminuita.

dimostrare, v. tr. *to show, to demonstrate*; *démontrer*; *zeigen*; *demostrar* ⊙ Dimostra molto affetto per i suoi fratelli; Ha quarant'anni, ma non li dimostra.

dimostrativo, agg. *demonstrative*; *démonstratif*; *hinweisend*; *demostrativo* ⊙ Nella frase: *Questo libro è grande*, la parola *questo* è un aggettivo dimostrativo.

dinanzi, avv. e prep. **1.** È ancora molto giovane: ha tutta la vita dinanzi. **2.** Stava dinanzi a me; L'ho visto dinanzi alla bottega; L'ho sempre dinanzi agli occhi.

Dio, s. m. *God*; *Dieu*; *Gott*; *Dios*. [pl. *gli dei*]. ⊙ « Ho pregato Dio per te »; Crede in Dio; La chiesa è la casa di

Dio; Ascoltiamo la parola di Dio; Ringraziamo Dio per tutto ciò che abbiamo; Sia fatta la volontà di Dio; « Te lo chiedo in nome di Dio, per l'amor di Dio! ».

dipendere, v. intr. *to depend (on)*; *dépendre*; *abhaengen*; *depender*. [pass. rem. *dipesi, dipendesti, dipese, dipendemmo, dipendeste, dipesero*; part. pass. *dipeso*] aus. *essere* ⊙ Questo giovane dipende ancora dai suoi genitori; Questo ufficio dipende dal Ministero degli Affari Esteri; Tutta la nostra vita può dipendere da una sola decisione.

dipingere, v. tr. *to paint, to depict*; *peindre*; *malen*; *pintar*. [pass. rem. *dipinsi, dipingesti, dipinse, dipingemmo, dipingeste, dipinsero*; part. pass. *dipinto*] ⊙ Il pittore ha dipinto una battaglia; Questo quadro è stato dipinto a olio; Ha dipinto la parete sinistra della chiesa.

dire, v. tr. *to say, to tell*; *dire*; *sagen*; *decir*. [pres. *dico, dici, dice, diciamo, dite, dicono*; imperf. *dicevo, dicevi, diceva, dicevamo, dicevate, dicevano*; pass. rem. *dissi, dicesti, disse, dicemmo, diceste, dissero*; fut. *dirò, dirai*, ecc.; cong. pres. *dica*, ecc., *diciamo, diciate, dicano*; cong. imperf. *dicessi*, ecc.; imp. *di', dite*; ger. *dicendo*; part. pass. *detto*]. ⊙ Mi ha detto: « Vuoi venire con me? »; Disse che sarebbe tornato il giorno dopo; Gli abbiamo detto tutto ciò che pensavamo di lui; « Hai detto la verità? »; « Non dire male del tuo amico! »; Me lo dice e me lo ripete tutto il giorno.

diretto, s. m. *through train*; *train direct*; *Eilzug*; *directo* ⊙ Il diretto è in ritardo di dieci minuti.

direttore, s. m. *director, headmaster, principal*; *directeur*; *Direktor*; *director*. [f. *direttrice*]. ⊙ Il direttore della scuola non ha ancora risposto alla mia lettera; Parlerò con il direttore della fabbrica.

direzione, s. f. *direction, management*; *direction*; *Leitung, Richtung*; *dirección*. 1. « In quale direzione è andato? »; « Dovete osservare la direzione del vento ». 2. Questa fabbrica va male perché non ha una buona direzione.

dirigere, v. tr. *to direct, to manage*; *diriger*; *leiten, richten*; *dirigir*. [pass. rem. *diressi, dirigesti, diresse, dirigemmo, dirigeste, diressero*; part. pass. *diretto*]. ⊙ Quel professore ha diretto per trent'anni la scuola; Quando c'era lui a dirigere la fabbrica, gli affari andavano meglio.

diritto, agg. *straight, upright*; *droit*; *gerade*; *derecho* ⊙ Hanno bevuto troppo vino, non stanno più diritti; Ha due belle gambe diritte; Prima di arrivare a casa mia, troverai una lunga strada diritta.

diritto

diritto, s. m. *right*; *droit*; *Recht*; *derecho* ⊙ Tutti gli operai hanno diritto a un periodo di riposo; « Non hai il diritto di parlarmi così ».

discesa, s. f. *descent*; *descente*; *Gefaelle*; *bajada* ⊙ In questa città ci sono molte discese e salite; C'è una via tutta in discesa per andare alla chiesa.

disco, s. m. *record*; *disque*; *Schallplatte*; *disco* ⊙ Ho comprato molti dischi; Questa sera ascolteremo dei dischi.

discorso, s. m. *talk, speech*; *discours*; *Gespraech*; *discurso* ⊙ Il sindaco della città ha fatto un lungo discorso; Il discorso cadde sul nostro professore; Smettiamo di fare questi discorsi inutili.

discutere, v. tr. *to discuss, to argue*; *discuter*; *eroerten*; *discutir*. [pass. rem. *discussi, discutesti, discusse, discutemmo, discuteste, discussero*; part. pass. *discusso*]. ⊙ Domani discuteremo le vostre proposte; Abbiamo discusso tutta la sera intorno a quell'argomento; « Non voglio più discutere con voi ».

disegno, s. m. *drawing, design*; *dessin*; *Zeichnung, Entwurf*; *dibujo* ⊙ Lo scolaro ha fatto un bel disegno nel quaderno; « Ho visto il disegno della tua nuova casa: sarà molto bella! ».

disgrazia, s. f. *misfortune, bad luck*; *malheur*; *Unglueck*; *desgracia* ⊙ È accaduta una disgrazia; Non l'ho fatto apposta, è stata una disgrazia.

disordine, s. m. *disorder*; *désordre*; *Unordnung*; *desorden*. **1.** In questa stanza c'è molto disordine; « Non mettere disordine fra i miei libri. **2.** In quella città ci sono stati gravi disordini.

disperare, v. tr. *to despair*; *désespérer*; *verzweifeln*; *desesperar*. **1.** Il bambino è così cattivo che fa disperare sua madre; I medici disperano di salvarlo. **2. disperarsi,** v. intr. pronom. ⊙ Si disperava per aver perduto la valigia; « Non disperarti per così poco! ».

dispiacere, v. intr. *to be sorry*; *regretter*; *bedauern*; *desagradar*. [vedi PIACERE] aus. *essere* ⊙ Mi dispiace che tu non possa venire; Ci dispiace che tuo fratello sia malato; « Se non ti dispiace, prendo un momento la tua macchina ».

disporre, v. tr. *to arrange, to set out*; *disposer*; *ordnen, verfuegen*; *disponer*. [vedi PORRE]. ⊙ Abbiamo disposto i bicchieri sulla tavola prima della festa; I soldati erano disposti a tre a tre. *Prov.*, L'uomo propone e Dio dispone.

disposizione, s. f. *disposal, disposition*; *disposition*; *Anordnung*; *disposición* ⊙ È una bella casa, ma non mi piace la disposizione dei mobili; « I miei libri sono a tua disposizione: puoi prenderli quando vuoi ».

distanza, s. f. *distance*; *distance*; *Entfernung*; *distancia* ⊙ La distanza tra la mia casa e la scuola non è molta; Tra le due città c'è una distanza di sessanta chilometri.

distinguere, v. tr. *to distinguish, to make out*; *distinguer*; *unterscheiden*; *distinguir*. [pass. rem. *distinsi, distinguesti, distinse, distinguemmo, distingueste, distinsero*; part. pass. *distinto*]. ⊙ Non distingue l'azzurro dal verde; Non è facile distinguere il vero dal falso; Questo giovane si distingue per la sua intelligenza.

distruggere, v. tr. *to destroy*; *détruire*; *zerstoeren*; *destruir*. [pass. rem. *distrussi, distruggesti, distrusse, distruggemmo, distruggeste, distrussero*; part. pass. *distrutto*]. ⊙ L'esercito è stato completamente distrutto; Abbiamo distrutto la lettera; Questo bambino distrugge tutto; La lunga malattia l'ha distrutto.

disturbare, v. tr. *to disturb*; *déranger*; *stoeren*; *molestar* ⊙ Il sole troppo forte mi disturba; Chi arriva tardi disturba la lezione; Non posso dormire bene, il rumore delle auto mi disturba; « Sta studiando: non disturbatelo! »; « La prego, non si disturbi per me! »; « Disturbo se mi siedo? » « Ma prego! ».

dito, s. m. *finger*; *doigt*; *Finger*; *dedo*. [pl. *le dita*]. ⊙ Le dita della mano sono cinque; Mi indicava col dito la strada da seguire; Mi fa male il dito grosso del piede.

divenire, v. intr. *to become*; *devenir*; *werden*; *hacerse, ponerse*. [vedi VENIRE] aus. *essere* ⊙ Si mise a studiare e divenne il più bravo della scuola.

diventare, v. intr., aus. *essere to become*; *devenir*; *werden*; *llegar a ser* ⊙ Tuo figlio è diventato grande; Suo fratello diventerà medico; Questo vino è diventato cattivo; Questo problema mi fa diventare matto.

diverso, agg. *different*; *différent, divers*; *verschieden*; *diverso, diferente*. **1.** Il mio vestito è diverso dal tuo; Le nostre idee non sono molto diverse. **2.** [*solo plurale*]. ⊙ Oggi mancano diversi studenti; Aspetto la sua lettera da diversi giorni.

divertire, v. tr. *to amuse*; *amuser*; *vergnuegen*; *divertir*. **1.** È una commedia che diverte. **2.** **divertirsi,** v. intr. pronom.

dividere 52

◦ Ieri sera siamo andati al cinema e ci siamo molto divertiti; I ragazzi si divertono con un piccolo treno elettrico; Non si diverte mai.

dividere, v. tr. *to divide*; *diviser*; *teilen*; *dividir*. [pass. rem. *divisi, dividesti, divise, dividemmo, divideste, divisero*; part. pass. *diviso*]. ◦ « Dividete il numero cento per cinque »; Hanno diviso gli operai in tre gruppi; Ho diviso la mela a metà.

dizionario, s. m. *dictionary*; *dictionnaire*; *Woerterbuch*; *diccionario* ◦ Il libro che stai leggendo in questo momento è un dizionario; Le parole di questo piccolo dizionario sono sufficienti per farti capire da tutti quando sarai in Italia.

dodici, num. *twelve*; *douze*; *zwoelf*; *doce* ◦ Abbiamo offerto dodici rose rosse alla mamma per la sua festa.

dogana, s. f. *customs*; *douane*; *Zoll*; *aduana* ◦ Per questi oggetti devo pagare la dogana; Le valigie sono ferme in dogana.

dolce, agg. *sweet*; *doux, sucré*; *suess*; *dulce, suave*. **1.** Questa arancia è dolce; È un liquore dolce; Quel bambino ha un viso molto dolce. **2.** s. m. ◦ Ai bambini piacciono i dolci.

dolore, s. m. *sorrow, pain*; *douleur*; *Schmerz*; *dolor* ◦ Quando ho tolto il dente ho sentito molto dolore; Quella notizia mi ha dato un grande dolore.

domanda, s. f. *question, application*; *question, demande*; *Frage*; *pregunta, petición* ◦ Lo studente non ha saputo rispondere alla domanda del professore; « Posso farti una domanda? ».

domandare, v. tr. *to ask (for)*; *demander*; *fragen*; *preguntar* ◦ Gli ha domandato quanto costa la macchina; Lo domanderò a mio fratello; « Che cosa ti ha domandato? ».

domani, avv. *tomorrow*; *demain*; *morgen*; *mañana*. **1.** Gli scriverò domani; Dopo domani comincerà un nuovo corso di lezioni; Partirò domani a otto (*fra una settimana*). **2.** s. m. ◦ Dobbiamo pensare al nostro domani (*futuro*).

domenica, s. f. *Sunday*; *dimanche*; *Sonntag*; *domingo* ◦ Aspetto la domenica per potermi riposare un po'; Va' in campagna ogni domenica; Domenica prossima arriveranno i nostri amici.

don, s. m. *don*; *don, abbé*; *Don*; *don* ◦ Don Antonio è un prete amato da tutti; Ho incontrato don Pietro mentre andava in chiesa.

donna, s. f. *woman*; *femme*; *Frau*; *mujer* ◎ Sua sorella è proprio una bella donna!; In questo paese le donne sono più numerose degli uomini; Tua madre è una brava donna di casa.

dopo, avv. prep. e congz. ◎ Ora studia, dopo andremo al cinema; È tornato poco dopo; Gli ho risposto il giorno dopo; Ci vedremo al bar dopo la lezione; Dopo che avrò letto il giornale comincerò a studiare.

dormire, v. intr., aus. *avere* *to sleep*; *dormir*; *schlafen*; *dormir* ◎ Questa notte non ho dormito bene; Con questo rumore non si può dormire; Se la sera bevo un caffé, la notte non dormo. *Prov.*, Chi dorme non piglia pesci; Aprile, dolce dormire.

dottore, s. m. *doctor*; *docteur*; *Doktor*; *doctor*. **1.** Mio fratello è malato, devo chiamare il dottore; C'è bisogno di un dottore, il ragazzo è stato ferito e perde molto sangue! **2.** Dopo aver frequentato l'università, in Italia si diventa dottore.

dove, avv. *where*; *où*; *wo*; *donde* ◎ « Dove vai? »; « Dov'è la mia valigia? L'avete vista? »; « Da dove vieni? Qual è il tuo paese? »; « Dove abiti? »; « Per dove passeremo? Per questa o per quella strada? »; Questa è la città dove sono nato.

dovere, v. tr. *must*; *devoir*; *muessen*; *tener que*. [pres. devo, devi, deve, dobbiamo, dovete, devono; fut. dovrò, ecc.; cong. pres. debba o deva, ecc., dobbiamo, dobbiate, debbano o devano; cond. pres. dovrei, ecc.]. ◎ Devo comprare un nuovo vestito; « Devi studiare di più »; Ora devo andare a casa, è tardi!; Ho dovuto accompagnare gli amici alla stazione; « Son dovuto restare tutto il pomeriggio a casa per aspettare che tu mi telefonassi ».

dovere, s. m. *duty*; *devoir*; *Pflicht*; *deber* ◎ Tutti abbiamo i nostri doveri; « È per te un dovere aiutare il vecchio padre »; « Devi fare il tuo dovere! ».

dozzina, s. f. *dozen*; *douzaine*; *Dutzend*; *docena* ◎ Abbiamo offerto una dozzina di rose rosse a nostra madre; Ho comprato una dozzina di fazzoletti.

dramma, s. m. *drama, play*; *drame*; *Drama*; *drama*. [pl. *drammi*]. ◎ « Questa sera dobbiamo andare a teatro, dànno un bel dramma! ».

dubbio, s. m. *doubt*; *doute*; *Zweifel*; *duda* ◎ Ho un dubbio sulla pronunzia di quella parola; Non voglio restare nel dubbio; Non c'è dubbio che fra poco pioverà; Verrò senza dubbio.

due

due, num. *two*; *deux*; *zwei*; *dos* ◉ Resteremo soltanto due giorni; Ti ho scritto due volte alla settimana; I piccoli allievi usciranno a due a due dalla scuola.

dunque, congz. *then*; *donc*; *also*; *por consiguiente* ◉ « È freddo, dunque metti il cappotto »; « Perché dunque non vieni anche tu? »; « Dunque, partiamo o non partiamo? ».

durante, prep. *during*; *pendant*; *waehrend*; *durante* ◉ Mi sono sentito male durante la lezione; Ci siamo conosciuti durante l'ultima guerra; Questi animali durante l'inverno dormono.

durare, v. intr., aus. *essere* *to last*; *durer*; *dauern*; *durar* ◉ « Quanto dura la lezione? »; « Lo spettacolo è durato due ore »; L'ha pagato poco, ma gli durerà anche poco.

duro, agg. *hard*; *dur*; *hart*; *duro* ◉ Il ferro è più duro del legno; Per quel povero uomo, la vita è proprio dura; Ha il cuore duro come una pietra; Mio nonno è un po' duro d'orecchi.

E

e, congz. *and*; *et*; *und*; *y* ⊙ La penna e il libro; Salutò e uscì; Li ho presi tutt'e due.

eccetera, *etcetera*; *et caetera*; *und so weiter*; *etcétera* ⊙ Uno, due, tre, quattro, eccetera; Mi ha parlato della sua partenza, del viaggio, dell'arrivo, eccetera.

eccezione, s. f. *exception*; *exception*; *Ausnahme*; *excepción* ⊙ Non presto mai i miei libri, ma per te farò un'eccezione; Questo plurale è un'eccezione alla regola; Ho pensato a tutti senza eccezione.

ecco, avv. e inter. *here, there (it is)*; *voici, voilà*; *hier ist, sind*; *he aquí* ⊙ «Silenzio! Ecco il professore!»; Ecco il mare!; «Dov'è il mio libro?» «Eccolo!»; Ecco che arriva il babbo; Passeggiavo nel giardino quand'ecco che cominciò a piovere.

economico, agg. *cheap, economic*; *économique*; *billig, wirtschaftlich*; *barato, económico*. [pl. m. *economici*]. ⊙ Quel paese ha una grave crisi economica; Bisogna affrontare i problemi economici del momento; Andiamo spesso a mangiare in un ristorante economico; È un albergo buono ed economico.

effetto, s. m. *effect*; *effet*; *Wirkung*; *efecto* ⊙ La mia lettera non ha avuto nessun effetto; Gli effetti della bomba sono stati terribili.

egli, pron. pers. [vedi pag. 182].

elegante, agg. *smart*; *élégant*; *elegant*; *elegante* ⊙ Quel giovane alto ed elegante è mio fratello; La signorina ha comprato un vestito molto elegante.

eleggere, v. tr. *to elect*; *élire*; *waehlen*; *elegir*. [vedi LEGGERE]. ⊙ Hanno eletto il nuovo papa; Questa volta non è stato eletto.

elementare

elementare, agg. *elementary, primary*; *élémentaire*; *Grund-*; *elemental* ⊙ Questo studente ha ancora una conoscenza elementare della lingua italiana; Mia figlia frequenterà quest'anno la prima classe della scuola elementare; Suo zio è maestro elementare.

elettrico, agg. *electric*; *électrique*; *elektrisch*; *eléctrico*. [pl. m. *elettrici*]. ⊙ La lampada non si accende perché non c'è la corrente elettrica; È un treno elettrico; Questa macchina ha un motore elettrico.

emigrare, v. intr., aus. *essere to emigrate*; *émigrer*; *auswandern*; *emigrar* ⊙ Molti operai devono emigrare per trovare lavoro; In queste case vivono molti emigranti.

energia, s. f. *energy*; *énergie*; *Energie*; *energía*. [pl. *energie*]. ⊙ È un uomo pieno di energia; Con la malattia ha perduto le sue energie; È un povero vecchio senza energia; Energia elettrica.

entrare, v. intr., aus. *essere to enter*; *entrer*; *eintreten*; *entrar* ⊙ Il tuo amico è entrato in casa in questo momento; Il treno entra in stazione; «È permesso? posso entrare?» «Prego, entri pure!»; La valigia è già piena, non c'entra più niente.

entrata, s. f. *entrance*; *entrée*; *Eingang*; *entrada* ⊙ Passeremo per l'entrata principale; La villa ha una bella entrata; L'entrata in guerra dell'Italia.

epoca, s. f. *epoch, period*; *époque*; *Epoche*; *época* ⊙ Queste macchine appartengono a un'epoca passata; Tutti gli studenti studiano molto perché siamo in epoca di esami.

eppure, congz. *(and) yet, nevertheless*; *cependant, pourtant*; *und doch*; *sin embargo* ⊙ «Ti avevo avvertito, eppure ci sei andato!»; Non si decide a partire, eppure sa che è tardi.

esame, s. m. *examination*; *examen*; *Pruefung*; *examen* ⊙ «Quando ci saranno gli esami?»; «Come è andato l'esame?».

esclamazione, s. f. *exclamation*; *exclamation*; *Ausruf*; *exclamación* ⊙ Quando ha ricevuto il regalo ha fatto un'esclamazione di gioia; «Bravo!» è un'esclamazione.

esempio, s. m. *example*; *exemple*; *Beispiel*; *ejemplo*. **1.** Il padre deve dare il buon esempio; «Prendi esempio dal tuo compagno»; Il professore fa sempre dei begli esempi. **2.** loc. avv. ⊙ Qualcuno dovrebbe dirglielo: tu, per esempio.

esercito, s. m. *army*; *armée*; *Heer*; *ejército* ◉ Un esercito numeroso e forte; L'esercito nemico è stato fermato dai nostri soldati, sulla riva del fiume; Suo zio è capitano dell'esercito.

esercizio, s. m. *exercise*; *exercice*; *Uebung*; *ejercicio* ◉ Non ho potuto fare l'esercizio d'italiano, perché sono stato male; Il maestro corregge gli esercizi con una matita rossa; Ho dimenticato a casa il quaderno degli esercizi.

esistere, v. intr. *to exist*; *exister*; *bestehen*; *existir*. [part. pass. *esistito*] aus. *essere* ◉ Dicono che è sempre andata così da che esiste il mondo; Non tutti credono che Dio esiste.

esperienza, s. f. *experience*; *expérience*; *Erfahrung*; *experiencia* ◉ Quell'uomo ha una grande esperienza della vita; È ancora un ragazzo senza esperienza.

espressione, s. f. *expression*; *expression*; *Ausdruck*; *expresión* ◉ Il suo viso aveva una strana espressione; L'attore ha recitato una bella poesia, ma senza espressione.

esprimere, v. tr. *to express*; *exprimer*; *ausdruecken*; *expresar*. [pass. rem. *espressi, esprimesti, espresse, esprimemmo, esprimeste, espressero*; part. pass. *espresso*]. **1.** Desidero esprimere a tutta la famiglia il mio augurio; Mia sorella ha espresso il desiderio di avere una nuova macchina. **2. esprimersi,** v. rifl. ◉ Lo studente non sa ancora esprimersi bene in italiano; « Non ti ha capito? forse non ti sei espresso bene ».

essa, pron. pers. [vedi pag. 182].

esse, pron. pers. [vedi pag. 182].

essere, v. intr. *to be*; *être*; *sein*; *ser*; *estar*. [pres. ind. *sono, sei, è, siamo, siete, sono*; imperf. *ero, eri, era, eravamo, eravate, erano*; fut. *sarò, sarai, sarà, saremo, sarete, saranno*; pass. rem. *fui, fosti, fu, fummo, foste, furono*; pres. cong. *sia, ..., siamo, siate, siano*; imperf. cong. *fossi,* ecc.; cond. *sarei, saresti, sarebbe, saremmo, sareste, sarebbero*; part. pass. *stato*; ger. *essendo*]. **1.** Il film che ho visto è bello; Quando sarai grande, capirai queste cose; Ci sono molte specie di alberi; « Che ora è? » « È ancora presto »; Di qui alla città più vicina, ci sono circa quaranta chilometri; Il bambino ha perduto i suoi genitori in un incidente d'auto: che ne sarà di lui?; Ma non può essere!; Sarà, ma non ci credo; sarebbe bene essere più gentili con gli amici; « Voglio pagarti per il tuo lavoro: quant'è? ».

essi

2. *verbo ausiliare della coniugazione passiva e di alcuni verbi intransitivi*: Sono stato invitato a cena da mio zio; Non sei stato creduto; Furono amati; Saremo visti.

essi, pron. pers. [vedi pag. 182].

esso, pron. pers. [vedi pag. 182].

est, s. m. *east*; *est*; *Osten*; *este* ◉ Il mio paese si trova a est di quel monte.

estate, s. f. *summer*; *été*; *Sommer*; *verano* ◉ Preferisco l'estate all'inverno; Quest'anno abbiamo avuto un'estate molto calda; In estate vado al mare; Prendo le vacanze d'estate.

estero, agg. *foreign (countries)*; *étranger*; *auslaendisch*; *extranjero*. **1.** Qui puoi comprare i più importanti giornali esteri; In quel ristorante hanno i migliori vini esteri; È il ministro degli Affari Esteri. **2.** s. m. ◉ Ogni anno fa un viaggio all'estero; Suo fratello lavora all'estero.

età, s. f. *age*; *âge*; *Alter*; *edad* ◉ Quel ragazzo non ha ancora l'età per fare il soldato; Ho cominciato a suonare il piano all'età di sei anni; Ha una sorella in età da marito; È un uomo di una certa età.

etto, s. m. *hectogram*; *cent grammes*; *hundert Gramm*; *cien gramos* ◉ « Mi dia un etto di prosciutto »; Ho comprato due etti di caffè.

evitare, v. tr. *to avoid*; *éviter*; *vermeiden*; *evitar* ◉ Dobbiamo evitare i pericoli; « Evita i cattivi compagni! »; « Evitiamo di bere troppo ».

F

fa, (dalla terza persona sing. del pres. ind. di *fare*) *ago*; *il y a*; *vor*; *hace* ◦ Un mese fa; Una settimana fa; Un anno fa; Pochi giorni fa.

fabbrica, s. f. *factory*; *fabrique, usine*; *Fabrik*; *fábrica* ◦ Nel mio paese c'è una grande fabbrica di cioccolato; Una città con molte fabbriche; Una fabbrica di automobili; Ho parlato con il direttore della fabbrica.

faccenda, s. f. *housework, business*; *affaire*; *Hausarbeit, Angelegenheit*; *quehacer, asunto* ◦ La mamma pensa alle faccende di casa; Oggi non posso venire: ho da fare tante faccende; Ti prego, non dimenticare quella faccenda.

facchino, s. m. *porter*; *porteur*; *Gepaecktraeger*; *maletero* ◦ Ho chiamato il facchino per portare le valigie; Non c'era nessun facchino quando è arrivato il treno.

faccia, s. f. *face*; *figure*; *Gesicht*; *cara* ◦ « Lavati le mani e la faccia »; C'è un vento che taglia la faccia; Gli si legge la bugia in faccia; Ho l'abitudine di dire le cose in faccia.

facile, agg. *easy*; *facile*; *leicht*; *fácil*. **1.** Questo esercizio è facile; È un lavoro facile; Il professore mi ha fatto delle domande facili. **2.** È facile che oggi piova.

falso, agg. *false*; *faux*; *falsch*; *falso*. **1.** È una notizia falsa; Quel signore viaggiava sotto falso nome; Mi ha pagato con moneta falsa. **2.** s. m. ◦ Ha giurato il falso.

fame, s. f. *hunger*; *faim*; *Hunger*; *hambre*. [*solo sing.*]. ◦ Ho fame, voglio mangiare!; Muoio dalla fame. *Fig.*, Aver fame di denaro.

famiglia, s. f. *family*; *famille*; *Familie*; *familia* ◦ Ha una grande famiglia; Sono padre di famiglia; È una brava madre di famiglia; Farsi una famiglia (*sposarsi*).

famoso, agg. *famous*; *fameux*; *beruehmt*; *famoso* ⊙ Questo quadro è famoso; È un famoso poeta; Ha un nome famoso.

fantasia, s. f. *imagination*; *imagination*; *Einbildungskraft*; *fantasia* ⊙ Ha una fantasia ricca; «Non hai un po' di fantasia!»; È uno scrittore povero di fantasia.

fare, v. tr. *to do, to make*; *faire*; *machen, tun*; *hacer*. [pres. ind. *faccio, fai, fa, facciamo, fate, fanno*; imperf. ind. *facevo*, ecc.; pass. rem. *feci, facesti, fece, facemmo, faceste, fecero*; fut. *farò*, ecc.; imp. *fai* o *fa* o *fa', fate*; pres. cong. *faccia*, ecc.; imperf. cong. *facessi*, ecc.; pres. cond. *farei*, ecc.; part. pass. *fatto*; ger. *facendo*]. ⊙ «Hai fatto l'esercizio?»; Quello studente ha sempre fatto il suo dovere; «Tu fai sempre le cose a metà»; «Fa' quello che ti dico e non preoccuparti»; «Non fargli paura!»; Quel signore in poco tempo ha fatto molti soldi; «Silenzio! Non fate rumore!»; Il ladro non voleva parlare, ma alla fine fece il nome del suo compagno; Quest'albero fa molti frutti; Suo fratello fa molto sport; Mio cugino fa l'operaio; Quell'uomo parla sempre e non fa mai nulla; «Che tempo fa?»; D'estate fa giorno presto; Due più due fa quattro; «Se lascerai fare a me, rimarrai contento»; In questa casa c'è molto da fare; «Non si preoccupi, non fa nulla»; Mi fa piacere sapere queste cose; «Fammi ascoltare i tuoi dischi»; È venuto un signore e mi ha fatto perdere due ore di tempo; «Sta' attento! Non far cadere il vaso»; Il professore ha fatto fare gli esercizi ai suoi studenti; Ieri sera gli amici mi hanno fatto far tardi; Questa mattina, facendomi la barba, mi sono tagliato; Sono caduto e mi sono fatto male alla testa; È un lavoro ben fatto; È una ragazza ben fatta (*ha un bel corpo*).

farmacia, s. f. *chemist shop, pharmacy*; *pharmacie*; *Apotheke*; *farmacia*. **1.** Questa farmacia è aperta anche di notte; Vado in farmacia. **2.** Il mio amico studia Farmacia (*frequenta il corso di Farmacia dell'Università*).

fastidio, s. m. *annoyance*; *gene, ennui*; *Verdruss*; *molestia* ⊙ Mi dà fastidio la luce sugli occhi; Posso fumare? Le dà fastidio il fumo?; Non dar fastidio al tuo compagno; Mi dà fastidio incontrare quella persona.

fatica, s. f. *fatigue, effort*; *fatigue*; *Muehe*; *fatiga*. **1.** Ha fatto questo lavoro con grande fatica; Imparare una nuova lingua, costa fatica; Abbiamo camminato molto senza fatica (*con piacere*); Esser morto dalla fatica (*essere molto stanco*). **2.** Il malato respira a fatica.

fatto, s. m. *fact*; *fait*; *Tatsache*; *hecho* ⊙ È un fatto strano; Il fatto è successo in un piccolo paese di montagna; Non pensare a queste cose, sono fatti miei; Il fatto è che sono stanco di questa situazione.

favore, s. m. *favour*; *faveur*; *Gunst, Gefallen*; *favor*. **1.** Devo chiederti un favore: puoi darmi un libro?; « Chiudi la porta, per favore ». **2.** Parlerò al direttore in tuo favore; Il libro ha incontrato il favore del pubblico.

fazzoletto, s. m. *handkerchief*; *mouchoir*; *Taschentuch*; *pañuelo* ⊙ Ho perduto il fazzoletto; « Vorrei una dozzina di fazzoletti ».

febbraio, s. m. *February*; *février*; *Februar*; *febrero* ⊙ Febbraio ha 28 giorni; Che cosa farai in febbraio?; Ha cominciato il lavoro nel mese di febbraio.

febbre, s. f. *temperature*; *fièvre*; *Fieber*; *fiebre* ⊙ Lo studente non è venuto a lezione perché è malato, ha la febbre alta; È andato a lavorare con la febbre.

fede, s. f. *faith*; *foi*; *Glaube*; *fe* ⊙ Aver fede in Dio; La fede è una grande forza morale.

fegato, s. m. *liver*; *foie*; *Leber*; *hígado* ⊙ Mi fa male il fegato; Oggi ho mangiato fegato e insalata.

felice, agg. *happy*; *heureux*; *gluecklich*; *feliz* ⊙ Paolo e Maria sono felici; Con questo regalo mi hai fatto felice; Sono felice di fare la tua conoscenza; Ho passato un giorno felice.

femminile, agg. e s. m. *feminine*; *féminin*; *Femininum*; *femenino*. **1.** È un lavoro femminile; Ha un aspetto femminile. **2.** s. m. ⊙ Il femminile di *ragazzo* è *ragazza*.

ferire, v. tr. *to wound*; *blesser*; *verletzen*; *herir*. [pres. ind. *ferisco, ferisci, ferisce, feriamo,* ecc.]. ⊙ L'ha ferito con un coltello; È stato ferito a un braccio; Si è ferito con un pezzo di vetro.

fermare, v. tr. *to stop*; *arrêter*; *anhalten*; *parar*. **1.** Mi ha fermato per strada; Ho fermato l'automobile davanti alla casa del mio amico. **2. fermarsi,** v. intr., aus. *essere* ⊙ Quanto si ferma il treno in questa stazione?; Mi fermerò dieci minuti al caffè.

fermata, s. f. *stop*; *arrêt*; *Haltestelle*; *parada* ⊙ Scusi, dov'è la fermata dell'autobus?; Ti aspetto alla fermata dell'autobus.

fermo, agg. *still*; *tranquille, calme*; *ruhig*; *parado* ⊚ I ragazzi non possono star fermi; L'orologio è fermo; « State fermi! ».

ferro, s. m. *iron*; *fer*; *Eisen*; *hierro* ⊚ Mi sono ferito con un pezzo di ferro; Abbiamo messo una porta di ferro per essere più sicuri. *Frase idiom.*, Bisogna battere il ferro finché è caldo (*insistere a fare qualcosa, finché dura il momento buono*).

ferrovia, s. f. *railway*; *chemins de fer*; *Eisenbahn*; *ferrocarril* ⊚ Le ferrovie italiane sono dello Stato; Il pacco mi è arrivato per ferrovia.

festa, s. f. *holiday*; *fête*; *Fest, Feiertag*; *fiesta* ⊚ Domani è festa; È passata la festa; Ha messo il vestito delle feste (*il vestito migliore*); Oggi è la festa di mio fratello.

fiammifero, s. m. *match*; *allumette*; *Streichholz*; *cerilla, fósforo* ⊚ Una scatola di fiammiferi, per piacere!; « Scusi, ha un fiammifero? ».

fianco, s. m. *side*; *côté*; *Seite*; *lado, costado*. [pl. *fianchi*]. ⊚ Il fianco destro, sinistro; Sta al fianco di suo padre (*per aiutarlo*).

fidanzato, s. m. (f. -a) *fiancé*; *fiancé*; *Verlobter*; *novio* ⊚ Domani arriverà la sua fidanzata; Il mio fidanzato sta facendo un grande viaggio.

fiducia, s. f. *trust*; *confiance*; *Vertrauen*; *confianza* ⊚ Spero che mi aiuterai, ho fiducia in te; Ho dato le chiavi di casa a un uomo di fiducia; Chiameremo il medico di fiducia.

figlio, s. m. e f. [f. -a] *son*; *fils*; *Sohn*; *hijo* ⊚ « Quanti figli hai? » « Ho due figli e tre figlie »; È uscito con suo figlio.

figliolo, s. m. [f. -a] *son*; *fils*; *Sohn*; *hijo* ⊚ Mi piace parlare a lungo con il mio figliolo; Lo tiene in casa come un figliolo; È una brava figliola.

figura, s. f. *illustration, figure*; *figure*; *Illustration, Gestalt*; *figura*. 1. Un libro con molte figure a colori. 2. Se vuoi fare una bella figura agli esami devi studiare molto. 3. Suo padre è una figura molto simpatica.

figurare, v. tr. *to represent, to imagine*; *figurer, imaginer*; *darstellen, vorstellen*; *representar, imaginar*. 1. Il bambino nel suo disegno ha figurato un'automobile senza ruote. 2. **figurarsi**, v. intr., aus. *essere* ⊚ Mi figuravo un viaggio più bello; « Ti dispiace di darmi la tua penna? » « Figurati! ».

figurato, agg. *figurative*; *figuré*; **bildlich**; *figurado* ⊚ La frase *Tuo zio vale tanto oro quanto pesa*, ha un senso figurato.

fila, s. f. *row, line*; *rangée*; **Reihe**; *fila* ⊚ Una fila di alberi; C'è una lunga fila di automobili; A teatro ho trovato un posto in prima fila; Per comprare il biglietto bisogna fare la fila (*aspettare uno dietro l'altro*).

film, s. m. invar. *film*; *film*; **Film**; *película* ⊚ Ho visto un bel film di guerra; Quali film ci sono oggi?; Molti film sono proibiti ai minori di quattordici anni.

filo, s. m. *thread*; *fil*; **Faden**; *hilo* ⊚ Il pacco è legato con un filo molto grosso; È pericoloso toccare i fili della corrente elettrica; I fili del telefono.

filobus, s. m. invar. *trolley-bus*; *trolley*; **Autobus mit Oberleitung**; *trolebús* ⊚ « Dov'è la fermata del filobus? »; Prenderemo il filobus.

finalmente, avv. *at last*; *finalement, enfin*; **endlich**; *finalmente* ⊚ Finalmente sei arrivato!; Ci sei riuscito finalmente!; Finalmente!

finché, congz. *until, as long as*; *jusqu'à ce que, tant que*; **bis**; *hasta que* ⊚ Potrai restare qui finché vorrai; « Non uscirai finché non avrai finito l'esercizio »; Nessuno badava al bambino finché non cominciò a piangere.

fine, s. f. *end*; *fin*; **Ende**; *fin*. **1.** Il campanello suona la fine della lezione; Ho visto il film dal principio alla fine; Verrò alla fine del mese; È un lavoro molto lungo, non si vede mai la fine; Vorrei sapere che fine ha fatto la mia penna, non la trovo più. **2.** s. m. ⊚ Qual è il fine dell'uomo?; Le sue azioni non hanno sempre un buon fine.

finestra, s. f. *window*; *fenêtre*; **Fenster**; *ventana* ⊚ Apro la finestra per cambiare l'aria alla stanza; Da questa finestra si vede un bel panorama; La finestra guarda sulla piazza.

finire, v. tr. *to finish*; *finir*; **enden**; *terminar*. [pres. ind. *finisco, finisci, finisce, finiamo*, ecc.]. **1.** Ha finito il lavoro in poco tempo; Dopo che avrò finito l'esercizio, andrò al cinema; Il mio amico domani finisce vent'anni. **2.** v. intr., aus. *essere* ⊚ Ieri sera lo spettacolo è finito alle dieci; Fra noi due tutto è finito; La lezione finisce alle dieci.

fino, prep. *until*; *jusque*; **bis**; *hasta* ⊚ « Fino a quando resterai qui? » « Resterò fino alla fine del mese »; Verrò fino a casa tua; Studia l'italiano fin da quando era bambino; Te lo dico fin d'ora.

fiore, s. m. *flower*; *fleur*; *Blume*; *flor* ⊙ Metto i fiori nel vaso; Cambio l'acqua ai fiori; Il bambino offre i fiori alla maestra; La famosa attrice riceve ogni giorno fiori bellissimi; Fiori di campo; Fiori di giardino; Fiori d'arancio per la sposa; L'albero è in fiore.

firmare, v. tr. *to sign*; *signer*; *unterschreiben*; *firmar* ⊙ Ho dimenticato di firmare la lettera; « Ha firmato la domanda per iscriversi all'Università ».

fisico, agg. *physical*; *physique*; *physisch*; *físico*. [pl. m. *fisici*]. ⊙ Molte volte è più facile sopportare un dolore fisico che uno morale; Aspetto fisico; Forza fisica.

fissare, v. tr. *to fix, to stare*; *fixer*; *befestigen, anstarren*; *fijar, mirar* ⊙ Voglio fissare questo quadro alla parete; Quel signore mi fissava in modo strano. *Fig.*, La signorina ha fissato gli occhi su quel bel vestito (*desidera di aver quel bel vestito*).

fiume, s. m. *river*; *fleuve*; *Fluss*; *río* ⊙ Ho fatto il bagno nel fiume; Molte grandi città sono attraversate da un fiume.

foglia, s. f. *leaf*; *feuille*; *Blatt*; *hoja* ⊙ In autunno cadono le foglie; È un albero con le foglie sempre verdi.

foglio, s. m. *sheet*; *feuille*; *Blatt*; *hoja* ⊙ Un foglio di carta da lettere; Prendo un foglio dal tuo quaderno.

fondo, s. m. *bottom, end*; *fond*; *Grund*; *fondo* ⊙ Il fondo della bottiglia; Il fondo del mare; L'ho incontrato in fondo alla strada; Devi firmare in fondo alla pagina; Mi devi raccontare la cosa da cima a fondo (*dal principio alla fine*).

fontana, s. f. *fountain*; *fontaine*; *Springbrunnen*; *fuente* ⊙ È una fontana d'acqua molto fredda; È una città con molte e belle fontane.

forbici, s. f. plur. *scissors*; *ciseaux*; *Schere*; *tijeras* ⊙ Un paio di forbici; Ho tagliato il foglio di carta con le forbici.

forchetta, s. f. *fork*; *fourchette*; *Gabel*; *tenedor* ⊙ « Cameriere, ha dimenticato di portarmi la forchetta! ».

forma, s. f. *shape*; *forme*; *Form*; *forma* ⊙ Mi piace la forma di questa piazza; Questo vaso ha una forma molto elegante; Il maestro ha parlato in forma chiara e semplice.

formaggio, s. m. *cheese*; *fromage*; *Kaese*; *queso* ⊙ Formaggio magro o grasso; Formaggio duro o fresco; Oggi ho mangiato pane e formaggio.

formare, v. tr. *to form*; *former*; *bilden*; *formar*. 1. Lo studente non sa ancora formare una frase in italiano. 2. La moglie e due bambini formano la sua famiglia. 3. **formarsi,** v. intr., aus. *essere* ⊙ Si sono formate nuove isole; È una bambina, non si è ancora formata.

forse, avv. *perhaps*; *peut-être*; *vielleicht*; *tal vez* ⊙ Mia madre forse oggi mi telefonerà; Il cielo è pieno di nuvole: forse stasera pioverà; « Verrai questa sera alla festa? » « Forse »; Forse è meglio così.

forte, agg. *strong*; *fort*; *stark*; *fuerte* ⊙ È un uomo molto forte; In quel paese c'è un governo forte; Non mi piace questo vestito perché ha colori troppo forti; Ieri sera ho bevuto un caffè molto forte e perciò questa notte non ho potuto dormire.

fortuna, s. f. *fortune, luck*; *fortune, chance*; *Glueck*; *fortuna, suerte* ⊙ Ha avuto fortuna negli affari; Spero che la fortuna mi aiuti; La fortuna è cieca; Quel signore straniero ha fatto fortuna in Italia (*ha avuto grande successo*); Buona fortuna! (*per augurio*).

fortunato, agg. *lucky*; *qui a de la chance*; *gluecklich*; *afortunado* ⊙ È un uomo fortunato: ha vinto molto denaro. *Prov.*, Meglio nascere fortunati che ricchi.

forza, s. f. *strength*; *force*; *Gewalt, Staerke*; *fuerza*. 1. È un giovane che ha molta forza nelle braccia; In quell'occasione, i nostri amici hanno dimostrato una gran forza d'animo; Ha perduto le forze per la lunga malattia. 2. loc. avv. ⊙ Deve farlo per forza; Dovete andarvene per amore o per forza (*anche se non lo desiderate*); A forza di cantare ha perduto la voce.

fotografia, s. f. *photo, photography*; *photographie*; *Photographie*; *fotografía* ⊙ Tiene la fotografia di suo figlio sul tavolo; Durante l'ultimo viaggio abbiamo fatto molte fotografie a colori.

fra, prep. 1. Fra le due case c'è una strada; Ho trovato il tuo quaderno fra i miei libri. 2. Arriverò fra le cinque e le sei; Partirò fra una settimana.

francese, agg. *French*; *français*; *franzoesisch*; *francés* ⊙ Abbiamo studiato la lingua francese per tre anni.

francobollo, s. m. *stamp*; *timbre*; *Briefmarke*; *sello* ⊙ « Per piacere, mi dà un francobollo da 50 lire? ».

frase, s. f. *sentence*; *phrase*; *Satz*; *frase, oración* ⊙ Il professore ha scritto una frase sulla lavagna; È necessario trovare la frase giusta.

fratello

fratello, s. m. *brother*; *frère*; *Bruder*; *hermano* ⊙ Verrò con mio fratello; I miei fratelli studiano la lezione; Mio fratello ti saluta; Sono andato al cinema con il mio fratello minore; Il loro fratello è malato.

freddo, agg. *cold*; *froid*; *kalt*; *frío*. **1.** Ho le mani fredde; Ho fatto il bagno con l'acqua fredda; « Cameriere, un caffè freddo! ». **2.** s. m. ⊙ Oggi fa freddo; Oggi è più freddo di ieri; I primi freddi sono pericolosi per le persone vecchie.

frequentare, v. tr. *to attend*; *fréquenter*; *regelmaessig besuchen*; *frecuentar* ⊙ Frequenta il terzo anno d'università; Frequenta amici importanti; Lo vedo spesso: frequenta la casa dei miei zii.

frequente, agg. *frequent*; *fréquent*; *haeufig*; *frecuente* ⊙ Quando ero malato mi ha fatto delle visite frequenti; La parola *fare* è uno dei verbi di uso più frequente nella lingua italiana; Lo incontro di frequente al bar.

frequenza, s. f. *frequency*; *fréquence*; *Haeufigkeit*; *frecuencia*. **1.** Per poter fare gli esami è necessaria la frequenza alle lezioni; Tutti hanno notato la frequenza delle sue visite. **2.** loc. avv. ⊙ La sua salute non è buona, si ammala con frequenza.

fresco, agg. *fresh, cool*; *frais*; *frisch*; *fresco*. [pl. m. *freschi*]. **1.** « Vorrei un'aranciata fresca »; È una stanza fresca; « È fresco il pesce? »; Pane fresco; « Ha delle uova fresche, per bere? ». **2.** s. m. ⊙ Questa sera è fresco; « Metti il vino in fresco! ».

fretta, s. f. *haste*; *hâte*; *Eile*; *prisa*. **1.** Mi fermerò solo un minuto, perché ho fretta; Aveva fretta di uscire. **2.** loc. avv. ⊙ Ha l'abitudine di mangiare in fretta.

frigorifero, s. m. *refrigerator*; *frigidaire*; *Kuehlschrank*; *frigorífico* ⊙ Devo comprare un frigorifero nuovo; « Hai messo la birra in frigorifero? ».

fronte, s. f. *forehead*; *front*; *Stirn*; *frente*. **1.** È caduto e si è ferito alla fronte. **2.** loc. avv. ⊙ Il bar è di fronte al teatro.

frutta, s. f. *fruit*; *fruits*; *Obst*; *fruta*. [pl. *frutta*; meno comune *frutte*]. ⊙ Frutta fresca; Frutta di stagione; Mangia molta frutta; « Desidera la frutta? ».

frutto, s. m. *fruit*; *fruit*; *Frucht*; *fruto*. **1.** L'albero, quest'anno, ha fatto molti frutti; Il contadino coglie i frutti dall'albero; Quello è un albero da frutto. **2.** Ha potuto comprare la casa con il frutto del suo lavoro.

fuggire, v. intr., aus. *essere* *to flee*; *fuir, s'enfuir*; *fliehen*; *huir* ◉ Il ladro è fuggito dalla prigione; Alla vista dei nemici il cattivo soldato è fuggito; Quei ragazzi sono fuggiti di casa.

fumare, v. tr. *to smoke*; *fumer*; *rauchen*; *fumar*. **1.** Ieri ho fumato venti sigarette; « Vuole una sigaretta? » « Grazie, non fumo ». **2.** v. intr., aus. *essere* ◉ La minestra è molto calda, fuma nel piatto.

fumo, s. m. *smoke*; *fumée*; *Rauch*; *humo* ◉ Una nuvola di fumo si alzava dal fuoco; Il fumo mi dà fastidio agli occhi.

funzionare, v. intr., aus. *avere* *to work, to function*; *fonctionner*; *funktionieren*; *funcionar* ◉ La macchina non funziona, è rotta; Devo far accomodare il mio orologio: non funziona; Il mio accendisigari funziona molto bene.

fuoco, s. m. *fire*; *feu*; *Feuer*; *fuego* ◉ Ho acceso il fuoco perché avevo freddo; « Prima di uscire ricordati di spegnere il fuoco »; « Hai messo la carne sul fuoco? »; Il bosco ha preso fuoco ed è stato tutto distrutto; Un ragazzo ha dato fuoco alla casa.

fuori, avv. *out (side)*; *dehors*; *draussen*; *fuera* ◉ Il signore non è in casa, è fuori; « Non andare fuori perché piove! »; « Ti aspetto di fuori »; Il professore mangia spesso fuori, la sera.

futuro, agg. *future*; *futur*; *zukuenftig, Futurum*; *futuro*. **1.** Gli anni futuri saranno più belli?; Paolo è andato al cinema con la sua futura sposa. **2.** s. m. ◉ È necessario pensare al futuro; Il futuro del verbo *volere* è irregolare.

G

gabinetto, s. m. *lavatory, W. C.; cabinet; Toilette; water, retrete, servicio* ◉ «Scusi, può indicarmi il gabinetto?».

gamba, s. f. *leg; jambe; Bein; pierna* ◉ La vecchia signora è caduta e si è rotta una gamba; Quel bambino ha la gamba sinistra più lunga della destra; Dobbiamo rifare una gamba al tavolo. *Fig.*, Tuo fratello è proprio un ragazzo in gamba (*è forte, bravo, intelligente*).

gara, s. f. *competition; compétition; Wettstreit; competencia, certamen* ◉ Quel ragazzo ha vinto la gara di corsa; È stata una bella gara; Facevano a gara per offrire alla sposa il regalo più bello.

garage, s. m. *garage; garage; Garage; garage* ◉ Abbiamo messo l'auto in garage; Questo albergo dispone di un grande garage.

garantire, v. tr. *to guarantee; garantir; verbuergen; garantizar.* [pres. *garantisco, garantisci,* ecc.]. ◉ «Ti garantisco che tuo figlio ha detto la verità»; «Chi mi garantisce che non tornerà ancora per chiedermi altro denaro?»; Mi hanno garantito che è un vino della migliore qualità.

gas, s. m. *gas; gaz; Gas; gas* ◉ «Accendi il gas, voglio prepararmi una bistecca»; «Prima di andare a letto, ricordati di chiudere il gas».

gatto, s. m. *cat; chat; Katze; gato* ◉ Mia zia è molto triste per la morte del suo vecchio gatto; La bambina gioca con il gatto; Il gatto è sempre sul tetto a correr dietro agli uccelli. *Frase idiom.*, Lo spettacolo non ha avuto successo, ieri sera a teatro c'erano quattro gatti (*poche persone*).

gelato, s. m. *ice-cream; glace; Eis (krem); helado* ◉ «Vorrei un gelato al limone»; Dopo il pranzo ci hanno offerto un gelato molto buono.

geloso, agg. *jealous*; *jaloux*; *eifersuechtig*; *celoso* ⊙ Quella signora ha un marito molto geloso; La bambina è gelosa del fratellino; Non presta mai i suoi libri, è molto geloso della sua biblioteca.

generale[1], agg. *general*; *général*; *allgemein*; *general*. **1.** Non è possibile dare una regola generale; Hanno fatto un invito generale agli studenti; Ho parlato col direttore generale della fabbrica. **2.** loc. avv. ⊙ Abbiamo parlato di questo soggetto in generale; In generale la sera vado a letto presto.

generale[2], s. m. *general*; *général*; *General*; *general* ⊙ Il generale dell'esercito nemico ha chiesto la pace; È un generale molto amato dai suoi soldati.

genere, s. m. *kind, gender*; *sorte, genre*; *Genus, Geschlecht*; *género*. **1.** La parola *padre* è un nome di genere maschile; Alla festa del nostro amico abbiamo incontrato gente di ogni genere; Questo genere di spettacolo non mi piace. **2.** loc. avv. ⊙ In genere, durante la fine di settimana faccio un viaggio.

generoso, agg. *generous*; *généreux*; *grosszuegig*; *generoso* ⊙ Mio zio mi fa spesso dei regali: è molto generoso; È stato generoso con i suoi nemici.

genitore, s. m. *parent*; *parent*; *Eltern*; *padre* ⊙ Devo rispondere alla lettera dei miei genitori; « Salutami i tuoi genitori »; È andato al cinema con i suoi genitori.

gennaio, s. m. *January*; *janvier*; *Januar*; *enero* ⊙ Gennaio è il primo mese dell'anno; Di solito il mese di gennaio, in Italia, è molto freddo.

gente, s. f. *people, folk*; *gens*; *Leute*; *gente* ⊙ Oggi c'è molta gente per la strada; Ho visto molta gente correre verso quella casa; Di solito alla gente piace parlare delle cose degli altri; I genitori del mio amico sono brava gente.

gentile, agg. *kind, gentle*; *aimable*; *liebenswuerdig*; *amable* ⊙ « Ricordati di essere gentile con tutti »; È stato molto gentile con me; È una persona molto gentile.

gerundio, s. m. *gerund*; *gérondif*; *Gerundium*; *gerundio* ⊙ La parola *camminando* è il gerundio presente del verbo *camminare*.

gesso, s. m. *chalk*; *craie*; *Kreide*; *tiza* ⊙ Il professore scrive col gesso sulla lavagna.

gesto, s. m. *gesture*; *geste*; *Gebaerde*; *gesto* ⊙ Quando ha ricevuto il colpo sulla gamba, ha fatto un gesto di dolore; Lo scolaro ha fatto un brutto gesto al maestro; Molti italiani quando parlano accompagnano le parole coi gesti.

gettare, v. tr. *to throw*; *jeter*; *werfen*; *arrojar* ⊙ Il pazzo gettava i piatti e i bicchieri dalla finestra; Ho gettato nel fuoco la lettera.

ghiaccio, s. m. *ice*; *glace*; *Eis*; *hielo* ⊙ «Vuoi ghiaccio nel vino?»; Il lago era coperto di ghiaccio.

già, avv. *already*; *déjà*; *schon*; *ya* ⊙ Quando sono arrivato alla stazione, il treno era già partito; Non sono andato al cinema con i miei amici perché avevo già visto quel film; A quest'ora sarà già arrivato a casa; «So già quello che vuoi dirmi»; «Eccomi, sono arrivato!» «Di già? così presto?».

giacca, s. f. *jacket*; *veste*; *Jacke*; *chaqueta* ⊙ «Mi piace la tua nuova giacca, dove l'hai comprata?»; Sono uscito senza giacca perché non era freddo.

giallo, agg. *yellow*; *jaune*; *gelb*; *amarillo* ⊙ La mia auto è gialla; Dopo la malattia aveva una faccia gialla come il limone.

giardino, s. m. *garden*; *jardin*; *Garten*; *jardín* ⊙ Il giardino, in primavera, è pieno di fiori; Davanti alla casa c'è un bel giardino; I bambini giocano in giardino; In questa città ci sono molti giardini.

ginocchio, s. m. *knee*; *genou*; *Knie*; *rodilla*. [pl. *ginocchi* o *le ginocchia*]. ⊙ Il bambino è caduto e si è ferito al ginocchio; È entrato in chiesa, si è messo in ginocchio ed ha pregato per un'ora.

giocare, v. intr., aus. *avere to play*; *jouer*; *spielen*; *jugar* ⊙ Ieri sera abbiamo giocato a carte in casa del nostro amico; Gli scolari, dopo la lezione, giocano a palla.

gioco, s. m. *game*; *jeu*; *Spiel*; *juego* ⊙ Quello scolaro preferisce il gioco allo studio; Non mi piace questo gioco; Molti giovani hanno una gran passione per il gioco del calcio.

gioia, s. f. *joy*; *joie*; *Freude*; *alegría* ⊙ La gioia che provai fu grande; Il suo viso aveva un'espressione di gioia.

giornale, s. m. *newspaper*; *journal*; *Zeitung*; *periódico* ⊙ Quando sei venuto stavo leggendo il giornale; È un giornale politico; Oggi i giornali non escono: c'è lo sciopero dei giornalisti.

giornalista, s. m. e f. *journalist*; *journaliste*; *Journalist*; *periodista*. [pl. m. *giornalisti*]. ◉ Ho conosciuto un famoso giornalista.

giornata, s. f. *day*; *journée*; *Tag*; *jornada* ◉ Ieri è stata una giornata molto fredda; Abbiamo passato insieme una bella giornata; Per finire questo mobile ci vorranno ancora tre giornate di lavoro.

giorno, s. m. *day*; *jour*; *Tag*; *día* ◉ Sono arrivato tre giorni fa; « Buon giorno! »; « Che giorno è oggi? » « Martedì »; Verrà un giorno in cui tutti cercheranno le sue opere; Abbiamo parlato dei fatti del giorno.

giovane, agg. *young*; *jeune*; *jung*; *joven*. **1.** Mia madre è ancora giovane; Il nostro maestro è molto giovane; Ha due fratelli più giovani di lui. **2.** s. m. ◉ È un giovane amato da tutti i suoi compagni; Molti giovani non amano lo studio.

giovanotto, s. m. *young man*; *jeune homme*; *junger Mann*; *joven soltero* ◉ Il suo amico è un bel giovanotto.

giovedì, s. m. *Thursday*; *jeudi*; *Donnerstag*; *jueves* ◉ Giovedì sera andremo al teatro; Tornerò giovedì prossimo.

girare, v. tr. *to turn*; *tourner*; *drehen*; *girar*. **1.** Ho girato la chiave e la porta si è aperta; Abbiamo girato tutta la città; È una persona che ha girato mezzo mondo. **2.** v. intr., aus. *essere* o *avere* ◉ La terra gira intorno al sole; Ho bevuto troppo ed ora mi gira la testa. **3. girarsi,** v. rifl. ◉ Mi sono girato e l'ho visto.

giro, s. m. *turn, tour*; *tour*; *Drehung, Rundgang*; *vuelta* ◉ Faremo il giro della città; Hanno fatto il giro d'Italia in bicicletta; Ha messo in giro delle notizie false; Invece di lavorare va tutto il giorno in giro; Sono stanco, vado a fare un giro. *Fig.*, I compagni si divertivano a prenderlo in giro (*a ridere di lui*).

gita, s. f. *excursion, trip*; *excursion*; *Ausflug*; *paseo* ◉ Domenica passata abbiamo fatto una bella gita in montagna.

giù, avv. *down*; *en bas*; *unten*; *abajo* ◉ « Ti aspettiamo, vieni giù »; È andato giù proprio ora; Poco dopo che eravamo partiti venne giù un'acqua che ci bagnò tutti!; Questa minestra è fredda, non mi piace, non mi va né su né giù.

giudicare, v. tr. *to judge*; *juger*; *urteilen*; *juzgar* ◉ Mi è difficile giudicare questo quadro; Lo avevamo giudicato male.

giugno

giugno, s. m. *June*; *juin*; *Juni*; *junio* ◉ Le scuole, in Italia, si chiudono a giugno; Passeremo il mese di giugno al mare; Non lo vedo dal giugno dell'anno scorso.

giungere, v. intr. *to arrive, to reach*; *parvenir*; *ankommen, erreichen*; *llegar*. [pres. *giungo, giungi*, ecc.; pass. rem. *giunsi, giungesti, giunse, giungemmo, giungeste, giunsero*; part. pass. *giunto*], aus. *essere* ◉ Siamo giunti che il pranzo era già cominciato; Non è ancora giunta la risposta dal Ministero; Quando mi giunse all'orecchio quella notizia, non volli crederci.

giurare, v. tr. *to swear*; *jurer*; *schwoeren*; *jurar* ◉ « Giuro di dire tutta la verità »; « Lo giuro davanti a Dio »; Tutti dicono che non tornerà più, io, invece, non ci giurerei.

giustizia, s. f. *justice*; *justice*; *Gerechtigkeit*; *justicia* ◉ Gli operai ricordano con affetto il vecchio padrone della fabbrica, perché trattava tutti con giustizia; « Avete fiducia nella giustizia degli uomini? »; Quell'uomo si è fatta giustizia da sé.

giusto, agg. *just, right, fair*; *juste*; *gerecht, richtig*; *justo* ◉ Un buon padre è giusto con tutti i suoi figli; Ha saputo trovare le parole giuste, per parlargli di quella cosa; Non è giusto che lo trattino così, dopo tutto quello che ha fatto per loro; « Non è un po' caro questo vestito? » « No, le ho chiesto il prezzo giusto ».

gli[1], art. determ. m. pl. [vedi pag. 181].

gli[2], pron. pers. m. di terza persona sing. e pl. [vedi pag. 182].

gloria, s. f. *glory*; *gloire*; *Ruhm*; *gloria* ◉ Gli uomini che sono andati sulla luna, si sono coperti di gloria; La via della gloria è difficile.

goccia, s. f. *drop*; *goutte*; *Tropfen*; *gota* ◉ « Ecco la medicina: devi prenderne venti gocce prima di pranzo »; Sul pavimento c'erano delle gocce di acqua; La macchina si è fermata: è rimasta senza una goccia di benzina.

godere, v. intr. *to enjoy*; *jouir*; *geniessen*; *gozar*. [fut. *godrò, godrai*, ecc.; cond. pres. *godrei, godresti*, ecc.], aus. *avere* ◉ « Non dovete godere del male degli altri »; È seduto sotto l'albero e si gode il fresco.

gola, s. f. *throat*; *gorge*; *Kehle*; *garganta* ◉ Ho un forte mal di gola; Non può mangiar più, è pieno fino alla gola; Questo gelato mi fa gola, lo mangerei volentieri; *Fig.*, « Mi trovo coll'acqua alla gola! » (*sono in una situazione difficilissima*).

gomma, s. f. *rubber (tyre)*; *caoutchouc (pneu)*; *Gummi*; *goma*. 1. « Hai una gomma da matita? Devo cancellare ». 2. Devo comprare una gomma nuova per l'automobile.

gonna, s. f. *skirt*; *jupe*; *Rock*; *falda* ⊚ Alla mia amica piacciono le gonne corte; La signorina ha comprato una bella gonna verde.

governo, s. m. *government*; *gouvernement*; *Regierung*; *gobierno* ⊚ Questa sera il capo del governo parlerà alla radio; Quel partito è stato al governo del paese per più di venti anni; La donna ha il governo della casa.

grado, s. m. *degree*; *degré*; *Grad, Rang*; *grado* ⊚ È un popolo che ha raggiunto un alto grado di civiltà; Oggi è stato molto caldo: abbiamo avuto più di trentotto gradi; Ha fatto un giro di novanta gradi.

grammatica, s. f. *grammar*; *grammaire*; *Grammatik*; *gramática* ⊚ La grammatica della lingua italiana è piuttosto difficile; Ho portato il libro di grammatica.

grammaticale, agg. *grammatical*; *grammatical*; *grammatikalisch*; *gramatical* ⊚ Ha fatto molti esercizi grammaticali sul congiuntivo.

grammo, s. m. *gram*; *gramme*; *Gramm*; *gramo* ⊚ Questa lettera pesa quindici grammi, ci vuole un francobollo da 50 lire.

grande, agg. *big, great*; *grand*; *gross*; *grande*. [sing. m. e f. *grande*; pl. m. e f. *grandi*, dopo il s.; sing. e pl. m. e f. *gran* davanti a consonante che non sia *s* seguita da altra consonante, o *z*; sing. m. e f. *grande*, davanti a vocale, *s* seguita da altra consonante, o *z*]. ⊚ La casa di tuo fratello è proprio grande; I suoi figli sono ormai grandi; Ho un gran freddo; Ho una gran voglia di vederlo; Aveva una gran fretta e perciò non ha potuto aspettare; Qui costruiranno un gran palazzo; Nella stanza c'è un grande specchio; È stato un grande spettacolo; Suo zio è un grand'uomo; In mezzo al giardino c'è un grand'albero; È un grand'albergo.

grasso, agg. *fat*; *gras*; *fett*; *gordo* ⊚ Camminava insieme a un uomo molto grasso; È un bel pollo grasso; Nel mio giardino ci sono molte piante grasse.

grave, agg. *serious*; *grave*; *schwer*; *grave* ⊚ Il nostro amico ha una grave malattia; « Fa' attenzione, sei in grave pericolo »; « Hai commesso una grave colpa »

grazie

grazie, esclam. *thanks*; *merci*; *danke*; *gracias* ⊚ «Vuoi un caffè?» «Sì, grazie»; «Eccoti il libro che mi hai chiesto ieri» «Grazie tante: te lo ridarò domani»; «Vieni a cena questa sera da me?» «Grazie, ma non posso»; Mille grazie; Tante grazie.

gridare, v. intr., aus. *avere to shout, to cry out*; *crier*; *schreien*; *gritar* ⊚ Gridavano tutti insieme e non si capiva quello che dicevano; «Non gridare così forte!»; Quando parlo con mio nonno devo gridare sempre: non ci sente bene.

grigio, agg. *grey*; *gris*; *grau*; *gris* ⊚ Ho comprato un vestito grigio; Mio padre ha i capelli grigi; Oggi il cielo è grigio, forse pioverà.

grosso, agg. *big, thick*; *gros*; *dick*; *grueso* ⊚ Il mio libro è più grosso del tuo; Quel nostro amico è grande e grosso; Il padre per farsi ubbidire da suo figlio deve fare sempre la voce grossa. *Fig.*, Ho conosciuto un pezzo grosso del Ministero (*una persona importante del M.*).

gruppo, s. m. *group*; *groupe*; *Gruppe*; *grupo* ⊚ Davanti al bar c'è un gruppo di persone che parla di sport; È arrivato il primo gruppo di studenti; La chiesa è dietro a quel gruppo di case; Il lavoro verrà fatto in gruppo.

guadagnare, v. tr. *to earn, to gain*; *gagner*; *verdienen*; *ganar* ⊚ Quell'operaio guadagna più di duecentomila lire al mese; Questo mese ho guadagnato molto; «Hai lavorato meno di me e hai guadagnato più di me»; «Non rispondere subito, cerca di guadagnar tempo».

guai, esclam. *woe!*; *gare...!*; *wehe!*; *jay!* ⊚ «Guai a te, se non studierai!»; «Guai a voi!»; «Guai a chiamarlo con quel nome!»; «Guai!».

guaio, s. m. *trouble*; *ennui*; *Sorge*; *dificultad, contratiempo* ⊚ Quell'affare è stato un vero guaio; Il guaio è che non ho più soldi; L'amicizia con questo signore non ci ha portato che guai.

guancia, s. f. *cheek*; *joue*; *Wange*; *mejilla* ⊚ Il bambino ha le guance rosa; È molto giovane: non ha ancora la barba sulle guance.

guanto, s. m. *glove*; *gant*; *Handschuh*; *guante* ⊚ Ha comprato un bel paio di guanti per sua moglie; «Metti i guanti, fa molto freddo oggi!»; Ho perso un guanto.

guardare, v. tr. *to look (at)*; *regarder*; *an-, zu-, nach-sehen*; *mirar*. **1.** Stava seduto davanti alla finestra e guardava il panorama; «Hai trovato il libro?» «No» «Hai guardato nella borsa?» «Sì, ma non c'è»; Da quando è diventato ricco ci guarda dall'alto in basso. **2. guardarsi,** v. rifl. ⊙ «Guardati nello specchio».

guardia, s. f. *policeman*; *garde*; *Wache*; *guardia* ⊙ «Se non te ne vai, chiamerò una guardia»; Il soldato fa la guardia al confine; «Ti prego, fa' la guardia alle valigie finché non ritorno».

guarire, v. tr. *to recover, to cure*; *guérir*; *heilen*; *sanar*. [pres. *guarisco, guarisci,* ecc.]. **1.** Quel bravo medico ha guarito mio nipote da una brutta malattia; Non c'è medicina che possa guarirlo. **2.** v. intr., aus. *essere* ⊙ Mia sorella è guarita; «Guarirai presto!».

guerra, s. f. *war*; *guerre*; *Krieg*; *guerra* ⊙ Gli eserciti alleati hanno vinto la guerra; Durante la guerra abitavo in campagna; Speriamo che non ci siano più guerre; Quel paese è in guerra; «È finita la guerra!».

guida, s. f. *guide*; *guide*; *Fuehrer*; *guía*. **1.** Una guida ci accompagnerà durante la visita al museo; Devo andare in libreria per comprare la guida d'Italia; Comincerò a lavorare sotto la guida di mio padre. **2.** Oggi ho lezione di guida.

guidare, v. tr. *to drive*; *conduire, guider*; *fuehren*; *guiar*. **1.** Il professore ha guidato un gruppo di studenti in visita al museo. **2.** «Sai guidare l'automobile?».

gusto, s. m. *taste*; *goût*; *Geschmack*; *gusto* ⊙ Mia madre ha un gusto fine; Ha scelto i mobili di casa con molto gusto; «Non dovevi fare così! Hai fatto una cosa di cattivo gusto!»; Questo caffè ha un gusto cattivo.

I

i, art. determ. m. pl. *the*; *les*; *die*; *los*. [vedi pag. 181].

idea, s. f. *idea*; *idée*; *Gedanke*; *idea* ⊙ « Hai avuto una bell'idea! »; Bisogna aver chiara l'idea del bene e del male; È stata un'idea di mio fratello; Accetta sempre le idee degli altri.

idiomatico, agg. *idiomatic*; *idiomatique*; *mundartlich*; *idiomá-tico*. [pl. m. *idiomatici*]. ⊙ Oggi ho imparato una bella frase idiomatica; È difficile tradurre in un'altra lingua le frasi idiomatiche.

ieri, avv. *yesterday*; *hier*; *gestern*; *ayer* ⊙ L'ho visto ieri; Ieri mattina non sono venuto a lezione; Ieri sera, a teatro, ci siamo molto divertiti; L'ultima lezione di letteratura non è stata ieri, ma l'altro ieri.

il, art. determ. m. sing. [vedi pag. 181].

immaginare, v. tr. *to imagine*; *imaginer*; *einbilden*; *imaginar* ⊙ Non è possibile immaginare una cosa più bella; Non l'ho mai visto e non posso neanche immaginarmelo; Immagino che tu sia stanco: dopo tanto lavoro!

imparare, v. tr. *to learn*; *apprendre*; *lernen*; *aprender* ⊙ Il bambino va a scuola per imparare a leggere e a scrivere; Dobbiamo imparare la poesia a memoria; « Avete imparato la lezione? »; Deve ancora imparare a vivere!

impedire, v. tr. *to prevent, to hinder*; *empêcher*; *verhindern*; *impedir*. [pres. *impedisco, impedisci*, ecc.]. ⊙ « Perché non vieni? Chi te lo impedisce? »; Gli hanno impedito di parlare.

impegnare, v. tr. *to engage*; *engager*; *verpflichten*; *ocupar* ⊙ Il lavoro lo impegna molto.

imperativo, agg. e s. m. *imperative*; *impératif*; *Imperativ*; *imperativo* ⊙ Studieremo il modo imperativo.

imperfetto, agg. e s. m. *imperfect*; *imparfait*; *Imperfekt*; *imperfecto* ⊙ Abbiamo studiato il tempo imperfetto; Il professore ci ha spiegato il valore e l'uso dell'imperfetto.

impiegato, s. m. *clerk, employee*; *employé*; *Angestellter*; *empleado* ⊙ Ho parlato con un impiegato del ministero; Tutti gli impiegati si recano a salutare il vecchio direttore che lasciava la fabbrica.

imporre, v. tr. *to impose*; *imposer*; *auferlegen*; *imponer*. [vedi PORRE]. ⊙ Gli hanno imposto di partire; Non potrà mai impormi la sua volontà.

importante, agg. *important*; *important*; *wichtig*; *importante* ⊙ È qui per degli affari importanti; Ho ricevuto una lettera importante; Questa è una notizia importante; Ho conosciuto un uomo importante.

importanza, s. f. *importance*; *importance*; *Wichtigkeit*; *importancia* ⊙ È una cosa senza importanza; Ciò che hai fatto è della massima importanza; Quel signore si dà molta importanza.

importare, v. intr., aus. *essere* *to matter*; *importer*; *bedeuten*; *importar* ⊙ Non m'importa più niente di lui; « Non importa se non hai finito, finirai più tardi ».

impossibile, agg. *impossible*; *impossible*; *unmoeglich*; *imposible* ⊙ « Non mi chiedere cose impossibili »; È impossibile che abbia fatto ciò; Non è impossibile che possa venire anch'io; È impossibile fare questo lavoro in un giorno.

impressione, s. f. *impression*; *impression*; *Eindruck*; *impresión* ⊙ Questa mattina ho conosciuto il nuovo professore: mi ha fatto una buona impressione; Quando l'ho incontrato dopo la lunga malattia, così cambiato, mi ha fatto molta impressione.

improvviso, agg. *sudden*; *imprévu*; *ploetzlich*; *improviso*. **1.** È stata una morte improvvisa; Un colpo improvviso di vento fece volare tutti i fogli. **2.** loc. avv. ⊙ Se ne andò all'improvviso.

in, prep. ⊙ Sono rimasto in casa tutto il giorno; Ogni anno passa le sue vacanze in montagna; Hanno comprato una vecchia casa in campagna; È venuto in Italia per studiare l'italiano; Vado in giardino; Siamo andati in farmacia per comprare le medicine per nostro fratello; Ha messo i libri nella borsa ed è uscito; Faremo il viaggio in treno; « Non fargli troppe domande, non disturbarlo, lascialo in pace!» « Siediti, non stare in piedi ».

incidente, s. m. *accident*; *accident, incident*; *Unfall*; *accidente* ⊙ L'hanno portato all'ospedale: ha avuto un brutto incidente d'auto; Morì in un incidente aereo.

incominciare, v. tr. *to begin*; *commencer*; *anfangen*; *comenzar*. [vedi COMINCIARE]. 1. Ho incominciato un lavoro molto interessante. 2. v. intr., aus. *essere* e *avere* ⊙ « Presto! La lezione è già incominciata »; « Hai incominciato troppo presto! ».

incontrare, v. tr. *to meet*; *rencontrer*; *treffen*; *encontrar* ⊙ Quando l'incontrerò, glielo dirò; L'ho incontrato ieri sera al bar; C'era molta gente alla stazione, perciò non ci siamo incontrati; I ministri degli esteri dei due paesi s'incontreranno la settimana prossima.

incontro¹, s. m. *meeting*; *rencontre*; *Begegnung*; *encuentro* ⊙ Abbiamo avuto un incontro molto interessante con il direttore; L'altra notte, tornando a casa, abbiamo fatto un brutto incontro: un ladro ha fermato la nostra auto e ha voluto tutto il nostro denaro.

incontro², avv. 1. Appena l'ha visto gli è andato incontro correndo. 2. loc. prep. ⊙ È andata incontro alla maestra e le ha offerto i fiori.

indeterminativo, agg. *indefinite*; *indéterminatif*; *unbestimmt*; *indeterminado* ⊙ Le parole *un*, *uno*, *una* sono articoli indeterminativi.

indicare, v. tr. *to indicate*; *indiquer*; *zeigen*; *indicar* ⊙ « Scusi, mi può indicare la strada per la stazione? ».

indicativo, agg. e s. m. *indicative*; *indicatif*; *Indikativ*; *indicativo* ⊙ Quali sono i tempi del modo indicativo?

indice, s. m. *index*; *index*; *Inhaltsverzeichnis*; *índice*. 1. « Non riesco a trovare i pronomi in questa grammatica » « Guarda nell'indice, li troverai subito ». 2. Mi sono ferito al dito indice con il coltello.

indietro, avv. *backwards, behind*; *en arrière*; *zurueck*; *atrás* ⊙ « Va un po' indietro, per piacere »; Aveva un forte mal di denti e tutta la notte è andato avanti e indietro per la stanza; Ho messo l'orologio indietro di cinque minuti; Dovremo lavorare anche la notte: siamo indietro con questo lavoro.

indirizzo, s. m. *address*; *adresse*; *Adresse*; *dirección* ⊙ «Eccoti il mio indirizzo: quando verrai in Italia sarai mio ospite»; «Voglio mandare una cartolina al nostro professore: conosci il suo indirizzo?».

industria, s. f. *industry*; *industrie*; *Industrie*; *industria* ⊙ È una città famosa per l'industria del cioccolato; In questo paese l'industria è in crisi.

industriale, agg. *industrial*; *industriel*; *industriell*; *industrial*. 1. È occupato in molte attività industriali. 2. s. m. ⊙ È un industriale intelligente e moderno: gli operai hanno per lui molto rispetto.

infatti, congz. *as a matter of fact, in fact*; *en effet*; *tatsaechlich*; *en efecto, efectivamente* ⊙ Aveva promesso che non avrebbe parlato, infatti non ha detto una parola; Non ha risposto al telefono, infatti a quell'ora non era in casa.

infine, avv. *in the end*; *à la fin, enfin*; *schliesslich*; *finalmente* ⊙ Quella sera non riuscivo a prender sonno, infine, dopo aver letto quasi tutto il giornale, mi addormentai; «Infine, si può sapere cosa vuoi?».

infinito, agg. e s. m. *infinitive*; *infinitif*; *Infinitiv*; *infinitivo* ⊙ Il verbo *volere* è spesso seguito da un altro verbo di modo infinito.

influenza, s. f. *influenza, influence*; *grippe, influence*; *Grippe, Einfluss*; *gripe, influencia*. 1. La settimana scorsa non sono venuto a scuola perché avevo l'influenza. 2. È un maestro che ha molta influenza sui suoi scolari.

inglese, agg. *English*; *anglais*; *englisch*; *inglés* ⊙ È un famoso poeta inglese; Non parlo inglese.

ingresso, s. m. *entrance*; *entrée*; *Eintritt*; *entrada* ⊙ L'ingresso di casa sua è bello e grande; I soldati hanno fatto il loro ingresso in città; Questa sera al concerto c'è ingresso libero.

inizio, s. m. *beginning*; *commencement*; *Anfang*; *principio, comienzo* ⊙ Ora il lavoro va bene, ma l'inizio non è stato facile; All'inizio, questa lingua mi sembrava più facile; «Hai letto il libro?» «No, sono ancora all'inizio».

innamorare, v. tr. *to inspire with love, to fall in love*; *séduire, tomber amoureux*; *verfuehren, sich verlieben*; *enamorar, enamorarse*. 1. La bellezza del luogo lo ha innamorato. 2. **innamorarsi,** v. intr. pronom. ⊙ Si è innamorato di una compagna di scuola; S'innamorarono al primo incontro; Mi sono innamorato di questa città.

inoltre

inoltre, avv. *besides, moreover*; *en outre, de plus*; *ausserdem*; *además* ⊙ Aggiungo inoltre che stasera non sono libero; Inoltre bisogna accompagnarlo a casa con l'auto.

insalata, s. m. *salad*; *salade*; *Salat*; *ensalada* ⊙ « Vorrei un po' d'insalata »; « Metti ancora un po' d'olio nell'insalata ».

insegnante, s. m. e f. *teacher*; *enseignant*; *Lehrer*; *maestro, profesor* ⊙ Quel signore è il mio insegnante d'italiano; Oggi la nostra insegnante di musica non verrà a scuola perché è malata.

insegnare, v. tr. *to teach*; *enseigner*; *lehren*; *enseñar* ⊙ Il professore amico di mio padre insegna italiano all'università; Il maestro insegna a leggere e a scrivere; « Chi ti ha insegnato a rispondere così? ».

insieme, avv. *together*; *ensemble*; *zusammen*; *juntos* ⊙ « Stasera andiamo al cinema insieme? »; Quei ragazzi sono molto amici, stanno sempre insieme; Gli ospiti se ne sono andati tutti insieme; « Voglio mettere insieme un po' di denaro e poi farò un bel viaggio »; Non sa parlare: non riesce a mettere insieme due parole.

insistere, v. intr., aus. *avere* *to insist*; *insister*; *bestehen*; *insistir* ⊙ Ha insistito tanto che alla fine ho dovuto accettare il suo invito; Insiste ad aprire la porta con quella chiave e non si accorge che non è la chiave giusta; « Ti prego, non insistere! ».

insomma, avv. *in short*; *en fait*; *kurz gesagt*; *en suma*. **1.** Insomma era proprio necessario che facessi così; Ero, insomma, così stanco che appena mangiato me ne andai a dormire. **2.** inter. ⊙ « Insomma, deciditi! vieni o non vieni? ».

intanto, avv. *meanwhile*; *pendant ce temps*; *inzwischen*; *mientras tanto* ⊙ « Io devo ancora finire questa lettera, tu intanto accomodati e leggi un giornale »; Io lavoro tutto il giorno e intanto mio fratello non pensa che a divertirsi.

intelligente, agg. *intelligent, clever*; *intelligent*; *intelligent*; *inteligente* ⊙ È lo studente più intelligente della classe; Gli ha fatto una domanda molto intelligente; Ha un viso intelligente.

intelligenza, s. f. *intelligence*; *intelligence*; *Intelligenz*; *inteligencia* ⊙ « Con la tua intelligenza puoi fare cose molto grandi »; Mi piace questo lavoro: è stato fatto con molta intelligenza.

intendere, v. tr. *to understand, to mean*; *entendre*; *verstehen, bedeuten*; *entender, proponerse*. [pass. rem. *intesi, intendesti, intese, intendemmo, intendeste, intesero*; part. pass. *inteso*]. 1. « Credo che tu abbia inteso male quello che ti hanno detto »; « Non intendevo di offenderti »; « Che cosa intendi dire con ciò? »; Non riesco a fargli cambiare idea: non intende ragione. 2. **intendersi**, v. rifl. reciproco ◦ Ci siamo intesi subito; « Vieni, ci intenderemo di sicuro! ». 3. **intendersi**, v. intr. pronom. ◦ Quello studente si intende anche di musica.

intenzione, s. f. *intention*; *intention*; *Absicht*; *intención* ◦ Non ho ancora intenzione di partire; Era mia intenzione invitarlo a cena; « Si può sapere che intenzione hai? »; « Terremo conto delle vostre buone intenzioni ».

interessante, agg. *interesting*; *intéressant*; *interessant*; *interesante*. 1. Ho ascoltato un concerto molto interessante; Ha visitato il museo e vi ha trovato molti quadri interessanti; Abbiamo parlato con lui, ma non ci ha detto niente di interessante. 2. Sua sorella è in stato interessante (*fra poco avrà un bambino*).

interessare, v. tr. *to interest*; *intéresser*; *interessieren*; *interesar*. 1. La pace del mondo interessa tutti; Bisogna interessare tutti i cittadini ai problemi della città; Si annoia sempre: non lo interessa niente. 2. **interessarsi**, v. intr., aus. *essere* ◦ Queste cose non devono interessargli. 3. **interessarsi**, v. intr. pronom. ◦ Mi sono interessato della cosa, ma non ho potuto fare nulla; « Interessati dei tuoi affari! ».

interesse, s. m. *interest*; *intérêt*; *Interesse*; *interés* ◦ « Non devi pensare sempre e soltanto al tuo interesse »; Questo è un problema di pubblico interesse; Queste cose non hanno nessun interesse; « Non ho alcun interesse a dirti una cosa non vera »; È stato un matrimonio d'interesse.

interiezione, s. f. *interjection*; *interjection*; *Ausruf*; *interjección* ◦ Nella frase *Oh, piano! Mi fai male!* la parola *oh* è un'interiezione.

interno, agg. *internal, inner*; *intérieur*; *innerhalb*; *interior* ◦ La parte interna di questo frutto è molto dolce; È un mare interno; Quel partito politico ha problemi interni; Ho un dolore interno.

intero, agg. *whole*; *entier*; *ganz*; *entero* ◦ Mi sono fermato in quella città un giorno intero; Bevve una bottiglia intera di vino; « Il ragazzo paga il biglietto intero? ».

interrogare

interrogare, v. tr. *to question*; *interroger*; *befragen*; *interrogar* ◎ Il professore ha interrogato gli studenti sulla lezione di ieri; Spero che il professore non m'interroghi oggi, non sono pronto.

interrogativo, agg. *interrogative (question mark)*; *interrogatif*; *fragend*; *interrogativo* ◎ Alla fine della frase *Dove sei andato*? c'è un punto interrogativo.

interrompere, v. tr. *to interrupt*; *interrompre*; *unterbrechen*; *interrumpir*. [vedi ROMPERE]. ◎ Ho dovuto interrompere il viaggio a causa della malattia; Il maestro interruppe la lezione ed uscì dalla classe; La festa è stata interrotta per leggere la lettera di saluto che il sindaco aveva mandato; « Ti prego, non interrompermi quando parlo ».

intorno, avv. 1. Appena entrato guardai intorno e lo vidi; L'ho sempre intorno perché vuole che gli presti la mia auto. 2. loc. prep. ◎ Abbiamo fatto un giro intorno alla città; Hanno messo degli alberi tutto intorno al giardino.

intransitivo, s. m. e agg. *intransitive*; *intransitif*; *intransitiv*; *intransitivo* ◎ *Dormire* è un verbo intransitivo.

inutile, agg. *useless*; *inutile*; *unnuetz*; *inútil* ◎ « Abbiamo pochi soldi: non facciamo spese inutili »; È un oggetto inutile, possiamo anche gettarlo; È inutile che tu vada alla stazione, il treno è già partito.

invariabile, agg. *invariable*; *invariable*; *unveraenderlich*; *invariable* ◎ L'avverbio, la congiunzione, la preposizione, l'interiezione sono parti invariabili del discorso; Questa stanza è a temperatura invariabile.

invece, avv. 1. Credevo che fosse uscito, invece stava dormendo; Sperava di prendere tutto, invece non ha preso niente. 2. loc. prep. ◎ « Questa sera sono venuto io, invece di mio fratello »; Invece di studiare va tutto il giorno a spasso.

inventare, v. tr. *to invent*; *inventer*; *erfinden*; *inventar* ◎ « Chi ha inventato la stampa? »; « Chi ha inventato la radio? »; Quel professore ha inventato un nuovo sistema per insegnare la lingua italiana; È un ragazzo che ne inventa di tutti i colori (*dice spesso grosse bugie, o fa spesso delle cose molto strane*).

inverno, s. m. *winter*; *hiver*; *Winter*; *invierno* ◎ L'inverno è la stagione più fredda dell'anno; D'inverno andiamo in montagna; Siamo in pieno inverno; È ora di mettere i vestiti di inverno.

invitare, v. tr. *to invite*; *inviter*; *einladen*; *invitar* ⊚ « Avete invitato il nostro professore alla festa? » « Sì, l'abbiamo invitato a voce »; Lo inviteremo a cena prima che parta; « Verrai anche tu stasera a casa del nostro amico? » « No, non sono stato invitato ».

invito, s. m. *invitation*; *invitation*; *Einladung*; *invitación* ⊚ Abbiamo ricevuto un invito a pranzo; « Ti ringrazio per l'invito, ma non posso venire ».

io, pron. pers. ⊚ « Chi ha preso il mio libro? » « Io l'ho preso! Perché? Non posso prenderlo? »; « Chi ha spento la lampada? » « L'ho spenta io! »; « Tu dici bene, ma io non posso fare altrimenti »; « C'è rimasta una sola sigaretta; la fumi tu o la fumo io? ».

irregolare, agg. *irregular*; *irrégulier*; *unregelmaessig*; *irregular* ⊚ *Fare*, *andare* e *volere*, sono verbi irregolari.

iscrivere, v. tr. *to enrol*; *inscrire*; *einschreiben*; *inscribir*. [vedi SCRIVERE]. **1.** Ha iscritto suo figlio all'università. **2. iscriversi**, v. rifl. ⊚ Ci siamo iscritti al corso di lingua italiana; Si è iscritto al partito comunista.

isola, s. f. *island*; *ile*; *Insel*; *isla* ⊚ In questo lago ci sono tre piccole isole; Rimase soltanto cinque giorni in quell'isola, nell'altra isola invece ci rimase tre settimane; In pochi anni è diventato padrone di tutta l'isola!

Italia, s. f. *Italy*; *Italie*; *Italien*; *Italia* ⊚ L'anno passato sono andato in Italia; Partiremo per l'Italia il mese prossimo; Di solito passa le sue vacanze in Italia; È in arrivo il treno che viene dall'Italia.

italiano, agg. *Italian*; *italien*; *italienisch*; *italiano*. **1.** Molte città italiane sono antiche; In questo libro si parla del popolo italiano; Studio la lingua italiana. **2.** s. m. (f. **-a**) ⊚ Studiamo l'italiano; È un professore d'italiano; Mio zio parla italiano; Dobbiamo tradurre la poesia in buon italiano; Gl'italiani sono più di cinquantacinque milioni.

L

la¹, art. determ. f. sing. [vedi pag. 181].

la², pron. pers. f. di terza persona sing. [vedi pag. 182].

là, avv. *there*; *là*; *dort*; *allá* ◉ « Va' là, c'è tuo padre che ti aspetta »; « Non andare là »; « Chi cerchi? » « Mio fratello » « Eccolo là, davanti al bar »; « Conosci quel signore là? ».

labbro, s. m. *lip*; *lèvre*; *Lippe*; *labio*. [pl. *le labbra*]. ◉ Quel ragazzo ha le labbra molto grosse; Si è ferito al labbro superiore.

ladro, s. m. *thief*; *voleur*; *Dieb*; *ladrón* ◉ La polizia ha arrestato il ladro; Il ladro è fuggito prima che arrivassero i carabinieri; È un ladro di automobili.

lago, s. m. *lake*; *lac*; *See*; *lago*. [pl. *laghi*]. ◉ È un lago assai largo e profondo; In questo lago ci sono molti pesci; Camminava in riva al lago. *Fig.*, Per terra, vicino all'uomo che era stato ucciso, c'era un lago di sangue.

lampada, s. f. *lamp*; *lampe*; *Lampe*; *lámpara* ◉ Nella sua stanza c'è una bella lampada; « Accendi la lampada! ».

lana, s. f. *wool*; *laine*; *Wolle*; *lana* ◉ La nonna ha comprato la lana per farmi un paio di calze; È un vestito di lana.

lanciare, v. tr. *to fling*; *lancer*; *schleudern*; *lanzar* ◉ Il ragazzo ha lanciato una pietra contro la finestra; Ha lanciato la sua auto a più di cento chilometri all'ora.

largo, agg. *wide*, *broad*; *large*; *weit*, *breit*; *ancho* ◉ È una città moderna con strade larghe e diritte; La finestra è più larga che alta; I pantaloni mi stanno un po' larghi.

lasciare, v. tr. *to leave*; *laisser*; *lassen*; *dejar* ⊙ Ho lasciato il mio paese tre mesi fa; Il vecchio nonno, quando morirà, gli lascerà molto denaro; « Lasciami stare, non mi disturbare, non vedi che ho da fare? ».

lato, s. m. *side*; *côté*; *Seite*; *lado* ⊙ Gli ha rovinato tutto il lato destro della macchina; In Italia le automobili viaggiano sul lato destro della strada.

latte, s. m. *milk*; *lait*; *Milch*; *leche* ⊙ « Vorrei un bicchiere di latte freddo »; « Mi dà un litro di latte? »; Preferisco la cioccolata al latte.

lavagna, s. f. *black-board*; *tableau noir*; *Schiefertafel*; *pizarra* ⊙ Il professore scrive sulla lavagna; Vado alla lavagna per scrivere una frase.

lavare, v. tr. *to wash*; *laver*; *waschen*; *lavar*. **1.** Mia madre ha lavato le mie camicie; La pioggia ha lavato le strade. *Prov.*, Una mano lava l'altra e tutt'e due lavano il viso (*bisogna aiutarsi l'un l'altro*). **2. lavarsi**, v. rifl. ⊙ « Ti sei lavato bene? ».

lavorare, v. intr., aus. *avere to work*; *travailler*; *arbeiten*; *trabajar*. **1.** Lavoriamo in una grande fabbrica; Lavorano otto ore al giorno; Sono stanco: ho lavorato troppo; Quell'artista lavora molto bene; Lo scrittore sta lavorando al suo ultimo libro; Qui si lavora per la gloria! (*senza guadagnare niente*). **2.** v. tr. ⊙ Il contadino lavora la terra.

lavoro, s. m. *work*; *travail*; *Arbeit*; *trabajo* ⊙ Gli operai hanno abbandonato il lavoro: fanno sciopero; A quel giovane non piace il lavoro; È un lavoro interessante quello che stai facendo; Mantiene la famiglia col suo lavoro; Il primo maggio è la festa del Lavoro.

le[1], art. determ. f. pl. [vedi pag. 181].

le[2], pron. pers. f. di terza persona sing. [vedi pag. 182].

le[3], pron. pers. f. di terza persona pl. [vedi pag. 182].

legare, v. tr. *to tie*; *attacher*, *lier*; *binden*; *atar*, *ligar* ⊙ « Lega questo pacco »; Lo hanno legato all'albero; « Non aver paura del cane, è legato! »; Gli legarono le mani e i piedi.

legge, s. f. *law*; *loi*; *Gesetz*; *ley* ⊙ Un popolo civile si distingue per le sue leggi; Suo fratello studia legge in Italia.

leggere, v. tr. *to read*; *lire*; *lesen*; *leer*. [pres. *leggo, leggi*, ecc.; pass. rem. *lessi, leggesti, lesse, leggemmo, leggeste, lessero*;

leggero

part. pass. *letto*]. ⊙ Il bambino sta imparando a leggere; Ho letto questo libro con molto piacere; Leggeva in silenzio la lettera della madre.

leggero, agg. *light, slight*; *léger*; *leicht*; *ligero* ⊙ La tua valigia è leggera; Questi pacchi non sono molto leggeri.

legno, s. m. *wood*; *bois*; *Holz*; *madera* ⊙ Il banco è di legno; Le porte sono di legno; È un legno di ottima qualità.

lei, pron. pers. di terza persona sing. [vedi pag. 182].

lettera[1], s. f. *letter*; *lettre*; *Brief*; *carta* ⊙ Ho ricevuto una lettera dal mio vecchio maestro; «Hai risposto alla lettera di tuo fratello?»; «Gli ho mandato due lettere e non ho ancora avuto risposta».

lettera[2], s. f. *letter*; *lettre*; *Buchstabe*; *letra* ⊙ Le lettere dell'alfabeto italiano sono ventuno; La lettera *a* è la prima dell'alfabeto.

letteratura, s. f. *literature*; *littérature*; *Literatur*; *literatura* ⊙ Ha studiato letteratura italiana in questa università; Oggi abbiamo avuto due ore di letteratura.

letto, s. m. *bed*; *lit*; *Bett*; *cama* ⊙ Ho dormito in un letto molto comodo; «Ha una camera a due letti?»; Ho sonno: vado a letto; La mamma ha messo a letto il bambino; L'ho messo in camera da letto.

lettura, s. f. *reading*; *lecture*; *Lesestoff*; *lectura* ⊙ Faremo un'ora di lettura; Questo libro sarà per te un buon esercizio di lettura.

levare, v. tr. *to raise, to remove*; *lever*; *heben*; *levantar, elevar.* **1.** Levò gli occhi al cielo; Il sole si leva alle sei. **2.** «Levati di lì, non vedi che dai fastidio?»; «Leva quei libri dalla tavola!».

lezione, s. f. *lesson*; *leçon*; *Lehrstunde*; *lección* ⊙ «A che ora comincia la lezione?»; Vado a lezione; «Quante ore di lezione abbiamo oggi?»; Il professore sta facendo lezione; «Perché non hai studiato la lezione?»; Il mio amico dà lezioni di letteratura italiana.

li, pron. pers. m. di terza persona pl. [vedi pag. 182].

lì, avv. *there*; *là*; *dort*; *allí* ⊙ «Non puoi star lì»; «Aspettami lì»; La penna è lì sul banco; «Posalo lì per terra».

liberale, agg. *liberal*; *libéral*; *liberal*; *liberal* ⊙ Ha parlato a nome del partito liberale; È il giornale del partito liberale; È un uomo di idee liberali.

liberare, v. tr. *to free*; *libérer*; *befreien*; *liberar*, *libertar* ◉ I soldati hanno liberato la città occupata dai nemici; Non riesco a liberarmi di questa brutta abitudine.

libero, agg. *free*; *libre*; *frei*; *libre* ◉ Tutti i popoli hanno il diritto di essere liberi; « Scusi, è libero quel posto? »; « Siete liberi di fare ciò che volete »; Oggi possiamo andare al museo senza pagare: l'ingresso è libero; I soldati dalle ore 17 alle 20,30 hanno la libera uscita.

libertà, s. f. *freedom*; *liberté*; *Freiheit*; *libertad* ◉ È morto per la libertà del suo paese; Lo hanno rimesso in libertà, dopo dieci anni di prigione.

libreria, s. f. *bookshop*; *librairie*; *Buchladen*; *librería* ◉ Vado in libreria per comprare un libro.

libro, s. m. *book*; *livre*; *Buch*; *libro* ◉ « Hai letto il libro? »; « Puoi prestarmi quel libro? »; I libri sono nella borsa; Gli piacciono molto i libri gialli (*libri che parlano di polizia, di ladri, ecc.*).

limitare, v. tr. *to limit*; *limiter*; *beschraenken*; *limitar* ◉ Dobbiamo limitare il nostro giardino con un muro; Questo mese è necessario limitare le spese; Si è limitato a dire due sole parole.

limite, s. m. *limit, boundary*; *limite*; *Grenze*; *límite* ◉ Questo muro indica il limite fra il mio e il tuo giardino; Faremo tutto, nei limiti del possibile.

limonata, s. f. *lemon drink*; *citronnade*; *Limonade*; *limonada* ◉ « Vorrei una limonata » « Calda o fredda? » « Calda » « Con zucchero? » « Sì, grazie, con molto zucchero ».

limone, s. m. *lemon*; *citron*; *Zitrone*; *limón* ◉ Ho bevuto una spremuta di limone; « Vuoi il limone sul pesce? ».

linea, s. f. *line*; *ligne*; *Linie*; *línea* ◉ Dall'alto del monte si vedeva la lunga linea del fiume; La linea nera indica il confine fra i due paesi.

lingua, s. f. *language, tongue*; *langue*; *Sprache, Zunge*; *lengua*. **1.** Il cane tiene spesso la lingua fuori della bocca; « Faccia vedere la lingua ». *Fig.*, « Il nome? L'ho sulla punta della lingua » (*saperlo bene, ma non riuscire a ricordarlo*); Quella persona ha la lingua lunga (*parla spesso male degli altri*); « Hai perso la lingua? » (*perché non parli?*). **2.** Studiamo la lingua italiana; Mio fratello parla tre lingue.

liquore, s. m. *liqueur*; *liqueur*; *Likoer*; *licor* ◉ Di solito non bevo liquori; Preferisco un liquore dolce.

lira

lira, s. f. *lira*; *lire*; *Lira*; *lira* ◉ Ho speso centomila lire; Costa tremila lire; Non ha una lira (*non ha denaro*).

litigare, v. intr., aus. *avere to quarrel*; *se disputer, se quereller*; *streiten*; *disputar, pelear* ◉ Alcuni ragazzi stanno litigando in mezzo alla strada; Quei due quando sono insieme litigano sempre; Hanno litigato per i confini del campo.

litro, s. m. *litre*; *litre*; *Liter*; *litro* ◉ Questa bottiglia contiene un litro di vino; « Vorrei mezzo litro di latte »; Sono due bottiglie da un litro.

lo¹, art. determ. m. sing. [vedi pag. 181].

lo², pron. pers. m. di terza persona sing. [vedi pag. 182].

locuzione, s. f. *locution*; *locution*; *Ausdruck*; *locución* ◉ Nella frase: *Verrò prima che parta tua sorella*, le parole *prima che* sono una locuzione.

lontano, agg. *far away*; *lointain*; *fern*; *lejano*. **1.** Mi dispiace che non possiamo più incontrarci, ora che siamo lontani; Queste due città sono lontane; La signora è una mia lontana parente. **2.** avv. ◉ È andata lontano; « È venuto da lontano per parlare con te ».

loro, pron. pers. [vedi pag. 182].

luce, s. f. *light*; *lumière*; *Licht*; *luz* ◉ Nella stanza c'è poca luce; In quell'albergo aveva una camera che dava sul mare, piena di luce; L'abbiamo fatto alla luce del sole (*non abbiamo nascosto niente a nessuno*); « Accendi la luce! non ci si vede ».

luglio, s. m. *July*; *juillet*; *Juli*; *julio* ◉ Il mese di luglio ha trentun giorni; Luglio, in Italia, è un mese caldo; Resteremo al mare tutto luglio.

lui, pron. pers. di terza persona sing. [vedi pag. 182].

luna, s. f. *moon*; *lune*; *Mond*; *luna* ◉ Le nuvole nascondono la luna; C'era una bella luna piena; Molti poeti hanno scritto poesie sulla luna; I primi uomini che sono scesi sulla luna, non saranno mai dimenticati. *Fig.*, Quel giovane vive nel mondo della luna (*non sa, non conosce quello che gli accade intorno*).

lunedì, s. m. *Monday*; *lundi*; *Montag*; *lunes* ◉ Lunedì sera andremo a teatro; « Che giorno è oggi? » « Lunedì ».

lungo, agg. *long*; *long*; *lang*; *largo*. [pl. m. *lunghi*]. **1.** « Non credevo che la strada per venire a casa tua fosse così lunga »; Il fiume è lungo seicento chilometri; Preferisce portare i capelli lunghi; Ho fatto un lungo viaggio; È una storia troppo lunga per poterla raccontare in due parole; Mi ha fatto aspettare due lunghe ore. **2.** avv. ⊚ Mi fermerò a lungo in questa città. **3.** prep. ⊚ Passeggiavano lungo il fiume tenendosi per mano.

luogo, s. m. *place*; *lieu*; *Ort*; *lugar*. [pl. *luoghi*]. ⊚ Abbiamo visto molti luoghi interessanti; Non conosciamo questi luoghi; « In primo luogo ti dico che hai sbagliato, in secondo luogo.... ». *Fig.*, Queste cose vanno fatte a tempo e luogo (*al momento giusto*).

M

ma, congz. *but*; *mais*; *aber*; *mas, pero* ⊙ Quella piazza non è grande, ma grandissima; «Sono stanco, ma verrò lo stesso; «Te lo presto, ma soltanto per pochi giorni»; «Ma che dici?!»; «Ma come? Non hai ancora finito?!»; «Ma dove vai?! È tardi!».

macchia, s. f. *spot, stain*; *tache*; *Fleck*; *mancha* ⊙ «Hai una macchia nera sulla fronte»; La tovaglia è piena di macchie di vino; «Sul tuo vestito c'è una macchia, devi farlo lavare».

macchiare, v. tr. *to stain, to soil*; *tacher*; *beflecken*; *manchar* ⊙ «Fa' attenzione, non ti macchiare»; Molte persone hanno l'abitudine di macchiare il caffè con un po' di latte.

macchina, s. f. *machine, car*; *machine, voiture*; *Maschine, Auto*; *máquina, auto* ⊙ Sono molto contento della mia nuova macchina per scrivere; Ha fatto un lungo viaggio con la sua macchina; Non mi piacciono le scarpe fatte a macchina, preferisco quelle fatte a mano.

madre, s. f. *mother*; *mère*; *Mutter*; *madre* ⊙ È uscito con sua madre; Era una brava madre di famiglia; È diventata madre a vent'anni; Ancora bambina ha dovuto far da madre ai suoi fratellini.

maestro, s. m. *teacher*; *maître*; *Meister*; *maestro, profesor* ⊙ Oggi non c'è lezione: il maestro è malato; Era maestro nel raccontare avventure. *Prov.*, Nessuno nasce maestro.

magari, inter. 1. «Saresti contento, se ti regalassi un orologio d'oro?» «Magari!». 2. congz. ⊙ «Magari avessi studiato di più!»; «Magari piovesse!». 3. avv. ⊙ Magari non era neanche in casa.

maggio, s. m. *May*; *mai*; *Mai*; *mayo* ⊙ Il lavoro sarà finito nel mese di maggio; C'era un bel sole di maggio.

maggiore, agg. *older, greater*; *plus aîné, plus grand*; *ältere, groesser*; *mayor* ⊙ Il fratello maggiore sta facendo il soldato; Questa è la piazza maggiore della città.

magro, agg. *thin, lean*; *maigre*; *mager*; *flaco, delgado* ⊙ È un bambino molto magro; Era una donna lunga e magra; Per il lavoro che fa riceve un magro stipendio.

mai, avv. *ever, never*; *jamais*; *nie, je*; *nunca, jamás* ⊙ « Quante volte sei andato al cinema, questa settimana? » « Mai »; Non lo conosco, non l'ho mai visto; « Quando mai te l'ho detto? »; Questa è la città più bella che abbia mai visto; « Non lo farò mai più ». *Prov.*, Meglio tardi che mai.

malato, agg. *sick*; *malade*; *krank*; *enfermo*. **1.** Ha gli occhi molto malati; Sua moglie è malata di cuore; Il nostro amico è malato, oggi non verrà. **2.** s. m. (f. -a) ⊙ I malati aspettano la visita del medico.

malattia, s. f. *sickness, disease*; *maladie*; *Krankheit*; *enfermedad* ⊙ « Non devi preoccuparti, non è una malattia grave »; La malattia l'ha costretto a letto per più di un mese.

male, s. m. *evil, illness*; *mal*; *Uebel*; *mal* ⊙ « Non fate mai del male a nessuno »; Soffre spesso di mal di testa; Non c'è medicina che possa curare questo male.

male, avv. *badly*; *mal*; *schlecht*; *mal* ⊙ Il maestro sta ancora male; Lo studente vuole tornare a casa perché si sente male; « Ti sei comportato molto male in quella occasione »; « Avete fatto male a non andare »; « Pronunzi ancora male l'italiano »; Bene o male anche questa è finita.

maledire, v. tr. *to curse*; *maudire*; *verfluchen*; *maldecir*. [vedi DIRE]. ⊙ Il figlio fu maledetto dal padre a causa delle sue cattive azioni; Maledico il giorno in cui ti ho conosciuto; Il popolo malediceva il re cattivo.

malinconia, s. f. *melancholy, gloominess*; *mélancolie*; *Schwermut*; *melancolía* ⊙ Questa musica è piena di malinconia; La sua partenza lasciò in noi tanta malinconia; Quel nostro amico è sempre triste, soffre di malinconia.

mamma, s. f. *mama, mummy*; *maman*; *Mama*; *mamá* ⊙ La mamma è la persona più cara; Il bambino è andato a spasso con la sua mamma; « Vengo volentieri a casa tua anche perché la tua mamma prepara dei buoni pranzi ».

mancanza, s. f. *lack, absence*; *manque, absence*; *Mangel*; *falta* ◦ « Non ho potuto scriverti per mancanza di tempo »; « Ho sentito molto la tua mancanza »; In quella casa si sente molto la mancanza del padre.

mancare, v. intr., aus. *essere* e *avere to be missing, to lack*; *manquer*; *fehlen*; *faltar* ◦ In questo vaso manca l'acqua; « Non ho potuto continuare perché mi sono mancate le forze »; « Gli è mancato il coraggio di scriverti quella brutta notizia »; « Mi è mancato il tempo per venire a salutarti »; Ieri sera non ho più potuto studiare perché è mancata la luce; « Scusi, quanto manca all'arrivo del treno? »; È un giovane che manca di esperienza.

mancia, s. f. *tip*; *pourboire*; *Trinkgeld*; *propina* ◦ Prima di partire ha lasciato una buona mancia alla cameriera dell'albergo; È stata promessa una mancia a chi riporterà il cane perduto.

mandare, v. tr. *to send*; *envoyer*; *senden*; *mandar* ◦ Ho mandato dei fiori alla zia per la sua festa; Abbiamo mandato un pacco a nostro figlio; « Ti sei ricordato di mandare gli auguri ai nonni? »; Il professore ha mandato a chiamare il padre dello studente; Gli ho mandato a dire di non preoccuparsi; Lo mandarono via dalla scuola per il suo cattivo modo di comportarsi.

mangiare, v. tr. *to eat*; *manger*; *essen*; *comer* ◦ In quel ristorante si mangia un ottimo pesce; Non mangia gli spaghetti perché ha paura di diventare troppo grasso; Oggi ho mangiato con molto appetito; « Che cosa c'è da mangiare, oggi? »; « Devi prendere la medicina prima di mangiare ».

manica, s. f. *sleeve*; *manche*; *Aermel*; *manga* ◦ Le maniche del vestito erano troppo lunghe; Ho comprato una camicia a mezze maniche; In ufficio sta sempre in maniche di camicia (*senza giacca*).

maniera, s. f. *manner, way*; *manière*; *Art*; *manera* ◦ Questa è la maniera migliore per imparare una lingua; Non mi piacciono le sue maniere poco gentili; È una persona di buone maniere.

mano, s. f. *hand*; *main*; *Hand*; *mano*. [pl. *le mani*]. ◦ Quella signora ha delle belle mani; « Lavati le mani! »; La mamma prese il bambino per la mano e uscì; Scrive con la mano sinistra; Lo prese con tutt'e due le mani; Gli strinsi la mano per ringraziarlo. *Fig.*, « Non riesco a finire l'esercizio, dammi una mano! » (*aiutami*); Ho comprato un'auto di seconda mano (*usata*).

mantenere, v. tr. *to keep, to maintain*; *maintenir*; *halten, dabeibleiben*; *mantener*. [vedi TENERE]. ⊙ Ho mantenuto la parola data; I genitori lo mantengono agli studi; Non sa mantenere per lungo tempo un posto di lavoro.

marciapiede, s. m. *pavement, side-walk*; *trottoir*; *Gehweg*; *acera* ⊙ « Ricordati di camminare sul marciapiede »; Questa strada è senza marciapiedi.

mare, s. m. *sea*; *mer*; *Meer*; *mar* ⊙ È un mare molto profondo; La settimana scorsa sono andato al mare; Soffro di mal di mare. *Fig.*, Quel nostro amico si trova in un mare di guai (*in una situazione molto difficile*); Ha promesso mari e monti (*grandissime cose*); L'ho cercato per mare e per terra (*in ogni luogo*).

marito, s. m. *husband*; *mari*; *Ehemann*; *marido* ⊙ La signora è uscita con suo marito; Quella ragazza cerca marito (*vuole sposarsi*).

marmellata, s. f. *jam*; *confiture*; *Marmelade*; *mermelada* ⊙ Il bambino mangiava pane e marmellata; La mattina faccio colazione con pane, burro, marmellata e una tazza di latte.

marmo, s. m. *marble*; *marbre*; *Marmor*; *mármol* ⊙ In quella casa le scale sono di marmo; Lavorano il marmo. *Fig.*, È un uomo duro come il marmo (*senza sentimento*).

marrone, agg. invar. *brown*; *marrone*; *braun*; *marrón* ⊙ Ho comprato le scarpe marrone; La signorina ha una borsa marrone.

martedì, s. m. *Tuesday*; *mardi*; *Dienstag*; *martes* ⊙ Oggi è martedì; Le lezioni cominceranno martedì sera; Ogni martedì vado a lezione di musica.

marzo, s. m. *March*; *mars*; *Maerz*; *marzo* ⊙ Il mese di marzo ha trentun giorni; Sono nato nel mese di marzo; Il ventuno marzo comincia la primavera.

maschile, agg. e s. m. *masculine, male*; *masculin*; *Maskulinum*; *masculino* ⊙ La parola *albero* è un nome di genere maschile.

massimo, agg. *maximum, utmost*; *maximum, le plus grand*; *groesste*; *máximo*. **1.** Lo hanno ascoltato col massimo silenzio; Il maestro spiega con la massima pazienza. **2.** s. m. ⊙ Lo studente ha avuto il massimo dei voti.

materia, s. f. *matter, subject*; *matière*; *Stoff*; *materia*. **1.** È una materia durissima; « Di che materia è questo oggetto? ». **2.** Quell'insegnante conosce molto bene la sua materia (*le cose che insegna*).

matita, s. f. *pencil*; *crayon*; *Bleistift*; *lápiz* ⊙ « Mi presti la matita, per piacere? »; Correggere con la matita rossa.

matrimonio, s. m. *marriage, wedding*; *mariage*; *Hochzeit, Ehe*; *matrimonio* ⊙ Andrò al matrimonio di mio fratello; La signorina è stata promessa in matrimonio; Si sono uniti in matrimonio.

mattina, s. f. *morning*; *matin*; *Morgen*; *mañana* ⊙ Il contadino lavorava dalla mattina alla sera; L'ho incontrato ieri mattina.

mattino, s. m. *morning*; *matin*; *Morgen*; *mañana* ⊙ Aveva un abito da mattino; Mi sono alzato di buon mattino (*presto*). *Prov.*, Le ore del mattino hanno l'oro in bocca (*le più importanti del giorno per l'attività dell'uomo*).

matto, s. m. *mad, crazy*; *fou*; *verrueckt*; *loco, demente* ⊙ Lo debbono portare all'ospedale perché è diventato matto; « Cosa fai? Sei matto?! »; « Prestare a lui del denaro? Non sono mica matto! ».

maturo, agg. *ripe*; *mûr*; *reif*; *maduro*. 1. Le mele sono mature. 2. Questo giovane non è ancora maturo per andare all'università.

me, pron. pers. di prima persona sing. [vedi pag. 182].

medicina, s. f. *medicine*; *médicament, médecine*; *Medizin*; *medicina*. 1. La medicina che ho preso era amara; « Ricordati di prendere la medicina ». 2. Suo fratello si è iscritto al terzo anno di Medicina.

medico, s. m. *doctor*; *médecin*; *Arzt*; *médico*. [pl. *medici*]. ⊙ È un bravo medico; Mio zio sta male: devo chiamare il medico; Mio figlio da grande farà il medico.

medio, agg. *intermediate*; *moyen*; *mittlerer*; *medio* ⊙ Mia sorella ha frequentato il corso medio all'Università per Stranieri di Perugia.

meglio, avv. *better*; *mieux*; *besser*; *mejor* ⊙ « Prima di decidere, pensaci meglio »; « Come sta tuo fratello? » « Sta meglio, grazie »; Gli studenti meglio preparati avranno buoni voti; « Cerca di pronunziare meglio queste parole »; È meglio che tu gli scriva subito una lettera.

mela, s. f. *apple*; *pomme*; *Apfel*; *manzana* ⊙ Stamattina al mercato ho comprato delle buone mele; « Vorrei un chilo di mele »; Non ho mangiato quelle mele perché non erano ancora mature.

memoria, s. f. *memory*; *mémoire*; *Gedaechtnis*; *memoria*. **1.** Quel vecchio signore ha ancora un'ottima memoria; Gli studenti devono imparare la poesia a memoria. **2.** Quel famoso uomo politico sta scrivendo un libro di memorie.

meno, avv. *les*; *moins*; *weniger*; *menos*. **1.** « Mangia meno! »; È un libro che costa meno di quello che pensavo; Quest'anno l'estate è stata meno calda; La mia casa è meno grande della tua; Finiremo il lavoro in meno di una settimana; Da qui a casa mia ci saranno, più o meno, tre chilometri. **2.** s. m. ⊙ Parlavamo del più e del meno (*di varie cose*).

mente, s. f. *mind*; *esprit*; *Geist*; *mente* ⊙ È un ragazzo che ha una mente profonda; Non mi viene in mente il nome di quell'attore.

mentre, congz. *while*; *pendant que, alors que*; *waehrend*; *mientras* ⊙ Mentre passeggiavo, cominciò a piovere; Mentre guardavo la televisione, sono stato chiamato al telefono; « Devi ascoltarmi, mentre ti parlo »; Mentre uno cantava, l'altro suonava.

meraviglioso, agg. *wonderful*; *merveilleux*; *wunderbar*; *maravilloso* ⊙ Da quella montagna si vede un panorama meraviglioso; Ho ascoltato un concerto meraviglioso.

mercato, s. m. *market*; *marché*; *Markt*; *mercado* ⊙ In questa città ogni martedì c'è mercato; La signora è uscita presto per andare al mercato; « Dov'è il mercato del pesce? ». *Fig.*, Ho comprato un vestito a buon mercato (*a poco prezzo*).

mercoledì, s. m. *Wednesday*; *mercredi*; *Mittwoch*; *miércoles* ⊙ « Tornerò mercoledì sera »; Mercoledì è il terzo giorno della settimana.

meritare, v. tr. *to deserve*; *mériter*; *verdienen*; *merecer* ⊙ Il ragazzo ha meritato un bel regalo; Meritava di essere aiutato; Meritano di più.

mese, s. m. *month*; *mois*; *Monat*; *mes* ⊙ « In che mese siamo? »; Partiremo alla fine del mese; Non vedo il mio amico da molti mesi.

messa, s. f. *Mass*; *messe*; *Messe*; *misa* ⊙ « A che ora è la messa? »; Sono andato alla messa; Mia nonna va ogni giorno alla messa.

mestiere, s. m. *trade, profession*; *métier*; *Handwerk*; *oficio* ⊙ « Che mestiere fai? » « Faccio il barbiere »; Mi piace il mestiere di tuo fratello; Ognuno deve conoscere il proprio mestiere.

metà

metà, s. f. *half*; *moitié*; *Haelfte*; *mitad* ⊙ Ho letto solo la metà del libro; Ha tagliato la mela a metà; Ha preso la sua metà e se n'è andato; Ha la brutta abitudine di dire sempre le cose a metà. *Prov.*, Chi ben comincia è a metà dell'opera.

metro, s. m. *metre*; *mètre*; *Meter*; *metro* ⊙ È alto quasi due metri; La stanza è lunga cinque metri e larga quattro.

mettere, v. tr. *to put*; *mettre*; *stellen*; *poner, colocar.* [pass. rem. *misi, mettesti, mise, mettemmo, metteste, misero*; part. pass. *messo*]. **1.** Ha messo il vaso sul tavolo; La mamma ha messo i bambini a letto; Il ragazzo è contento perché ha messo il vestito nuovo; L'albero ha messo i fiori. **2. mettersi,** v. intr. pronom. ⊙ « Mettiti a sedere! »; Il bambino si mise a piangere; « Fra poco ci saranno gli esami: mettetevi a studiare ».

mezzanotte, s. f. *midnight*; *minuit*; *Mitternacht*; *medianoche* ⊙ Ho studiato fino a mezzanotte.

mezzo, agg. *half*; *demi*; *halb*; *medio*. **1.** Il muro del giardino è alto mezzo metro; Tornerò fra mezz'ora »; « Vorrei mezzo litro di vino »; Ho comprato un vestito di mezza stagione; È un signore di mezza età. **2.** s. m. ⊙ Arrivai nel bel mezzo della festa; È rimasto solo in mezzo alla piazza; Faremo a mezzo di tutto quello che ho; È importante trovare il giusto mezzo.

mezzogiorno, s. m. *midday, noon*; *midi*; *Mittag*; *mediodía* ⊙ L'orologio ha suonato mezzogiorno; Oggi mangeremo a mezzogiorno.

mi, pron. pers. di prima persona sing. [vedi pag. 182].

mica, avv. ⊙ Non l'ho mica rotto io!; Non è mica cara questa macchina; « Non sai mica che ora è? » « Non è mica giusto quello che stai facendo ».

migliaio, s. m. *thousand*; *millier*; *Tausend*; *millar*. [pl. *le migliaia*]. ⊙ In questa biblioteca ci sono migliaia di libri; Ho letto un migliaio di pagine del libro che mi hai dato

migliore, agg. *better*; *meilleur*; *besser*; *mejor* ⊙ Questo vino è migliore di quello che abbiamo bevuto ieri; Mio nonno era l'uomo migliore del mondo; « Lo dico a te che sei il mio migliore amico »; Troveremo il modo migliore per dirglielo; Sono venuto con le migliori intenzioni.

miliardo, s. m. *a thousand million, billion*; *milliard*; *Milliarde*; *millar de millones* ⊙ Lo stato italiano spende miliardi di lire per la scuola.

milione, s. m. *million*; *million*; *Million*; *millón* ◦ Ha guadagnato molti milioni; Questo quadro ha un valore di molti milioni; « Quanti milioni costa la tua casa? ».

mille, num. *thousand*; *mille*; *Tausend*; *mil*. [pl. *mila*]. ◦ Il libro costa mille lire; C'erano più di mille persone; « Te l'ho detto mille volte »; « Mille grazie! ».

millesimo, agg. *thousandth*; *millième*; *tausendster*; *milésimo* ◦ È la millesima volta che lo incontro.

minerale, agg. *mineral*; *minéral*; *Mineral*; *mineral* ◦ « Cameriere, mi porti una bottiglia d'acqua minerale ».

minestra, s. f. *soup*; *soupe*; *Suppe*; *sopa* ◦ Nella minestra manca il sale; « Vuole ancora un po' di minestra? ».

minimo, agg. *slightest*; *le moindre*; *mindest*; *minimo* ◦ Queste due cose sono quasi uguali, c'è una minima differenza; « Dove è andata tua sorella? » « Non ne ho la minima idea »; « Potrai fare questo viaggio con una minima spesa »; Quel ragazzo si ferma alla minima difficoltà.

ministero, s. m. *ministry*; *ministère*; *Ministerium*; *ministerio* ◦ Sono andato al Ministero degli Affari Esteri.

ministro, s. m. *minister*; *ministre*; *Minister*; *ministro* ◦ Parlerò al ministro di questa cosa; Il ministro parlerà stasera alla televisione.

minore, agg. *minor*, *younger*; *plus petit*, *moindre*; *kleiner*; *menor* ◦ Si è sposata la sua sorella minore; Fra i due sceglierò il male minore; Spero di comprare quel vestito con minore spesa.

minuto, s. m. *minute*; *minute*; *Minute*; *minuto* ◦ Il treno arriverà fra pochi minuti; « Che ora è? » « Sono le nove e dieci minuti »; « Sarò da te in un minuto » (*in pochissimo tempo*); « Conto i minuti che mi separano ancora da te ».

mio, agg. e pron. poss. [pl. m. *miei*; f. *mia*, pl. f. *mie*]. **1.** Fuma sempre le mie sigarette; Il mio amico non parla italiano; Mio padre arriverà domani; Mia sorella studia musica; I miei fratelli sono partiti; « Di chi sono questi soldi? » « Miei ».

misura, s. f. *measure*, *size*; *taille*, *mesure*; *Mass*; *medida* ◦ Queste scarpe non mi vanno bene: non sono della mia misura; Due vestiti della stessa misura; Abbiamo preso le misure per la nuova casa.

misurare

misurare, v. tr. *to measure, to try on*; *mesurer*; *messen*; *medir* ◉ Hanno misurato la distanza tra le due case; Ho misurato l'altezza del muro; Ho misurato il vestito nuovo e ho visto che mi sta molto bene.

mobile, s. m. *piece of furniture*; *meuble*; *Moebel*; *mueble* ◉ Nella mia casa ci sono mobili antichi; Mia sorella per la sua nuova casa ha comprato dei bei mobili.

moda, s. f. *fashion*; *mode*; *Mode*; *moda* ◉ La maggior parte delle donne segue la moda; La mia amica ha comprato un vestito all'ultima moda; Questo cappello è passato di moda.

moderno, agg. *modern*; *moderne*; *modern*; *moderno* ◉ Mi piace molto la musica moderna; È una città moderna; Insegna storia moderna all'università.

modesto, agg. *modest*; *modeste*; *bescheiden*; *modesto*. **1.** È un ragazzo modesto pur essendo intelligente e bravo; Vive in una casa modesta. **2.** Quello studente ha un'intelligenza modesta.

modo, s. m. *manner, way*; *façon*; *Weise*; *modo*. **1.** Si comporta in uno strano modo; «In che modo posso fare?»; Troveremo il modo migliore per dirglielo; Non c'è modo di farglielo capire; *Parlo* è forma del modo indicativo.

moglie, s. f. *wife*; *femme*; *Ehefrau*; *esposa, mujer*. [pl. *le mogli*]. ◉ «Mia moglie non è in casa»; Mio fratello ha preso moglie; Quella signora è un'ottima moglie; Quel giovane cerca moglie (*vuole sposarsi*).

molto, agg. *much, many, very*; *très, beaucoup*; *viel, sehr*; *mucho, muy*. **1.** Ho mangiato molto pane; Stanotte è caduta molta pioggia; Ascoltavano tutti con molta attenzione; «Vado a letto: ho molto sonno»; «Dammi da bere, ho molta sete»; Nel giardino c'erano molti bambini; Fumo molte sigarette; Ci sono andato molte volte. **2.** avv. ◉ Ho lavorato molto; Quelle donne parlavano molto; Il film che ho visto è molto interessante; Queste rose sono molto belle.

momento, s. m. *moment*; *moment*; *Augenblick*; *momento* ◉ «Aspetta un momento, prima di uscire»; In un momento il cielo si coprì di nuvole; Glielo diremo quando sarà il momento.

mondo, s. m. *world*; *monde*; *Welt*; *mundo* ◉ Durerà fino alla fine del mondo; Da che mondo è mondo si è fatto sempre così; È la cosa più bella del mondo; Hanno fatto il giro del mondo.

montagna, s. f. *mountain*; *montagne*; *Berg, Gebirge*; *montaña* ◎ È una montagna altissima; Abita in un piccolo paese di montagna; Quest'anno andremo in villeggiatura in montagna; L'aria di montagna mi ha fatto tornare l'appetito.

monte, s. m. *mount, mountain*; *mont*; *Berg*; *monte* ◎ « Qual è il monte più alto d'Italia? »; L'acqua scende dai monti. *Fig.*, Ci ha raccontato un monte di bugie.

monumento, s. m. *monument*; *monument*; *Denkmal*; *monumento* ◎ A quel poeta hanno fatto un monumento nella sua città; In mezzo alla piazza c'è un monumento; Il professore ci fece vedere i monumenti antichi della città.

morale, agg. *moral*; *moral*; *moralisch*; *moral* ◎ Quella giovane ha buone qualità morali; Non ha senso morale; Mi ha dato un aiuto morale.

morire, v. intr. *to die*; *mourir*; *sterben*; *morir*. [pres. *muoio, muori, muore, moriamo, morite, muoiono*; pres. cong. *muoia*, ecc., *moriamo, moriate, muoiano*; part. pass. *morto*], aus. *essere* ◎ È morto per una grave malattia; Suo zio è morto giovane; È stato ferito ed è morto poco dopo all'ospedale; Molte persone muoiono di fame; Faceva un caldo da morire; Sono tornato dalla passeggiata stanco morto.

morte, s. f. *death*; *mort*; *Tod*; *muerte* ◎ Ha avuto una morte serena; Hanno paura della morte; Quel medico l'ha salvato da una morte sicura.

mostrare, v. tr. *to show*; *montrer*; *zeigen*; *mostrar*. **1.** Mi mostrò il giardino pieno di fiori; Gli mostrammo la lettera che ci era arrivata; Ho dovuto mostrare il passaporto ai carabinieri; Mostra di sapere molte cose. **2. mostrarsi,** v. rifl. ◎ Non gli piaceva mostrarsi in pubblico; Si mostra gentile con tutti.

motivo, s. m. *motive, reason*; *motif, raison*; *Beweggrund*; *motivo* ◎ Non conosco ancora il vero motivo del suo arrivo; Non ha motivo di preoccuparsi; « Non potei venire per vari motivi »; « Per quale motivo non mi hai risposto? ».

moto, s. m. *motion*; *mouvement*; *Bewegung*; *movimiento* ◎ Il moto fa bene alla salute; Ho messo in moto la mia macchina.

motore, s. m. *engine*; *moteur*; *Motor*; *motor* ◎ La mia auto ha un ottimo motore; Gli operai hanno spento i motori della fabbrica.

movimento, s. m. *movement*; *mouvement*; *Bewegung*; *movimiento* ◦ Questa macchina serve per misurare il movimento delle acque; Con il mio braccio ammalato non posso fare molti movimenti; In città, oggi, c'era molto movimento per l'arrivo del ministro.

muovere, v. tr. *to move*; *bouger*, *mouvoir*; *bewegen*; *mover*. [pass. rem. *mossi*, *movesti*, *mosse*, *movemmo*, *moveste*, *mossero*; part. pass. *mosso*]. **1.** Un leggero vento muoveva le foglie; Quando parla muove sempre le mani; Il bambino ha mosso i primi passi. *Prov.*, Non muove foglia che Dio non voglia. **2. muoversi**, v. intr. pronom. ◦ « Mi fa male una gamba, non posso muovermi »; Oggi non mi sono mosso di casa; « Fermi tutti! Nessuno si muova! ».

muro, s. m. *wall*; *mur*; *Mauer*; *muro* ◦ Il muro è alto due metri; I ragazzi hanno saltato il muro; Alzeremo un muro intorno alla casa.

museo, s. m. *museum*; *musée*; *Museum*; *museo* ◦ « A che ora apre il museo? »; Siamo andati al museo.

musica, s. f. *music*; *musique*; *Musik*; *música* ◦ Mi piace la musica; Al concerto abbiamo ascoltato della buona musica; Ho molti dischi di musica classica; Mia sorella studia musica.

N

nascere, v. intr. *to be born*; *naître*; *geboren werden*; *nacer*. [pass. rem. *nacqui, nascesti, nacque, nascemmo, nasceste, nacquero*; part. pass. *nato*] aus. *essere* ⊙ Questa è la casa dove sono nato; È nato in Italia; Il fiume nasce da quel monte. *Fig.*, È nato con la camicia (*è fortunato*).

nascondere, v. tr. *to hide*; *cacher*; *verstecken*; *ocultar, esconder*. [pass. rem. *nascosi, nascondesti, nascose, nascondemmo, nascondeste, nascosero*; part. pass. *nascosto*]. **1.** Ha nascosto la chiave della macchina; «Perché hai nascosto il quaderno?»; La mamma nascose le cioccolate. **2. nascondersi,** v. intr. pronom. ⊙ Si nascose dietro la porta; «Dove ti eri nascosto?»; All'arrivo della polizia si nascose per non farsi prendere.

naso, s. m. *nose*; *nez*; *Nase*; *nariz* ⊙ Aveva il naso rosso per il freddo; «Pulisciti il naso»; Ha un grosso naso. *Fig.*, Mette il naso dappertutto (*vuol sapere le cose degli altri*).

Natale, s. m. *Christmas*; *Noël*; *Weihnachten*; *Navidad* ⊙ Presto sarà Natale; «Buon Natale!»; «Verrò a Natale»; Ho mandato gli auguri per Natale; Devo preparare l'albero di Natale.

natura, s. f. *nature*; *nature*; *Natur*; *naturaleza* ⊙ Dobbiamo salvare le bellezze della natura; Molti si dedicano allo studio della natura; È difficile conoscere bene la natura umana.

naturale, agg. *natural*; *naturel*; *natuerlich*; *natural* ⊙ Gli piacciono molto le bellezze naturali; È morto di morte naturale; È naturale che non voglia più vederti dopo quello che gli hai fatto.

naturalmente, avv. *naturally, of course*; *naturellement*; *natuerlich*; *naturalmente* ⊙ «Verrai anche tu?» «Naturalmente!»; «Non mi hai mandato i soldi e naturalmente non ti ho comprato i dischi».

nave, s. f. *ship*; *navire*; *Schiff*; *nave, barco* ⊙ La nave è entrata nel porto; È stata costruita una grande nave; Partiremo con la nave.

nazionale, agg. *national*; *national*; *nazional*; *nacional* ⊙ L'italiano è la nostra lingua nazionale; Oggi non c'è scuola: è festa nazionale.

nazionalità, s. f. *nationality*; *nationalité*; *Staatsangehoerigkeit*; *nacionalidad* ⊙ Questi studenti sono di varie nazionalità; È di nazionalità italiana; «Qual è la tua nazionalità?».

nazione, s. f. *nation*; *nation*; *Nazion*; *nación* ⊙ Combattono per la libertà della loro nazione; È una grande e ricca nazione.

ne, pron. e avv. **1.** «Quante sigarette hai fumato?» «Ne ho fumate dieci»; «Quante lampade ci sono nella stanza?» «Ce n'è una»; «Ne vuoi ancora?» «No, grazie ne ho abbastanza»; «Vogliamo parlare di questo problema?» «No, ne parleremo domani»; «Non me ne importa niente». **2.** Non mi piace questo posto, me ne torno a casa»; «Vattene!».

né, congz. *neither, nor*; *ni*; *weder, noch*; *ni* ⊙ «Non posso scrivere, non ho né la penna né il quaderno»; Né io né lui l'abbiamo visto; Non ha parlato né con me né con te; «Non verrò né ora né mai»; Non mi ha detto né sì né no.

neanche, avv. *not even, neither*; *même pas, non plus*; *nicht einmal*; *tampoco, ni siquiera* ⊙ È arrivato senza neanche avvertirmi; «Se non verrai tu, non andrò neanch'io»; «Io non l'ho visto, e tu?» «Neanch'io».

nebbia, s. f. *fog, mist*; *brouillard*; *Nebel*; *niebla* ⊙ Stamattina c'è molta nebbia; Si viaggia male con la macchina quando c'è nebbia; C'era una nebbia che non ci si vedeva da qui a lì.

necessario, agg. *necessary*; *nécessaire*; *noetig*; *necesario*. **1.** Ho preparato tutte le cose necessarie per il viaggio; Il riposo è necessario quanto lo studio; È necessario che tu parta subito. **2.** Era molto povero, non aveva neanche il necessario per vivere.

necessità, s. f. *necessity*; *nécessité*; *Notwendigkeit*; *necesidad* ⊙ «Non capisco la necessità della tua partenza»; Andò a lavorare all'estero per necessità; Non c'è necessità di dire queste cose.

negativo, agg. *negative*; *négatif*; *verneinend*; *negativo* ⊙ Dobbiamo mettere queste frasi nella forma negativa; Ho saputo che per quello studente l'esame è stato negativo.

negozio, s. m. *shop*; *magasin*; *Geschaeft*; *negocio* ⊙ « A che ora aprono i negozi? »; Ha un negozio sulla via principale della città; In quel negozio di frutta ho comprato delle ottime mele.

nemico, agg. e s. m. (f. -a) *enemy*; *ennemi*; *Feind*; *enemigo*. [pl. m. *nemici*, pl. f. *nemiche*]. **1.** L'esercito nemico avanza verso la città; Si è fatto nemico di tutti. **2.** Ha molti nemici; È stato sempre il mio peggior nemico.

nemmeno, avv. *not even, neither*; *même pas, non plus*; *nicht einmal*; *ni, ni tampoco, ni siquiera*. [vedi NEANCHE]. ⊙ Non lo vorrei nemmeno per regalo; Non l'ho visto nemmeno io.

neppure, avv. *not even, nor*; *même pas, non plus*; *auch nicht*; *ni, ni tampoco, ni siquiera*. [vedi NEANCHE]. ⊙ Non l'ho neppure salutato.

nero, agg. *black*; *noir*; *schwarz*; *negro*. **1.** Ha i capelli neri; Ho comprato un paio di scarpe nere. *Fig.*, Ho avuto una giornata nera (*mi è andato tutto male*). *Fig.*, Vede sempre tutto nero. **2.** s. m. ⊙ Ha dipinto di nero la parete.

nervoso, agg. *nervous*; *nerveux*; *nervoes*; *nervioso* ⊙ « È bene che tu non chieda i soldi al babbo: oggi è molto nervoso »; Dobbiamo accompagnare nostra zia dal medico, il suo sistema nervoso ha bisogno di essere curato.

nessuno, agg. e pron. *no, no one*; *aucun, non... personne*; *kein, niemand*; *ninguno*. **1.** In quella festa non ho incontrato nessuna persona di mia conoscenza; Non lo dirò a nessun altro; È un quadro che non ha nessun valore; Non merita nessun aiuto. **2.** Nessuno è venuto a trovarmi; Non ho visto nessuno; Nessuno degli studenti era pronto per l'esame.

neve, s. f. *snow*; *neige*; *Schnee*; *nieve* ⊙ È caduta la prima neve; I bambini giocano con la neve; La neve aveva coperto tutta la campagna.

niente, pron. *nothing*; *rien*; *nichts*; *nada*. **1.** In tutta la sera non ha detto niente; Non gli piace niente; Non ho mai visto niente di simile; Sono andato al mercato, ma non ho comprato niente; « Oggi sono libero, non ho niente da fare »; È una cosa da niente; « Mi sono dimenticato di portare il libro » « Non fa niente ». *Fig.*, Quel ragazzo

nipote

non è niente di buono (*è cattivo*). **2.** agg. ◦ « Niente paura, sono qua io! ».

nipote, s. m. e f. *nephew, grandchild*; *petit-fils, neveu*; *Neffe, Enkel*; *sobrino, nieto* ◦ Mio nonno ha molti nipoti; Lo zio è andato al cinema con la nipote.

no, avv. *no*; *non*; *nein*; *no* ◦ « Vuoi mangiare? » « No, non ho fame »; « Hai risposto alle lettere? » « No, ma lo farò stasera »; Risponde sempre di no; « Mi presti la tua auto? » « No e poi no! »; « Vieni anche tu? » « E perché no? »; « Me lo dici, sì o no? ».

noi, pron. pers. [vedi pag. 182].

noia, s. f. *boredom, bother*; *ennui*; *Langweile*; *aburrimiento* ◦ Quella festa è stata una gran noia; Nella vostra città si muore di noia; La luce sugli occhi mi dà noia; Il direttore non vuol aver noie.

noioso, agg. *boring*; *ennuyeux*; *langweilig*; *aburrido* ◦ È un film proprio noioso; Questo lavoro è molto noioso; « Sei noioso, smettila! ».

nome, s. m. *name*; *nom*; *Name*; *nombre* ◦ « Scrivete il vostro nome sul foglio »; Per non farsi riconoscere ha cambiato il nome; Non ricordo il suo nome; Dimentico sempre il nome di quella strada; La pronunzia di quel nome è difficile.

non, avv. *not*; *ne... pas*; *nicht*; *no* ◦ « Non mi sento bene »; Non studia mai; « Va' piano, non correre! »; Non ho voglia di far niente; Non ce ne sono più; « Prendi questo, non quello »; Quel ragazzo non è uno stupido (*è intelligente*).

nonna, s. f. *grandmother*; *grand-mère*; *Grossmutter*; *abuela* ◦ Mia nonna è molto vecchia; La nonna è in giardino con i nipoti.

nonno, s. m. *grandfather*; *grand-père*; *Grossvater*; *abuelo* ◦ Il nonno ha tutti i capelli bianchi; Quel bambino esce volentieri col nonno; Il nostro avvocato è diventato nonno per la seconda volta.

nono, agg. num. *ninth*; *neuvième*; *neunte*; *noveno, nono* ◦ In quella corsa mi son sentito male e sono arrivato nono.

nord, s. m. *north*; *nord*; *Norden*; *norte* ◦ Nell'Italia del Nord ci sono molte industrie; « Dov'è il nord? »; La città si trova a nord del lago.

nostro, agg. e pron. poss. **1.** Il nostro giardino è grande; Stiamo aspettando la nostra amica. Era nostra intenzione di uscire questa sera; Nostro padre arriverà domani; Nostra sorella guarda la televisione ogni sera; I nostri amici verranno a pranzo da noi; «La tua casa è più grande della nostra»; Questa casa è nostra.

nota, s. f. *note*; *note*; *Aufzeichnung*; *nota*. **1.** Ho fatto la nota dei libri che devo comprare. **2.** Ha portato una nota allegra alla festa.

notare, v. tr. *to take (make a) note of*; *remarquer, noter*; *vermerken*; *notar* ⊙ «Noto che hai un vestito nuovo»; Nota anche le più piccole cose; «Ho notato che non sei venuto a lezione»; Gli piace farsi notare.

notizia, s. f. *news*; *nouvelle*; *Neuigkeit*; *noticia* ⊙ Ho ricevuto una bella notizia; «Mandami tue notizie al più presto possibile»; Ho ascoltato alla radio le ultime notizie; «Mi dispiace di doverti dare una cattiva notizia».

noto, agg. *well-known*; *connu*; *bekannt*; *conocido* ⊙ È una delle persone più note in città; È uno scrittore molto noto; È un fatto noto a tutti.

notte, s. f. *night*; *nuit*; *Nacht*; *noche* ⊙ Era una notte senza stelle; La notte prima non avevo dormito; Sono tornato a casa a notte alta; Lavora volentieri di notte; La notte di Natale; «Buona notte!».

novanta, num. *ninety*; *quatre-vingt-dix*; *neunzig*; *noventa* ⊙ Mio nonno è molto vecchio, compie oggi novanta anni; Pesa novanta chili.

nove, num. *nine*; *neuf*; *neun*; *nueve* ⊙ Abito al numero nove di questa via; Mio figlio ha nove anni.

novembre, s. m. *November*; *novembre*; *November*; *noviembre* ⊙ Siamo nel mese di novembre; Tornerò alla fine di novembre.

nudo, agg. *naked, bare*; *nu*; *nackt*; *desnudo* ⊙ Aveva le gambe nude; I carabinieri lo arrestarono perché passeggiava nudo; È inverno, gli alberi sono nudi; Questa stanza è troppo nuda.

nulla, pron. *nothing*; *rien*; *nichts*; *nada*. [V. NIENTE]. ⊙ Non capisce nulla; I consigli di suo padre non gli sono serviti a nulla.

numerale, agg. e s. m. *numeral*; *numéral*; *Zahl...*; *numeral* ⊙ Ho studiato gli aggettivi numerali.

numero, s. m. *number*; *nombre*; *Zahl, Anzahl*; *número* ◉ Il bambino comincia a imparare i numeri; « Ho dimenticato il numero del tuo telefono »; Gli abitanti della città sono andati in gran numero alla stazione per salutare il ministro.

numeroso, agg. *numerous*; *nombreux*; *zahlreich*; *numeroso* ◉ Ieri sera a teatro c'era un pubblico numeroso; « Nell'esercizio hai fatto numerosi sbagli ».

nuotare, v. intr., aus. *avere* *to swim*; *nager*; *schwimmen*; *nadar* ◉ Voglio imparare a nuotare; « Sai nuotare? »; Quest'anno ho nuotato molto, al mare.

nuovo, agg. *new*; *neuf*; *neu*; *nuevo* ◉ Siamo andati ad abitare nella casa nuova; « È nuova questa macchina? »; Ho comprato un vestito nuovo; Fra poco cominceremo a bere il vino nuovo.

nuvola, s. f. *cloud*; *nuage*; *Wolke*; *nube* ◉ Il cielo era coperto di nuvole; Il cielo era sereno, non c'era una nuvola; Dal bosco si alzavano nuvole di fumo. *Fig.*, « È vero ciò che dici? Io cado dalle nuvole! » (*Non avrei mai pensato che ciò potesse essere possibile*).

O

o, congz. *or*; *ou*; *oder*; *o* ⊚ Te lo manderò stasera o domattina presto; O lo faccio oggi o non lo farò mai più; « Scrivi con la matita o con la penna? ».

obbedire, v. intr., aus. *avere* **to obey**; *obéir*; *gehorchen*; *obedecer* ⊚ « Obbedisci alla mamma! »; Il cittadino deve obbedire alle leggi; I soldati obbediscono ai comandi.

occasione, s. f. *occasion*; *chance*; *occasion*; *Gelegenheit*; *ocasión* ⊚ Mi si è presentata una buona occasione; « Quando avremo l'occasione di conoscere il tuo fidanzato? »; In occasione della sua festa gli farò un bel regalo; « Alla prima occasione verrò a trovarti »; Ho comprato un'auto d'occasione (*a poco prezzo*).

occhiali, s. m. pl. *spectacles*; *lunettes*; *Brille*; *gafas* ⊚ Mia figlia, per leggere, ha bisogno degli occhiali; Ho comprato un bel paio di occhiali da sole.

occhio, s. m. *eye*; *oeil*; *Auge*; *ojo* ⊚ Quella signorina ha gli occhi neri, molto belli; La luce mi fa male agli occhi; Gli manca l'occhio destro; « Ho gli occhi stanchi: ho studiato troppo ». *Fig.*, Questa notte non ho chiuso occhio (*non ho dormito mai*); Giunse in un batter d'occhio (*molto presto*); Questa villa gli è costata un occhio della testa (*gli è costata moltissimo*); Questo ragazzo cresce a vista d'occhio (*molto presto*). *Prov.*, Gli occhi sono lo specchio dell'anima.

occorrere, v. intr., aus. *essere* **to need**; *falloir*; *noetig sein*; *ser necesario.* [vedi CORRERE]. ⊚ Per fare questo viaggio mi occorreranno molti soldi; « Ti occorre niente? »; « Occorre far presto, se vogliono arrivare in tempo per prendere il treno ».

occupare, v. tr. **to occupy**; *occuper*; *besetzen*; *ocupar.* **1.** I soldati occuparono la città; Gli operai hanno occupato la fabbrica; Gli amici che ballavano occupavano gran parte della sala da pranzo; Ieri sera a teatro i primi posti erano stati tutti occupati; Occupa molto del suo tempo a leggere. **2. occuparsi,** v. intr. pronom. ⊙ « Non mi occupo di queste cose »; « Di che cosa si occupa tuo padre? ».

occupato, agg. *busy, engaged; occupé; beschaeftigt; ocupado* ⊙ « Scusi, questo posto è libero o occupato? »; Non posso rispondere alla sua lettera: sono molto occupato.

oceano, s. m. *ocean; océan; Ozean; océano* ⊙ La nave è partita: attraverserà l'oceano; È un'isola in mezzo all'oceano.

odiare, v. tr. *to hate; haïr; hassen; odiar* ⊙ Per il suo modo di fare, è odiato da tutti; « Perché mi odi? Che cosa ti ho fatto di male? »; Odio le persone che parlano troppo.

offendere, v. tr. *to offend; offenser; beleidigen; ofender.* [pass. rem. *offesi, offendesti, offese, offendemmo, offendeste, offesero*; part. pass. *offeso*]. **1.** « Le tue parole mi hanno offeso »; Non avevo intenzione di offenderlo. **2. offendersi,** v. intr. pronom. ⊙ Si offende per niente; « Non ti sarai mica offeso? ».

offrire, v. tr. *to offer; offrir; anbieten; ofrecer.* [part. pass. *offerto*]. ⊙ Abbiamo offerto dei fiori a nostra madre; « Mi offri una sigaretta? »; Prima della sua partenza ha offerto un ottimo pranzo agli amici; « Ti offro tutto il mio aiuto »; Mi hanno offerto un lavoro in quella fabbrica.

oggetto, s. m. *object; objet; Gegenstand; objeto.* **1.** Questo oggetto d'oro è molto antico; « Togli quegli oggetti inutili dal tavolo ». **2.** Al verbo transitivo può seguire il complemento oggetto.

oggi, avv. *today; aujourd'hui; heute; hoy.* **1.** Oggi ho imparato molte cose utili; Oggi piove, preferisco non uscire di casa; Il mio amico verrà oggi a trovarmi; Oggi ho un appuntamento importante; Non voglio parlare con lui né oggi né domani. **2.** s. m. ⊙ « Hai letto il giornale d'oggi? »; Ha preso la decisione dall'oggi al domani (*all'improvviso*).

ogni, agg. m. e f. sing. *every; chaque; jeder; cada* ⊙ Ogni studente deve fare questo esercizio; C'erano persone d'ogni età; Ogni giorno mangio alla stessa ora; Bisogna fare ogni cosa a suo tempo; « Devi prendere le medicine ogni sei ore »; Quando lavoro, ogni tanto mi riposo.

ognuno, pron. sing. *everyone; chacun; jeder; cada uno* ⊙ Ognuno deve dire quello che pensa; Ognuno di voi ha imparato la lezione; Ognuno cerca il proprio bene.

olio, s. m. *oil*; *huile*; *Oel*; *aceite* ⊙ Ho comprato una bottiglia d'olio; «Cameriere, vuole portarmi l'olio, per piacere?»; «Hai messo l'olio nell'insalata?»; Ho cambiato l'olio alla macchina.

oltre, avv. **1.** Passò oltre e non salutò; Per finire questo quadro ci vorrà oltre un mese. **2.** prep. ⊙ Oltre quei monti c'è il mare; «Oltre a questo, non so dirti altro».

ombra, s. f. *shadow, shade*; *ombre*; *Schatten*; *sombra* ⊙ Mi sono riposato all'ombra di un albero; C'era tanto sole ed io desideravo un po' d'ombra. *Fig.*, Nel suo viso c'era un'ombra di malinconia.

ombrello, s. m. *umbrella*; *parapluie*; *Schirm*; *paraguas* ⊙ «Piove, apri l'ombrello»; Ho dimenticato l'ombrello al bar.

onore, s. m. *honour*; *honneur*; *Ehre*; *honor* ⊙ Ha difeso l'onore della sua famiglia; «Te lo giuro sul mio onore»; «Studia, sii bravo e fatti onore!».

opera, s. f. *work*; *oeuvre, travail*; *Werk*; *obra* ⊙ **1.** Per molti anni ha prestato la sua opera in ospedale; Quella musica è opera di un grande maestro; Un quadro che è una vera opera d'arte. **2.** Ieri sera sono andato all'Opera.

operaio, s. m. (f. **-a**) *workman, worker*; *ouvrier*; *Arbeiter*; *obrero, trabajador* ⊙ Quest'operaio lavora in fabbrica da molti anni; Per questo lavoro occorrono molti operai; Oggi gli operai fanno sciopero.

operazione, s. f. *operation*; *opération*; *Operation*; *operación* ⊙ È stata un'operazione difficile; I soldati hanno compiuto un'operazione di guerra; Ho fatto molte operazioni in banca; Il medico ha detto che devo fare un'operazione allo stomaco.

opporre, v. tr. *to oppose*; *opposer*; *entgegenstellen*; *oponer*. [vedi PORRE]. ⊙ I nemici opposero una forte difesa; «Non ho niente da opporre a quello che mi hai detto»; Ha opposto delle giuste ragioni alle loro accuse.

oppure, congz., *or, otherwise*; *ou bien*; *oder*; *o bien* ⊙ Potrei farlo oggi oppure domani; «Scrivi oppure telefona prima di venire»; «Rimani oppure te ne vai?»; «Vuole un abito lungo oppure corto?».

ora[1], avv. *now*; *maintenant*; *jetzt*; *ahora* ⊙ «Ora esco e vado al cinema»; È successo proprio ora; I nostri amici sono arrivati ora; «Ora ti farò vedere delle fotografie»; «E ora, cosa farò?»; Per ora può bastare; Non l'ho mai visto prima d'ora; Ora dice una cosa, ora un'altra.

ora[2], s. f. *hour, time*; *heure*; *Stunde*; *hora* ⊙ «Che ora è, per piacere?» «Sono le dieci e un quarto»; «A che ora parte il treno?»; Ci vuole molto tempo per attraversare la città con l'automobile durante le ore di punta (*le ore in cui molte macchine sono per la via*). *Fig.*, «Non vedo l'ora di tornare a casa mia» (*desidero molto tornare a casa*).

orario, s. m. *time-table*; *horaire*; *Stundenplan*; *horario* ⊙ Abbiamo preparato il nuovo orario delle lezioni; L'orario d'ufficio è stato ridotto; Il treno è arrivato in orario.

ordinare, v. tr. *to order*; *ordonner*; *(an)ordnen*; *ordenar*. **1.** Ho ordinato i libri nella mia biblioteca. **2.** Ho ordinato un caffè al bar; Il capitano ha ordinato ai soldati di partire.

ordine, s. m. *order*; *ordre*; *Ordnung*; *orden*. **1.** In questa scuola c'è molto ordine; La signora mette in ordine la casa. **2.** Quell'uomo ha avuto l'ordine di lasciare il paese.

orecchio, s. m. *ear*; *oreille*; *Ohr*; *oreja* ⊙ Dall'orecchio destro non ci sento bene. *Fig.*, Era tutt'orecchi (*ascoltava con attenzione*).

organizzare, v. tr. *to organize*; *organiser*; *organisieren*; *organizar* ⊙ «Ho organizzato una festa per stasera, ci vieni?»; La nostra scuola sta organizzando una gita in Italia.

ormai, avv. *(by) now, (by) then*; *désormais*; *von nun an*; *ya* ⊙ «Andiamo via, ormai è tardi, non verrà più»; Questo vestito ormai è vecchio; Ormai l'estate è finita; «È ormai un anno che sei partito».

oro, s. m. *gold*; *or*; *Gold*; *oro* ⊙ Cercavano l'oro vicino ai fiumi; Mio zio mi ha portato una penna d'oro; Non ci andrei per tutto l'oro del mondo. *Fig.*, Quel signore ha un cuore d'oro (*è molto generoso*).

orologio, s. m. *watch, clock*; *horloge, montre*; *Uhr*; *reloj* ⊙ Quest'orologio è fermo; Il mio orologio va avanti cinque minuti al giorno.

ospedale, s. m. *hospital*; *hôpital*; *Krankenhaus*; *hospital* ⊙ È un ospedale moderno; L'hanno portato all'ospedale; Il direttore dell'ospedale è molto bravo.

ospite, s. m. e f. *guest, host*; *hôte*; *Gast, Gastgeber*; *huésped* ⊙ «Sei un ospite generoso»; «Quando verrai in Italia sarai mio ospite»; Questa sera ho degli ospiti a cena.

osservare, v. tr. *to observe, to watch; observer; beobachten; observar* ◉ Osservava il quadro con interesse; «Osserva questi mobili: sono tutti molto antichi»; Gli abbiamo fatto osservare che il lavoro non era stato fatto bene.

osservazione, s. f. *observation; observation; Beobachtung; observación* ◉ Il malato è stato tenuto in osservazione per molti giorni; Quel ragazzo non vuole osservazioni da nessuno.

ottanta, num. *eighty; quatre-vingt; achtzig; ochenta* ◉ Pesa più di ottanta chili; Il caffè costa ottanta lire; «Aprite il libro a pagina ottanta».

ottavo, num. *eighth; huitième; achter; octavo* ◉ In quella famiglia è nato l'ottavo figlio; Agosto è l'ottavo mese dell'anno; È arrivato ottavo.

ottenere, v. tr. *to get, to obtain; obtenir; erhalten; obtener.* [vedi TENERE]. ◉ Ha ottenuto il permesso di uscire; Ottiene sempre quello che vuole; Ha ottenuto un buon posto.

ottimo, agg. *best, excellent; exellent; bester; óptimo* ◉ Questo vino è ottimo; È un ottimo insegnante; «Sono felice di trovarti in ottima salute».

otto, num. *eight; huit; acht; ocho.* 1. Il bambino ha compiuto otto anni. 2. s. m. ◉ La lettera è partita l'otto di maggio.

ottobre, s. m. *October; octobre; Oktober; octubre* ◉ Ottobre è il decimo mese dell'anno.

ovest, s. m. *west; ouest; Westen; oeste* ◉ È andato verso ovest; Il giardino è a ovest della casa.

P

pacco, s. m. *parcel*; *colis*; *Paket*; *paquete*. [pl. *pacchi*]. ⊙ Ho ricevuto un pacco da casa mia; «Ti manderò un pacco di libri».

pace, s. f. *peace*; *paix*; *Friede*; *paz* ⊙ La guerra è finita, è stata firmata la pace; Quando successero le cose di cui parliamo, eravamo in tempo di pace; Le due famiglie hanno fatto la pace; In quel paese di montagna abbiamo trovato una gran pace.

padre, s. m. *father*; *père*; *Vater*; *padre* ⊙ Mio padre non è più giovane; Il fratello maggiore gli fece da padre.

padrone, s. m. (f. -a) *master, owner*; *propriétaire, maître*; *Besitzer*; *dueño, propietario, patrón* ⊙ Il cane segue il suo padrone; Devo pagare l'affitto al padrone di casa; «Chi è il padrone di questo negozio?».

paese, s. m. *country, village*; *pays, village*; *Land, Dorf*; *país, pueblo*. **1.** L'Italia è un paese con molte città antiche; «Mi dispiace di lasciare il vostro paese». **2.** Vive in un paese vicino al mare; Non conosce la vita della città, è sempre vissuto in un paese.

pagare, v. tr. *to pay (for)*; *payer*; *bezahlen*; *pagar* ⊙ «Hai pagato il conto?»; Non ho ancora pagato questo vestito; Dobbiamo pagare le tasse; «È bella la tua casa, ma l'hai pagata un po' cara».

pagina, s. f. *page*; *page*; *Seite*; *página* ⊙ «Hai finito di leggere il libro?» «No, ne ho lette trenta pagine»; «Aprite il libro a pagina sedici»; Mi ha scritto una lettera di sei pagine; Domani questa notizia sarà sulla prima pagina di tutti i giornali.

paio, s. m. *pair*; *paire*; *Paar*; *par*. [pl. *le paia*]. ⊙ Tornerò fra un paio d'ore; L'ho visto sì e no un paio di volte; Ho comprato in Italia due paia di scarpe; Devo comprare un paio d'occhiali da sole.

palazzo, s. m. *palace, building*; *immeuble, palais*; *Gebäude, Haus*; *palacio, edificio* ⊙ Nella nostra città ci sono molti bei palazzi antichi; La signora abita in un palazzo moderno; «Chi abita in questo palazzo?»; Quello è il palazzo del comune.

palla, s. f. *ball*; *balle*; *Ball*; *pelota* ⊙ Il bambino gioca con la palla; Alcuni ragazzi giocavano a palla in mezzo alla strada; Sul tavolo c'è una palla di vetro.

pane, s. m. *bread*; *pain*; *Brot*; *pan* ⊙ «Cameriere, mi porta un po' di pane?»; Preferisco il pane nero; Il bambino mangiava pane e formaggio; In campagna molti contadini fanno ancora il pane in casa; Non è ancora capace di guadagnarsi il pane.

panino, s. m. *sandwich*; *sandwich*; *Broetchen*; *bocadillo* ⊙ Ho proprio una gran fame: durante tutto il viaggio ho mangiato soltanto un panino col prosciutto; «Mi dia un panino».

panorama, s. m. *panorama, view*; *panorama*; *Aussicht*; *panorama*. [pl. *panorami*]. ⊙ Dalla cima di quel monte si vede un panorama meraviglioso; È proprio un bel panorama.

pantaloni, s. m. pl. *trousers, slacks*; *pantalon*; *Hosen*; *pantalones* ⊙ Questi pantaloni non mi stanno più bene; In quel negozio vendono bei pantaloni da donna.

papa, s. m. *pope*; *pape*; *Papst*; *papa*. [pl. *papi*]. ⊙ Hanno eletto il nuovo papa; Abbiamo ascoltato il discorso del papa; È andato in Italia per vedere il papa.

papà, s. m. *daddy*; *papa*; *Papa*; *papá* ⊙ Ha fatto un viaggio col suo papà; «Ciao papà!».

paragrafo, s. m. *paragraph*; *paragraphe*; *Paragraph*; *párrafo* ⊙ «Hai letto bene il terzo paragrafo?»; I primi paragrafi del secondo capitolo sono molto difficili.

parcheggio, s. m. *parking*; *parking, stationnement*; *Parkplatz*; *estacionamiento* ⊙ In questa piazza è proibito il parcheggio delle auto; «Scusi, sa se c'è un parcheggio qui vicino?».

parecchio

parecchio, agg. *several, quite (a lot)*; *plusieurs*; *ziemlich viel*; *mucho*. 1. Suo zio ha parecchi soldi; A questo proposito ci sarebbero parecchie cose da dire. 2. pron. ◉ Parecchi non vennero.

parente, s. m. e f. *relative*; *parent*; *Verwandter*; *pariente* ◉ Alla festa del babbo sono venuti tutti i parenti; Quell'avvocato è un mio lontano parente.

parentesi, s. f. *parenthesis*; *parenthèse*; *Klammer*; *paréntesis* ◉ La frase (*è tornato ieri*) è scritta fra parentesi.

parere, v. intr. *to seem*; *sembler*; *scheinen*; *parecer*. [pres. *paio, pari, pare, paiamo, parete, paiono*; fut. *parrò, parrai*, ecc.; pass. rem. *parvi, paresti, parve, paremmo, pareste, parvero*; cong. pres. *paia, paia*, ecc.; cond. pres. *parrei, parresti*, ecc.; part. pass. *parso*] aus. *essere* ◉ Questi fiori paiono veri; «Il tuo vestito è così bello e pulito che pare nuovo»; Pare che i biglietti per il teatro siano finiti; Pare che il professore domani non possa venire.

parete, s. f. *wall*; *mur*; *Wand*; *pared* ◉ Le pareti della stanza sono grigie; Devo attaccare questo quadro alla parete.

parlare, v. intr., aus. *avere to speak, to talk*; *parler*; *sprechen*; *hablar* ◉ Il bambino cominciò a parlare; Non so parlare italiano; «Posso parlare con te?»; Gli ho parlato per telefono; Parlava col suo amico a bassa voce; «Di chi stavate parlando?»; «Di che cosa parlerà oggi il nostro professore?».

parola, s. f. *word*; *mot*; *Wort*; *palabra* ◉ Oggi, a scuola, abbiamo imparato molte nuove parole italiane; Non posso pronunziare questa parola; Bada più ai fatti che alle parole; Per tutto il tempo non ha detto una parola (*è stato sempre zitto*).

parte, s. f. *part*; *partie*; *Teil*; *parte* ◉ Abbiamo visto la prima parte del film; L'ultima parte del libro è molto difficile; Dobbiamo dividere la spesa in quattro parti; Non abbiamo potuto prendere parte alla festa; «Prendo parte al tuo dolore»; Da queste parti si fa un buon vino; La maggior parte degli studenti farà l'esame; «Voglio la mia parte».

partenza, s. f. *departure*; *départ*; *Abfahrt*; *partida* ◉ Abbiamo assistito alla partenza della nave; È arrivata l'ora della mia partenza; Soffrirono molto per la sua partenza.

participio, s. m. *participle*; *participe*; *Partizipium*; *participio* ◉ La parola *preso* è il participio passato del verbo *prendere*.

particolare, agg. *particular*; *particulier*; *besonderer*; *particular*. **1.** Mi è capitato in casa in un momento particolare; Abbiamo studiato un aspetto particolare della situazione. **2.** s. m. ⊙ In questa casa sono stati curati tutti i particolari; Abbiamo studiato i particolari del viaggio.

partire, v. intr., aus. *essere* *to leave, to start from*; *partir*; *abreisen*; *partir* ⊙ « A che ora parte il treno per... »; Sono partito dal mio paese un mese fa; È partito col treno; Mia sorella è partita per le vacanze; Sono partiti da casa alle sette.

partita, s. f. *game, match*; *partie*; *Spiel*; *partida* ⊙ Abbiamo assistito a una partita di calcio; « Chi ha visto la partita? »; « A che ora comincia la partita? ».

partito, s. m. *party*; *parti*; *Partei*; *partido* ⊙ In Italia vi sono molti partiti politici; Non è iscritto a nessun partito; È una delle persone più importanti del partito liberale.

Pasqua, s. f. *Easter*; *Pâques*; *Ostern*; *Pascua* ⊙ Domani è Pasqua; « Buona Pasqua! »; Gli ho regalato un uovo di Pasqua.

passaporto, s. m. *passport*; *passeport*; *Reisepass*; *pasaporte* ⊙ « Vuole mostrarmi il passaporto, per favore? »; « Ho lasciato il passaporto in albergo »; La polizia mi ha chiesto il passaporto.

passare, v. intr., aus. *essere* *to pass*; *passer*; *vorbeigehen*; *pasar*. **1.** Non sono mai passato per questa strada; « Di qui non si passa »; « Ieri sera sono passato davanti a casa tua »; « Se passerò per la tua città ti telefonerò »; « Dopo la lezione passerò da te »; « Ed ora passiamo nell'altra stanza »; « Ed ora passiamo ad altro »; È passato molto tempo dal nostro primo incontro; Ora sta meglio, gli è passata la paura; Non è passato all'esame. **2.** v. tr. ⊙ Ha passato un brutto momento.

passato, agg. e s. m. *past*; *passé*; *vergangen*; *pasado* ⊙ L'anno passato sono stato al mare in Italia; La settimana passata ha fatto sempre brutto tempo; Cerca di dimenticare il passato; Conosciamo bene il suo passato!; Abbiamo studiato il passato dell'indicativo.

passeggiata, s. f. *walk, drive*; *promenade*; *Spaziergang*; *paseo* ⊙ « Vuoi fare una passeggiata con me? »; Ogni sera a quest'ora esce per la sua passeggiata; È stata una bella passeggiata.

passione, s. f. *passion*; *passion*; *Leidenschaft*; *pasión* ◎ Ha l'animo pieno di passione; Aveva una passione per quella donna; Ha una vera passione per la musica.

passivo, agg. e s. m. *passive*; *passif*; *passiv*; *pasivo* ◎ La forma passiva è costruita con il verbo *essere*; «Hai studiato il passivo dei verbi?»; In italiano il passivo è molto usato.

passo, s. m. *step*; *pas*; *Schritt*; *paso* ◎ Ha un passo lungo; Camminava a gran passi; «Fa' un passo avanti!». *Fig.*, Voglio fare due passi (*voglio fare una breve passeggiata*).

pasta, s. f. *cake, pasta*; *gâteau, pâtes*; *Gebäck, Teigwaren*; *pasta*. **1.** «Cameriere, mi porta un cappuccino e due paste, per favore?»; «Sono fresche queste paste?». **2.** Ha smesso di mangiare la pasta; In Italia si mangia spesso la pasta.

patata, s. f. *potato*; *pomme de terre*; *Kartoffel*; *patata* ◎ «Mi porti una bistecca con delle patate»; Le patate mi piacciono molto.

patria, s. f. *native land*; *patrie*; *Vaterland*; *patria* ◎ Non ha mai dimenticato la sua patria; Tutti dovrebbero amare la propria patria.

paura, s. f. *fear*; *peur*; *Furcht*; *miedo* ◎ Lo studente ha paura degli esami; Non ha paura di nessuno; «Perché hai paura? Sta' tranquillo, tutto andrà bene!»; «Di che hai paura?».

pavimento, s. m. *floor*; *plancher*; *Fussboden*; *pavimento, suelo*, ◎ L'ho posato sul pavimento; Devo rifare tutti i pavimenti della casa.

pazienza, s. f. *patience*; *patience*; *Geduld*; *paciencia* ◎ Con alcuni studenti ci vuol molta pazienza; «Perché non hai pazienza?»; «Abbi pazienza!»; A quelle parole ha perduto la pazienza; «Non te lo posso dare» «Pazienza!».

pazzo, s. m. *mad, insane*; *fou*; *wahnsinnig*; *loco, demente* ◎ Quel signore è pazzo; Dopo aver ricevuto il regalo era pazzo di gioia; *Fig.*, Mia moglie ha fatto delle spese pazze (*ha speso moltissimo denaro*).

peccato, s. m. *sin*; *péché*; *Suende*; *pecado*. **1.** Hai fatto molti peccati; Ogni uomo ha i suoi peccati da confessare. **2.** È un peccato che tu non abbia visto quel film; Peccato che tu non sia venuto ieri sera: è stata una festa bellissima.

peggio, avv. *worse*; *pire*; *schlechter*; *peor*. **1.** Il malato sta peggio; In questo ristorante abbiamo mangiato peggio che nell'altro; «Torniamo al posto di prima, da qui si vede peggio»; Da quando c'è lui, gli affari vanno di male in peggio. **2.** s. m. e f. inv. ⊙ Stiamo male, ma il peggio deve ancora venire; Ha avuto la peggio.

peggiore, agg. *worse*; *plus mauvais*; *schlechter*; *peor* ⊙ Il tuo esercizio è peggiore del mio.

pelle, s. f. *skin, leather*; *peau*; *Haut, Leder*; *piel* ⊙ Il contadino ha venduto la pelle della volpe; È una malattia della pelle; «Questa borsa è di pelle?».

pena, s. f. *pain, trouble*; *peine*; *Schmerz*; *pena* ⊙ Ha una gran pena nel cuore; Quel bambino ha perduto i genitori, mi fa una gran pena.

penisola, s. f. *peninsula*; *péninsule*; *Halbinsel*; *península* ⊙ L'Italia è una penisola.

penna, s. f. *pen*; *stylo, plume*; *Feder*; *pluma*. **1.** «Mi presti la penna?»; «Scrivi con la penna o con la matita?». **2.** Quell'uccello ha le penne di molti colori; Quei soldati portano una penna sul cappello.

pensare, v. intr., aus. *avere* *to think*; *penser*; *denken*; *pensar*. **1.** «Prima di rispondere, pensa!»; «Pensa ai fatti tuoi!»; È un ragazzo che pensa molto; Sto pensando al modo migliore di dargli la triste notizia; «Non preoccuparti, ci penserò io»; «Non pensare male di me». **2.** v. tr. ⊙ «Ma come fai a pensare queste cose di lui?!»; Penso che lo studente sia partito; Pensavamo che fosse malato; Pensa di tornare prima di sera.

pensiero, s. m. *thought*; *pensée*; *Gedanke*; *pensamiento* ⊙ Torno spesso col pensiero a quando ero giovane; Gli vengono spesso dei cattivi pensieri.

pensione, s. f. *pension, boarding-house*; *pension*; *Pension*; *pensión*. **1.** Ho trovato una bella camera in quella pensione; «Desidera la pensione completa?» «No, soltanto la camera e la prima colazione». **2.** Tutti gli operai avranno la pensione quando saranno vecchi; Purtroppo la sua pensione non è molto alta.

pepe, s. m. *pepper*; *poivre*; *Pfeffer*; *pimienta* ⊙ «Scusi, sulla bistecca, ce lo vuole il pepe?»; «Mi dà un po' di pepe?».

per, prep. ⊙ Il ladro è passato per la finestra; «Si può sapere che ti passa per la testa?»; Prenderemo il primo treno per l'Italia; Il vaso è caduto per terra e si è rotto; «Hanno portato questi fiori per te»; Ho comprato questa macchina per scrivere; L'ho aspettato per più di un'ora.

pera, s. f. *pear*; *poire*; *Birne*; *pera* ⊚ « Ti piacciono le pere? »; « Vuoi una pera? »; Ho comprato un chilo di pere.

perché, avv. e congz. *why*, *because*; *pourquoi*, *parce que*; *warum*, *weil*; *¿por qué?*, *porque* ⊚ « Perché non studi? »; « Perché non sei andato a teatro? »; Non capisco perché quel ragazzo ride sempre; Non sono uscito perché pioveva; Non l'abbiamo comprata perché era troppo cara; « Perché non me lo dai? » « Perché no »; « Glielo detti perché lo portasse al professore ».

perciò, congz. *so*, *therefore*; *donc*, *par conséquent*; *deshalb*; *por esto* ⊚ Sono stanco e perciò vado a letto; Non ha seguito i consigli del medico e perciò è ancora malato.

perdere, v. tr. *to lose*; *perdre*; *verlieren*; *perder*. [pass. rem. *persi* o *perdei*, *perdesti*, *perse* o *perdette*, *perdemmo*, *perdeste*, *persero* o *perdettero*; part. pass. *perso* o *perduto*]. **1.** Ho perso il mio ombrello nuovo; Hanno perduto molto denaro al gioco; Quella signora ha perduto due figli in guerra; Ha perso un braccio in un incidente sul lavoro; Il bambino ha perduto l'appetito; « Ti prego, non farmi perdere tempo »; Ho perso il treno; Ha perso la testa per una donna. **2. perdersi**, v. intr. pronom. ⊚ Si perse tra la gente; È un ragazzo che non si perde.

perfetto, agg. *perfect*; *parfait*; *vollkommen*; *perfecto* ⊚ Non può sbagliare! È una macchina perfetta!; Ha fatto un lavoro perfetto.

perfino, avv. *even*; *même*; *sogar*; *hasta, aun, incluso* ⊚ Guardò dappertutto, perfino sotto il letto; Ha rifiutato di parlare perfino con suo padre.

pericolo, s. m. *danger, peril*; *danger*; *Gefahr*; *peligro* ⊚ Durante la guerra molte volte ci siamo trovati in pericolo; È molto malato, è in pericolo di vita; Qui i bambini possono giocare, non ci sono pericoli.

pericoloso, agg. *dangerous*; *dangereux*; *gefaehrlich*; *peligroso* ⊚ È una strada pericolosa; Questo gioco è pericoloso.

periodo, s. m. *period*; *période*; *Zeitabschnitt*; *período*. **1.** « Ricorderò sempre il periodo di tempo che abbiamo passato insieme »; « Quale periodo della storia preferisci? ». **2.** « Quando scrivete, non fate i periodi troppo lunghi! ».

permesso, s. m. *permission, permit*; *permission*; *Erlaubnis*; *permiso* ⊚ Ha preso la mia auto senza chiedermi il permesso; Per prendere i libri in quella biblioteca ci vuole un permesso speciale; Ha chiesto al direttore quindici giorni di permesso per potersi sposare.

permettere, v. tr. *to permit, to allow*; *permettre*; *erlauben*; *permitir*. [vedi METTERE]. ⊚ « Permette che mi sieda? »; Non gli permettono di uscire; « In casa mia non permetterò mai queste cose ».

però, congz. *however, but*; *cependant, mais*; *aber*; *pero* ⊚ È molto bello, però non posso comprarlo; « Lo so che non vuoi, però devi farlo lo stesso »; Ha detto che è stanco, però verrà.

persona, s. f. *person*; *personne*; *Person*; *persona*. 1. C'erano molte persone; È una brava persona; Lo conosco di persona; Ha sbagliato, però ha anche pagato di persona. 2. La parola *tu* è un pronome di seconda persona singolare.

personale, agg. *personal*; *personnel*; *persoenlich*; *personal*. 1. Devo incontrarlo per motivi personali; « Non interessartene, è un caso personale ». 2. Abbiamo studiato i pronomi personali.

personalità, s. f. *personality*; *personnalité*; *Persoenlichkeit*; *personalidad*. 1. Dobbiamo tenere conto della personalità del bambino. 2. È una personalità politica.

pesante, agg. *heavy*; *lourd*; *schwer*; *pesado* ⊚ Dobbiamo chiamare un facchino perché queste valigie sono troppo pesanti; « Per andare in montagna, questo vestito è troppo leggero: mettine uno più pesante ».

pesare, v. tr. *to weigh, to lie heavy*; *peser*; *wiegen*; *pesar*. 1. Il contadino pesa le patate; Ogni mese pesiamo il nostro bambino. *Fig.*, Quando parla pesa sempre le parole; « Credo di non averti mai fatto pesare l'aiuto che ti ho dato ». 2. v. intr., aus. *essere* o *avere* ⊚ Pesa più di cento chili; « Quanto pesi? ». 3. **pesarsi,** v. rifl. ⊚ Ieri sera mi sono pesato; Mi peso tutte le settimane.

pesce, s. m. *fish*; *poisson*; *Fisch*; *pez, pescado* ⊚ « Che cosa mangiano: carne o pesce? »; « È fresco questo pesce? ». *Fig.*, Nuota come un pesce; « No, grazie non vengo, con quella compagnia mi sento un pesce fuor d'acqua ».

pessimo, agg. *awful*; *très mauvais*; *sehr schlecht*; *pésimo* ⊚ Questo vino non si può bere: è pessimo; Non ho comprato quel vestito perché era di pessima qualità.

pettinare, v. tr. *to comb*; *peigner*; *kaemmen*; *peinar* ⊚ Ogni mattina la mamma pettina la bambina; « Non ti sei pettinato? ».

pettine, s. m. *comb*; *peigne*; *Kamm*; *peine* ⊙ « Ricordati di comperare un pettine »; « Scusi, mi dà un pettine? »; « Quanto costa questo pettine? ».

petto, s. m. *chest, breast*; *poitrine*; *Brust*; *pecho*. 1. Mentre parlava teneva una mano sul petto; Lo presi per il petto e gli dissi le mie ragioni. 2. Ho mangiato un petto di pollo.

pezzo, s. m. *piece*; *morceau*; *Stueck*; *pedazo* ⊙ Mangiava il pane con un pezzo di formaggio; La bottiglia è caduta per terra e si è rotta in mille pezzi; « Mi dai un pezzo di carta? »; Abbiamo fatto un pezzo di strada insieme; « È un pezzo che ti aspetto ».

piacere[1], v. intr. *to please*; *plaire*; *gefallen*; *agradar, gustar*. [pres. *piaccio, piaci, piace, piacciamo, piacete, piacciono*; pass. rem. *piacqui, piacesti, piacque, piacemmo, piaceste, piacquero*; cong. pres. *piaccia, piaccia*, ecc.; part. pass. *piaciuto*], aus. *essere* ⊙ Va spesso al concerto perché gli piace la musica; « Ti piace questo vino? »; Non gli piacciono gli spaghetti; Il film non mi è piaciuto; Non gli piace lavorare; « Mi piacerebbe che venisse anche tua sorella ».

piacere[2], s. m. *pleasure, favour*; *plaisir*; *Gefallen*; *placer* ⊙ Ho avuto il piacere di conoscere tua madre; Mi fa molto piacere sapere che tutto sia andato bene; « Senti, mi faresti un piacere? »; « Non sa dire di no ai piaceri della tavola; « Mi accompagni? » « Con piacere! »; « Per piacere, mi dai quel libro? »; « Puoi mangiarne a piacere » (*quanto ne vuoi*).

piangere, v. intr. *to cry, to weep*; *pleurer*; *weinen*; *llorar* [pass. rem. *piansi, piangesti, pianse, piangemmo, piangeste, piansero*; part. pass. *pianto*], aus. *avere*. 1. « Perché piange quella donna? »; Il bambino ha pianto tutta la notte; Quando sento questa musica mi viene da piangere; « È inutile che pianga! ». 2. v. tr. ⊙ Quella vecchia madre piange ancora la morte di suo figlio.

piano[1], agg. *level, flat*; *plat*; *eben*; *plano, liso*; avv. *slowly*; *doucement*; *langsam*; *lento, lentamente*. 1. Un terreno piano; « Mettete in piano la macchina! ». *Fig.*, È una persona di primo piano (*molto importante*). 2. avv. ⊙ Camminava piano piano; « Vacci piano con questo vino, dà alla testa! ».

piano[2], s. m. *floor, storey*; *étage, plan*; *Stockwerk*; *piso* ⊙ Si è costruita una villa di due piani; Abita qui davanti al terzo piano.

piano³, s. m. *piano*; *piano*; *Klavier*; *piano* ◉ « Sai suonare il piano? ».

pianta, s. f. *plant, plan*; *plante, plan*; *Pflanze, Plan*; *planta*. **1.** Voglio comprare delle piccole piante per il mio giardino **2.** « Prima di partire, studia bene la pianta della città ».

piantare, v. tr. *to plant*; *planter*; *pflanzen*; *plantar*. **1.** A primavera pianteremo molti alberi; Quest'albero l'ho piantato due anni fa ed è già cresciuto più di un metro. **2. piantarsi**, v. intr. pronom. ◉ Si piantò in mezzo alla strada e non fece passare nessuno.

piatto, s. m. *plate, dish*; *plat*; *Teller*; *plato* ◉ La cameriera ha messo i piatti sulla tavola; Ho mangiato un piatto di spaghetti; « Qual è il vostro piatto nazionale? ».

piazza, s. f. *square*; *place*; *Platz*; *plaza* ◉ La piazza era piena di gente; In mezzo alla piazza c'è una fontana; L'ho incontrato in piazza; È una delle più belle piazze d'Italia.

piccolo, agg. *little, small, slight*; *petit*; *klein*; *pequeño* ◉ Viviamo in una piccola città; Ho accompagnato al cinema la mia sorella più piccola; Da piccolo vivevo in campagna.

piede, s. m. *foot*; *pied*; *Fuss*; *pie* ◉ Ho camminato troppo, mi fanno male i piedi; Per venire a scuola non prendo mai l'autobus, vengo sempre a piedi; Per non far rumore camminava in punta di piedi; Mi alzai in piedi per vedere meglio.

piegare, v. tr. *to fold*; *plier*; *falten*; *doblar*. **1.** Ho piegato il foglio in quattro parti e l'ho messo dentro la busta; A causa dell'incidente, non può piegare il braccio. **2. piegarsi**, v. rifl. ◉ Non si piega!

pieno, agg. *full*; *plein*; *voll*; *lleno*. **1.** La valigia è piena; Ho bevuto due bicchieri pieni di vino; Ha una casa piena di mobili e quadri antichi; Dopo un paio d'ore arrivammo in piena campagna. **2.** s. m. ◉ « Il viaggio è lungo, facciamo il pieno di benzina »; Siamo nel pieno dell'inverno.

pietà, s. f. *pity*; *pitié*; *Mitleid*; *piedad* ◉ Sento molta pietà per lui; Si è comportato senza pietà; « Te lo chiedo per pietà! ».

pietra, s. f. *stone*; *pierre*; *Stein*; *piedra* ◉ Gli gettarono delle pietre; Molte pietre caddero in mezzo alla strada.

pigliare, v. tr. *to take, to get, to catch*; *prendre*; *ergreifen*; *tomar, coger*. [vedi PRENDERE]. ◉ Non ho ancora pigliato la medicina; Lo pigliò per la giacca.

pioggia 122

pioggia, s. f. *rain*; *pluie*; *Regen*; *lluvia* ⊙ Stanotte è caduta molta pioggia; Camminava senza ombrello sotto la pioggia; *Fig.*, Per la sua festa gli è arrivata una pioggia di cartoline.

piovere, v. intr. impers. *to rain*; *pleuvoir*; *regnen*; *llover*. [pass. rem. *piovve*; part. pass. *piovuto*], aus. *essere* o *avere*. ⊙ Il cielo è pieno di nuvole, forse stasera pioverà; Non potemmo venire perché pioveva forte; Ha piovuto tutta la notte; Stamattina è piovuto molto.

piscina, s. f. *swimming-pool*; *piscine*; *Schwimmbad*; *piscina* ⊙ Dopo la lezione andremo in piscina; Vado in piscina per imparare a nuotare.

pittore, s. m. *painter*; *peintre*; *Kunstmaler*; *pintor*. [f. *pittrice*]. ⊙ Il pittore sta dipingendo un quadro; I quadri di questo pittore hanno un grande valore; È una pittrice molto famosa.

più, avv. *more*; *plus*; *mehr*; *más*. **1.** « Devi studiare di più »; « Non fumare più! »; Non l'ho più visto; È più alto di suo fratello; « Non ci vengo più! »; Guadagna più di me; Stamattina mi sono alzato più tardi del solito; Peserà, più o meno, cento chili. **2.** agg. ⊙ Mi occorre più tempo per finire questo lavoro; Stasera c'era più gente di ieri sera. **3.** s. m. ⊙ Il più deve essere ancora fatto.

piuttosto, avv. *rather, fairly*; *plutôt*; *eher*; *antes, más bien*. **1.** Oggi fa piuttosto caldo; Questa stanza è piuttosto grande; Eravamo piuttosto stanchi. **2.** loc. prep. ⊙ Piuttosto che chiedere i soldi a mio padre, preferisco non comprare questa auto.

platea, s. f. *stalls and pit*; *parterre*; *Parkett*; *platea* ⊙ « Quanto costa un biglietto di platea? »; « Due biglietti di platea! »; Ho trovato un posto in platea.

plurale, agg. e s. m. *plural*; *pluriel*; *Plural*; *plural* ⊙ Sbaglia ancora il plurale di molti nomi; Il plurale di *uovo* è *uova*.

poco, avv. *(a) little*; *peu*; *wenig*; *poco*. **1.** Stanotte ho dormito poco; « Studi troppo poco »; Pesa poco più di venti chili; Lo conosco poco. **2.** agg. ⊙ C'era poca gente; Ho pochi soldi; Ci siamo stati poche volte. **3.** pron. ⊙ Pochi erano presenti al fatto. **4.** s. m. [anche **po'**] ⊙ Vive con poco; « Dammi un po' di vino, per piacere! ».

poesia, s. f. *poem, poetry*; *poésie*; *Gedicht*; *Dichtung*; *poesía* ⊙ « Hai studiato la poesia? »; « Ti piacciono le sue poesie? »; « Hai mai scritto poesie? ».

poeta, s. m. *poet*; *poéte*; *Dichter*; *poeta*. [f. *poetessa*; pl. m. *poeti*]. ⊙ È un famoso poeta; Conosco di persona quel poeta che abita vicino a casa tua.

poi, avv. *then*; *puis, ensuite*; *dann*; *después* ⊙ «Te lo dirò poi, quando saremo soli»; «Lo presto prima a te e poi a tua sorella»; Ora studio, uscirò poi; Prima o poi doveva accadere!; «D'ora in poi, farò come desideri».

poiché, congz. *since, for*; *puisque*; *nachdem*; *puesto que* ⊙ Poiché è tardi, andiamo a letto; «Devi rifare l'esercizio, poiché lo hai sbagliato».

politico, agg. *political*; *politique*; *politisch*; *político*. [pl. *politici*]. ⊙ È un famoso uomo politico; Non è iscritto a nessun partito politico; Non ha più i diritti politici.

polizia, s. f. *police*; *police*; *Polizei*; *policía* ⊙ «Presto, chiama la polizia!»; La polizia ha arrestato il ladro; Alla dogana ho fatto vedere il passaporto alla polizia.

pollo, s. m. *chicken*; *poulet*; *Huhn*; *pollo* ⊙ «Mi dia un pollo»; «Cameriere, mi porti un quarto di pollo».

polmone, s. m. *lung*; *poumon*; *Lunge*; *pulmón* ⊙ Sua madre ha avuto una brutta malattia ai polmoni.

poltrona, s. f. *arm-chair*; *fauteuil*; *Sessel*; *sillón* ⊙ «Siediti sulla poltrona e riposati»; Ho dormito un po' sulla poltrona.

polvere, s. f. *dust*; *poudre, poussière*; *Staub*; *polvo*. 1. «Togli la polvere dal tavolo»; Il vento ha alzato molta polvere; «Nessuno legge questi libri, come vedi sono pieni di polvere». 2. «Vorrei mezzo chilo di caffè in polvere».

pomeriggio, s. m. *afternoon*; *après-midi*; *Nachmittag*; *tarde* ⊙ Nel pomeriggio non abbiamo lezione; È stato un bel pomeriggio; Partirò nel primo pomeriggio.

pomodoro, s. m. *tomato*; *tomate*; *Tomate*; *tomate*. [pl. *pomodori*]. ⊙ Gli spaghetti mi piacciono col sugo di pomodoro fresco; «Cameriere, mi porti un'insalata di pomodori».

ponte, s. m. *bridge*; *pont*; *Bruecke*; *puente* ⊙ Su quel fiume c'è un ponte di ferro; La mia casa è oltre il ponte. *Prov.*, A nemico che fugge, ponti d'oro!

popolo, s. m. *people*; *peuple*; *Volk*; *pueblo* ⊙ Il presidente della repubblica ha fatto un discorso al popolo italiano;

Tutti i popoli devono essere liberi; Il governo ha fatto costruire nuove case per il popolo; Questa è la lingua che parla il popolo.

porre, v. tr. *to put (down)*; *poser*; *hinstellen*; *poner*. [pres. *pongo, poni, pone, poniamo, ponete, pongono*; imperf. *ponevo, ponevi,* ecc.; fut. *porrò, porrai,* ecc.; pass. rem. *posi, ponesti, pose, ponemmo, poneste, posero*; cong. pres. *ponga, ponga,* ecc.; cond. pres. *porrei, porresti,* ecc.; part. pass. *posto*]. ◦ Ha posto il bicchiere vicino alla bottiglia.

porta, s. f. *door*; *porte*; *Tuer*; *puerta* ◦ « Apri la porta! »; « Perché hai chiuso la porta? »; Non stare in mezzo alla porta! »; Nella stanza ci sono due porte.

portacenere, s. m. invar. *ash-tray*; *cendrier*; *Aschenbecher*; *cenicero* ◦ « Mi dai un portacenere, per piacere? »; La signora ha posato la sigaretta sul portacenere; « Usate il portacenere, per favore ».

portafoglio, s. m. *wallet, pocket book*; *portefeuille*; *Brieftasche*; *billetera* ◦ « Mi hanno rubato il portafoglio! »; Abbiamo trovato un portafoglio, ma era vuoto; Ho regalato a mio figlio un portafoglio di pelle.

portare, v. tr. *to bring, to carry*; *porter*; *bringen, tragen*; *llevar* ◦ Quello studente non porta mai la penna; « Che cosa mi hai portato dall'Italia? »; Mio zio porta occhiali d'oro; La sua nonna porta sempre vestiti neri; Ho portato mia figlia al cinema; « Mi porti a cena fuori stasera? »; Questa strada porta a casa mia.

portiere, s. m. [f. -a] *porter*; *concierge, portier*; *Portier*; *portero* ◦ Suo fratello fa il portiere in un grande albergo; Lascerò la lettera al portiere.

porto, s. m. *port*; *port*; *Hafen*; *puerto* ◦ In quella città c'è un porto naturale; Andremo al porto ed aspetteremo l'arrivo della nave; La nave è entrata in porto. *Fig.*, Quella casa è un porto di mare (*c'è molta gente che va e che viene di continuo*).

posare, v. tr. *to put down, to rest*; *poser*; *stellen, setzen*; *poner*. 1. Ho posato la valigia per terra; « Dove metto questi libri? » « Posali sul tavolo ». 2. v. intr., aus. *avere* ◦ Il mio discorso posa su fatti sicuri. *Fig.*, La signorina sta posando per il pittore. 3. **posarsi,** v. intr. pronom. ◦ La polvere si posa piano, piano; L'uccello si è posato sull'albero del mio giardino.

posizione, s. f. *position; position; Stellung; posición* ⊙ Ha costruito la casa nella migliore posizione; Non posso più stare in questa posizione; In pochi anni si è fatta un'ottima posizione (*è diventato ricco*).

possedere, v. tr. *to possess, to own; posséder; besitzen; poseer.* [vedi SEDERE]. ⊙ Possiede una villa al mare; « Non possiedo niente ».

possessivo, agg. e s. m. *possessive; possessif; possessiv; posesivo* ⊙ Abbiamo studiato i pronomi e gli aggettivi possessivi.

possibile, agg. *possible; possible; moeglich; posible* ⊙ Tutto è possibile in questo mondo; È una cosa possibile; È possibile che venga anch'io.

posta, s. f. *mail; courrier, poste; Post; correo* ⊙ « C'è posta per me? »; « Te lo manderò per posta »; Vado alla posta; « Scusi, dov'è la posta? ».

posto, s. m. *place; place; Platz; puesto, sitio* ⊙ « Metti i libri al loro posto »; « È libero quel posto? »; « Non c'è più posto »; Qui mi piace, è un posto tranquillo; Sono venuto al posto di mio fratello; Finalmente anche lui si è messo a posto; Oggi non è facile trovare un buon posto di lavoro.

potere, v. intr. *to be able, can, may; pouvoir; koennen; poder.* [pres. *posso, puoi, può, possiamo, potete, possono;* fut. *potrò, potrai,* ecc.; cong. pres. *possa, possa,* ecc.; cond. pres. *potrei, potresti,* ecc.; part. pass. *potuto*], aus. *avere* ⊙ « Perché non l'hai fatto? » « Perché non ho potuto »; « Non abbiamo potuto telefonarti »; « Non ci siamo potuti venire »; Ha detto che non sa se potrà andarci; « Posso prendere questa sedia? »; « Parlane a suo padre, può molto ».

potere, s. m. *power; pouvoir; Macht; poder* ⊙ I militari hanno preso il potere in quel paese; Non posso cambiare niente, non è in mio potere; Ha perduto ogni potere sul figlio.

povero, agg. *poor; pauvre; arm; pobre.* **1.** Il nostro vicino di casa è molto povero, dobbiamo aiutarlo; È nato in una famiglia di povera gente; « Poveri noi! »; « Povero me! », **2.** s. m. ⊙ Ho dato un vestito vecchio a un povero.

pranzo, s. m. *lunch, dinner; diner; Mittagessen, Diner; comida* ⊙ È ora di pranzo; « Vieni a pranzo con me? »; Mi ha offerto un pranzo; « Passerò a prenderti dopo pranzo ».

prato, s. m. *meadow, lawn*; *pré*; *Wiese*; *prado* ◦ Sul prato ci sono molti animali; Ci siamo seduti sull'erba del prato e abbiamo mangiato.

preferire, v. tr. *to prefer*; *préférer*; *bevorzugen*; *preferir*. [pres. *preferisco, preferisci*, ecc.]. ◦ «Preferisco la tua casa alla sua»; Preferisco andare a piedi.

pregare, v. tr. *to pray, to ask*; *prier*; *bitten, beten*; *rogar* ◦ «Ti prego di ascoltarmi»; «Vieni con noi, non farti pregare tanto!»; «La prego di spegnere la luce»; Quel nostro amico prega ogni mattina.

prego, inter. *please, you are welcome*; *je vous en prie*; *bitte*; *por favor, de nada* ◦ «Grazie» «Prego»; «Entri, prego»; «Si sieda, prego».

prendere, v. tr. *to take, to get, to catch*; *prendre*; *nehmen*; *tomar*. [pass. rem. *presi, prendesti, prese, prendemmo, prendeste, presero*; part. pass. *preso*]. **1.** Ho preso l'ombrello e sono uscito; «Chi ha preso la mia penna?»; Prenderemo l'aereo; Il padre passa a prendere suo figlio a scuola; Lo studente prende qualche lezione privata; «Cosa prendi?» «Un caffé, grazie!»; «Ricordati di prendere la medicina». **2. prendersi**, v. rifl. rec. ◦ Le due ragazze si presero per i capelli.

preoccupare, v. tr. *to worry*; *préoccuper, inquiéter*; *beunruhigen*; *preocupar*. **1.** La salute di mio padre mi preoccupa; Gli affari della fabbrica lo preoccupavano molto. **2. preoccuparsi**, v. intr. pronom. ◦ «Non preoccuparti, sta' tranquillo, ci penserò io»; La mia mamma si preoccupa anche per le piccole cose.

preparare, v. tr. *to prepare*; *préparer*; *vorbereiten*; *preparar*. **1.** È quasi ora di cena, la mamma sta preparando la tavola; «Preparami le valigie, per piacere». **2. prepararsi**, v. rifl. ◦ Lo studente si prepara agli esami.

preparatorio, agg. *preparatory*; *préparatoire*; *vorbereitend*; *preparatorio* ◦ Molti studenti si sono iscritti al corso preparatorio; Quel professore insegna al corso preparatorio.

preposizione, s. f. *preposition*; *préposition*; *Praeposition*; *preposición* ◦ Nella frase *I libri che sono in questa borsa sono di mio fratello* le parole *in* e *di* sono preposizioni.

presentare, v. tr. *to present, to introduce*; *présenter*; *vorstellen*; *presentar*. **1.** Oggi ho presentato la domanda per iscrivermi all'università; Gli presentò le sue scuse; Ha presentato il suo ultimo libro; «Mi presenti a quella ragazza?».

2. presentarsi, v. rifl. ◦ Si presentò a casa mia con una grossa valigia.

presente, agg. e s. m. *present*; *présent*; *anwesend*; *presente* ◦ Non so niente di quanto è accaduto, non ero presente; Oggi sono presenti pochi studenti; Non l'hanno assunto in quella fabbrica, ma se avranno bisogno lo terranno presente; Abbiamo studiato il presente di alcuni verbi irregolari.

presenza, s. f. *presence*; *présence*; *Gegenwart*; *presencia* ◦ È stato condotto alla presenza del direttore; « Non dire queste cose in mia presenza ».

presidente, s. m. *president*; *président*; *Vorsitzender, Praesident*; *presidente* ◦ Parleremo col presidente; È stato eletto il nuovo presidente della repubblica.

presso, avv. **1.** Abitiamo qui presso. **2.** prep. ◦ « Metti il tavolo presso la finestra »; « Ti manderò la lettera presso il tuo avvocato ».

prestare, v. tr. *to lend*; *prêter*; *leihen*; *prestar* ◦ « Mi presti mille lire? »; Gli abbiamo prestato i dischi per la festa di stasera; Mi accorsi che non prestava più attenzione alle mie parole.

prestito, s. m. *loan*; *prêt*; *Darlehen*; *préstamo* ◦ Abbiamo chiesto un prestito alla banca per comprare la casa; Vado in biblioteca per chiedere un libro in prestito.

presto, avv. *soon, quickly*; *bientôt, vite*; *frueh, schnell*; *de prisa, pronto* ◦ Torneremo presto; « Fa' presto! »; È ancora presto; Mi alzai prestissimo e mi affacciai alla finestra; Domani dobbiamo alzarci presto.

prete, s. m. *priest*; *prêtre*; *Priester*; *sacerdote, cura* ◦ Ho cercato il prete, ma in chiesa non c'era; La settimana prossima il prete verrà a benedire la casa; Prima che morisse, hanno chiamato il prete.

prezzo, s. m. *price*; *prix*; *Preis*; *precio* ◦ Prima di comprare qualcosa domandiamo il prezzo; In quel negozio ci sono sempre i prezzi più alti.

prigione, s. f. *prison*; *prison*; *Gefaengnis*; *prisión* ◦ Il ladro è stato condotto in prigione; È uscito di prigione la settimana scorsa.

prima, avv. **1.** Prima ero malato; « Dovevi pensarci prima, ora è troppo tardi! »; « Perché non vieni un po' prima? »; « Te lo manderò quanto prima ». **2.** loc. prep. ◦ Finirà

primavera

il lavoro prima della fine del mese; Sono arrivato prima di te. **3.** loc. cong. ⊙ Verremo a casa tua prima che tuo fratello parta; «Torna a casa prima che cominci a piovere»; «Prima di partire ti telefonerò».

primavera, s. f. *spring*; *printemps*; *Fruehling*; *primavera* ⊙ La primavera è la stagione che preferisco; Era una bella giornata di primavera.

primo, agg. num. *first*; *premier*; *erster*; *primero*. **1.** Oggi è il primo giorno di scuola; «Siediti sul primo banco»; Abita al primo piano; Mi cominciano a crescere i primi capelli bianchi; È la prima volta che ascolto questa musica. **2.** s. m. ⊙ Questo studente è il primo della classe; Partirà il primo di ottobre.

principale, agg. *principal*; *principal*; *hauptsaechlich*; *principal* ⊙ Sono passato per la porta principale; È il padrone della principale fabbrica della città.

principe, s. m. *prince*; *prince*; *Prinz*; *príncipe*. [f. *principessa*]. ⊙ Il principe abita in quel palazzo antico; Vive come un principe.

principio, s. m. *beginning*; *commencement*; *Anfang*; *principio* ⊙ Sono andato al cinema un po' tardi e ho perduto il principio del film; Al principio dell'estate si ammalò.

privato, agg. *private*; *privé*; *privat*; *privado*. **1.** Frequenta una scuola privata; Ha preso dieci lezioni private da un bravo professore; È una strada privata. **2.** s. m. ⊙ Questo museo non è né dello stato né del comune, appartiene a privati.

problema, s. m. *problem*; *problème*; *Problem*; *problema*. [pl. *problemi*]. ⊙ Il ragazzo non è capace di fare il problema che gli ha dato il maestro; Ha dei problemi con suo figlio; «Come farò? È un problema!»; «Quanti problemi!».

procurare, v. tr. *to get, to procure*; *procurer*; *verschaffen*; *conseguir* ⊙ «Potresti procurarmi un biglietto per il concerto?»; Mi ha procurato un sacco di guai.

produzione, s. f. *production*; *production*; *Erzeugung*; *producción* ⊙ Quest'anno la produzione dell'olio è aumentata; Durante l'ultima crisi economica la produzione si è ridotta.

professore, s. m. *professor, teacher*; *professeur*; *Professor, Lehrer*; *profesor*. [f. *professoressa*]. ⊙ Il professore spiega la lezione; È un professore che insegna all'università.

profondo, agg. *deep*; *profond*; *tief*; *profundo* ⊙ È un lago molto profondo; « Attenzione, qui l'acqua è profonda! ». *Fig.*, È un ragazzo che fa sempre discorsi profondi.

programma, s. m. *programme*; *programme*; *Programm*; *programa*. [pl. *programmi*]. ⊙ « Hai preso il programma del concerto? »; È molto interessante il programma di quel partito; Quando viaggio non faccio mai programmi.

proibire, v. tr. *to prohibit*; *interdire*; *verbieten*; *prohibir*. [pres. *proibisco, proibisci,* ecc.]. ⊙ La polizia ha proibito la festa in piazza; È proibito fumare al teatro; È proibito toccare la frutta (nel negozio).

proibito, agg. *forbidden*; *interdit*; *verboten*; *prohibido* ⊙ È un film proibito ai minori di quattordici anni.

promettere, v. tr. *to promise*; *promettre*; *versprechen*; *prometer*. [vedi METTERE]. ⊙ Mio padre mi ha promesso una macchina; « Ti prometto che verrò »; Le promise di sposarla.

pronome, s. m. *pronoun*; *pronom*; *Pronomen*; *pronombre* ⊙ « Hai studiato i pronomi? ».

pronto, agg. *ready*; *prêt*; *bereit*; *listo, preparado* ⊙ « Non sei ancora pronta? »; Tutto era pronto per il matrimonio; « Il pranzo è pronto! »; « Pronto, chi parla? ».

pronunzia, s. f. *pronunciation*; *prononciation*; *Aussprache*; *pronunciación* ⊙ La pronunzia di quella parola straniera è molto difficile; « Dovete curare di più la vostra pronunzia ».

pronunziare, v. tr. *to pronounce*; *prononcer*; *aussprechen*; *pronunciar*. **1.** È difficile pronunziare queste parole; Quel bambino pronunzia male la esse. **2. pronunziarsi,** v. intr. pronom. ⊙ Non conosco bene i fatti e perciò non posso pronunziarmi.

proporre, v. tr. *to propose*; *proposer*; *vorschlagen*; *proponer*. [vedi PORRE]. ⊙ Mi hanno proposto un affare; Propongo di andare tutti insieme a ballare.

proposito, s. m. *purpose*; *propos, résolution*; *Vorsatz*; *propósito* ⊙ È venuto col proposito di discutere con me; « Bravo, vedo che hai dei buoni propositi »; A questo proposito non possiamo dir niente; « A proposito di auto, quanto hai pagato la tua? ».

proposta, s. f. *proposal*; *proposition*; *Vorschlag*; *propuesta* ⊙ « Non possiamo accettare le vostre proposte »; Quella signorina ha ricevuto numerose proposte di matrimonio, ma non ha ancora deciso chi scegliere.

proprio

proprio, agg. poss. *own*; *propre*; *eigen*; *propio*. **1.** Viene ogni giorno con la propria macchina; Ognuno prese i propri libri ed uscì; L'ha visto con i suoi propri occhi! **2.** pron. ◉ Sul tavolo ci sono i compiti che ho corretto, ognuno prenda il proprio e lo legga con attenzione. **3.** avv. ◉ Stasera sono proprio stanco; Quel quadro è proprio bello; « Ma è proprio vero? ».

prosa, s. f. *prose*; *prose*; *Prosa*; *prosa* ◉ È una bella prosa; Non sa scrivere né in prosa né in poesia.

prosciutto, s. m. *ham*; *jambon*; *Schinken*; *jamón* ◉ « Mi dia cento grammi di prosciutto »; Mangerò pane e prosciutto; « Come lo preferisce il prosciutto, magro o grasso? ».

prossimo, agg. *next, near*; *proche, prochain*; *naechst*; *próximo*. **1.** L'estate è prossima; Cominceremo il mese prossimo; « La prossima volta inviterò anche te ». **2.** s. m. ◉ Dobbiamo aiutare il nostro prossimo.

prova, s. f. *test, trial*; *preuve, examen*; *Probe*; *prueba* ◉ Abbiamo fatto una prova; Ha dato prova di grande coraggio.

provare, v. tr. *to try*; *essayer*; *versuchen*; *probar*. **1.** Proviamo a ripetere la lezione; Proverò a convincerlo. **2.** « Posso provare questo vestito? »; « Mi fai provare la tua nuova macchina? ».

proverbio, s. m. *proverb*; *proverbe*; *Sprichwort*; *proverbio, refrán* ◉ Mio nonno conosce molti proverbi.

provincia, s. f. *province*; *province*; *Provinz*; *provincia* ◉ Questa è la città principale della provincia; Vive in una città di provincia.

pubblico, agg. *public*; *public*; *oeffentlich*; *público*. [pl. *pubblici*]. **1.** Ha portato i bambini al giardino pubblico; Frequentano una scuola pubblica. **2.** Parlò davanti a un pubblico numeroso; Il pubblico ormai da molto tempo aspettava l'inizio dello spettacolo.

pulire, v. tr. *to clean*; *nettoyer*; *saeubern*; *limpiar*. [pres. *pulisco, pulisci*, ecc.]. ◉ La cameriera pulisce la stanza; « Vedi che è sporco? Pulisci! ».

pulito, agg. *clean*; *propre*; *sauber*; *limpio* ◉ In quella pensione ho trovato una camera bella e pulita; Non ha mai la camicia pulita; Non è venuto perché non ha la coscienza pulita (*ha qualcosa da nascondere*).

punta, s. f. *point, tip*; *pointe*; *Spitze*; *punta* ⊚ Alla matita si è rotta la punta; Il mio nonno porta sempre gli occhiali sulla punta del naso; Per non farsi sentire camminava in punta di piedi.

punto, s. m. *point, full stop*; *point*; *Punkt*; *punto*. 1. « Alla fine della frase, mettete un punto ». 2. « A che punto sei col tuo lavoro? » « Sono a buon punto, ho quasi finito »; Ad un certo punto smise di parlare ed uscì dalla stanza. *Fig.,* Di punto in bianco si mise a piangere *(all'improvviso).* 3. L'hanno portato all'ospedale e gli hanno messo nove punti.

pure, congz. ⊚ Pure avendo molte cose da fare, uscì con gli amici; « Sieda pure »; « Posso andare? » « Vada pure »; « Fa' pure come vuoi ».

puro, agg. *pure*; *pur*; *rein*; *puro* ⊚ Il bambino ha bevuto mezzo bicchiere di vino puro; In mezzo a quelle montagne si respira un'aria veramente pura; È un cane di razza pura; Ha comprato un vestito di pura lana; Lo vidi per puro caso.

purtroppo, avv. *unfortunately*; *malheureusement*; *leider*; *desdichadamente* ⊚ Verrei volentieri, ma purtroppo ho già un appuntamento; « È vero che il nostro amico ha avuto un incidente d'auto? » « Purtroppo! »; « Purtroppo non posso aiutarti ».

Q

qua, avv. *here; ici; hier; aquí* ⊙ « Vieni qua, devo dirti una cosa importante »; « Non devi aver paura, sono qua io »; I libri sono qua sulla tavola. *Fig.*, Sta molto male: è più di là che di qua.

quaderno, s. m. *exercise-book; cahier; Heft; cuaderno* ⊙ Ho comprato un quaderno nuovo; In questo quaderno scriveremo gli appunti sulle lezioni fatte dal professore.

quadrato, agg. *square; carré; quadratisch; cuadrado* ⊙ La nostra stanza è quadrata; Il suo appartamento misura 150 metri quadrati.

quadro, s. m. *picture; tableau; Bild; cuadro* ⊙ Ha comprato un quadro di grande valore; Quella stanza è piena di quadri; Conosco molto bene il pittore che ha dipinto quel quadro. *Fig.*, Ci ha fatto il quadro della situazione.

qualche, agg. m. e f. *some, any; quelque, quelques; einige; algún* ⊙ Qualche studente mi ha domandato di ripetere la lezione di ieri; « Hai qualche libro da farmi leggere? »; « Fra qualche minuto sarò a casa tua »; Non si vede da qualche giorno: non starà mica male?; « Ho ancora qualche dubbio che tuo fratello riesca ad arrivare stasera »; Lo incontro qualche volta al bar.

qualcosa, pron. *something, anything; quelque chose; etwas; algo, alguna cosa* ⊙ « Ho molta sete, vorrei qualcosa da bere »; « Perché hai chiamato? Vuoi qualcosa? »; « Devo dirti qualcosa di importante, puoi venire da me? »; C'è sempre qualcosa da imparare.

qualcuno, pron. *someone, anyone; quelqu'un; jemand; alguien* ⊙ Qualcuno ha preso la mia borsa; « C'è qualcuno in casa? Posso entrare?»; «Ti ha visto qualcuno?»; «Se qualcuno non è d'accordo, lo dica!»; «Qualcuno te lo doveva dire!»; Qualcuno dovrà aiutarmi a scrivere questa lettera.

quale, agg. m. e f. *which*; *quel*; *welcher*; *qué, cual*. [*qual* davanti a *è, ero, eri,* ecc.]. **1.** «Quale film hai visto ieri sera?»; «Qual è il suo numero di telefono?»; Non so quale abito mettere per questa sera; «Per quale ragione non sei andato a scuola?»; «A quali domande non hai saputo rispondere?»; Quel bambino è tale e quale suo padre. **2.** pron. ⊙ «Quale di questi due libri vuoi leggere prima?»; «Quale prendi?».

qualità, s. f. *quality*; *qualité*; *Eigenschaft*; *cualidad* ⊙ Questo legno è di ottima qualità; Ho comprato della frutta di prima qualità; È un giovane pieno di buone qualità.

qualsiasi, agg. m. e f. *whichever*; *n'importe quel*; *welcher auch immer*; *cualquier* ⊙ «Mi troverai in casa in qualsiasi momento»; «Farei qualsiasi cosa per aiutarti».

qualunque, agg. m. e f. *whichever*; *n'importe quel*; *welcher auch immer*; *cualquier* ⊙ «Puoi venire a casa mia a qualunque ora»; Partiranno domani con qualunque tempo; Gli diedero una cosa qualunque; È un uomo qualunque (*comune*); Lo comprerò, qualunque sia il prezzo.

quando, avv. *when*; *quand*; *wann, als*; *cuando*. **1.** «Quando verrai?»; «Quando l'hai visto?»; «Quando saranno gli esami?»; «Quando hai saputo la notizia?»; Non sappiamo quando tornerà; «Fino a quando resterai in Italia?»; «Quando verrò, te lo porterò»; Da quando è arrivato, non ha detto una parola; Lo incontro di quando in quando. **2.** congz. ⊙ Uscirò quando avrò finito di scrivere.

quanto, agg. *how much (many)*; *combien*; *wieviel*; *cuanto*. **1.** «Quanti libri hai nella tua biblioteca?»; «Quanti studenti daranno l'esame?»; Non so quante persone c'erano a quella festa; «Quanto tempo sarà necessario per finire questo lavoro?». **2.** pron. ⊙ «Quanti ne abbiamo oggi?»; «Quante ne hai fumate?». **3.** avv. ⊙ «Quanto costa?»; «Quanto sono stanco!»; È tanto buono quanto intelligente.

quaranta, num. *forty*; *quarante*; *vierzig*; *cuarenta* ⊙ «Che ora è?» «Sono le dieci e quaranta minuti»; Mio zio ha quarant'anni; Fra le due città c'è una distanza di quaranta chilometri; È stato malato quaranta giorni.

quarto, agg. *fourth, quarter*; *quatrième, quart*; *vierter, Viertel*; *cuarto* ⊙ È arrivato quarto; Giovedì è il quarto giorno della settimana; A pranzo ho mangiato un quarto di pollo; «Sono le nove e un quarto»; Ho passato un brutto quarto d'ora (*un brutto momento*).

quasi, avv. *almost, hardly*; *presque*; *fast*; *casi*. **1.** È alto quasi due metri; «Ti ho aspettato per quasi un'ora»; Sta sempre in casa: non esce quasi mai; «Hai ancora molto da fare?» «No, ho quasi finito». **2.** congz. ⊙ «C'è una lunga fila davanti allo sportello: quasi quasi me ne vado»; Parlava così forte quasi fosse il padrone.

quattordici, num. *fourteen*; *quatorze*; *vierzehn*; *catorce* ⊙ Ha quattordici anni: è un ragazzo molto alto per la sua età; Abito al numero quattordici di questa via.

quattro, num. *four*; *quatre*; *vier*; *cuatro* ⊙ «Sono le quattro»; Sono quattro fratelli; «Vado a fare quattro passi» (*una breve passeggiata*). *Fig.*, Si è fatto in quattro per aiutarlo (*ha fatto tutto il possibile*). *Fig.*, Ho finito in quattro e quattr'otto (*molto presto*).

quello, agg. [le forme m. s. *quel* e m. pl. *quei,* si usano solo davanti a parole che cominciano per consonante che non sia *gn, ps, s* seguita da consonante, *z*; le forme m. s. *quello* e m. pl. *quegli* si usano davanti a parole che cominciano per *gn, ps, s,* seguita da consonante, *z,* o per vocale]. **1.** Quella bambina è molto bella; Quel film non mi piace; Quei libri sono italiani; Quello specchio è grande; «Non dovete più ripetere quegli sbagli»; Quell'albero è molto alto; Quegli alberghi sono moderni. **2.** pron. ⊙ Quella è mia sorella; Quello è il mio professore; Quelli sono i miei libri; «Vuoi questo o quello?».

questione, s. f. *question, matter*; *question*; *Frage*; *cuestión*. **1.** È una questione politica; Non voglio parlare di quella questione. **2.** Ha avuto una questione con suo fratello ed ancora non si parlano.

questo, agg. **1.** Questo signore parla cinque lingue; «Ti ho portato questi libri»; Con questo caldo si beve molto. **2.** pron. ⊙ «Qual è la tua penna?» «Questa»; «Prendi quello che vuoi: questo o quello»; «Per questo non sono venuto».

qui, avv. *here*; *ici*; *hier*; *aquí* ⊙ «Qui non c'è nessuno»; «Vieni qui vicino a me»; È rimasto qui più di una settimana; «Il tuo libro? Eccolo qui!»; «Hai visto il nostro professore?» «Sì, è passato di qui cinque minuti fa»; Sono partiti da qui.

quindi, avv. *therefore*; *ensuite, par conséquent*; *deshalb, dann*; *por eso, por este motivo*. **1.** «Vada prima diritto per cento metri, quindi sempre a destra. **2.** congz. ⊚ Parlava molto piano e quindi non potei capire niente.

quindici, num. *fifteen*; *quinze*; *fuenfzehn*; *quince* ⊚ Mancano quindici giorni alla fine dell'anno.

quinto, agg. num. *fifth*; *cinquième*; *fuenfter*; *quinto* ⊚ «È la quinta volta che te lo ripeto»; Maggio è il quinto mese dell'anno.

R

raccogliere, v. tr. *to pick (up), to gather*; *ramasser*; *(auf) sammeln*; *recoger*. [vedi COGLIERE]. ⊙ « Raccogli quel libro, per piacere »; Durante i suoi viaggi ha raccolto molti oggetti d'arte; Il giornalista ha raccolto notizie molto utili per il suo giornale; I contadini hanno raccolto le patate.

raccontare, v. tr. *to tell*; *raconter*; *erzaehlen*; *contar, narrar* ⊙ Gli piace raccontare le sue avventure; « Raccontatemi che cosa avete fatto ieri sera »; Raccontano molte cose cattive su di lui.

radio, s. m. inv. *radio (-set)*; *radio*; *Radioapparat*; *radio*. **1.** « Accendi la radio, per piacere »; Passa la maggior parte del tempo ascoltando la radio; Ho comprato una radio nuova. **2.** Ascoltiamo ogni giorno il giornale radio.

raffreddore, s. m. *cold*; *rhume*; *Erkaeltung*; *resfriado* ⊙ Non mi sento bene: ho un forte raffreddore; « Copriti bene, altrimenti prenderai il raffreddore »; Il raffreddore è una noiosa malattia.

ragazza, s. f. *girl*; *(jeune) fille*; *Maedchen*; *muchacha* ⊙ È una ragazza molto intelligente; Quella è una ragazza che cerca marito.

ragazzo, s. m. *boy*; *garçon*; *Junge*; *muchacho* ⊙ Quel ragazzo è un ottimo studente; « Non puoi chiedergli troppo: è ancora un ragazzo! »; È un ragazzo in gamba (*molto bravo*).

raggiungere, v. tr. *to reach, to join, to attain*; *rejoindre, atteindre*; *erreichen*; *alcanzar*. [vedi GIUNGERE]. ⊙ Ho raggiunto i miei amici a casa loro; « Tu vai avanti, ti raggiungerò più tardi »; Il ladro fu raggiunto e preso dai carabinieri.

ragione, s. f. *reason*; *raison*; *Vernunft*; *razón* ◦ Dopo l'incidente con la macchina, ha perso la ragione; «Puoi fare da solo: ormai hai raggiunto l'età della ragione»; Non ci sono ragioni che possano convincerlo; «Qual è la ragione del tuo ritardo?»; Non è questa una buona ragione per essere scusato; «Avevi ragione tu: il nostro amico era partito».

ramo, s. m. *branch*; *branche*; *Zweig*; *rama* ◦ Ho visto molti uccelli posarsi sui rami; Non ho potuto cogliere molta frutta: i rami erano troppo alti.

rapido, agg. *swift, rapid*; *rapide*; *schnell*; *rápido*. 1. «Aspettami qui: faccio una rapida corsa a casa». 2. s. m. ◦ Ho fatto il viaggio con il treno, era un rapido.

rapporto, s. m. *relation, report*; *rapport*; *Bericht*; *relación* ◦ Devo fare un rapporto al direttore sul mio viaggio d'affari; Fra quei due signori c'è un rapporto d'amicizia molto forte; In rapporto alla sua età è molto avanti con gli studi.

rappresentare, v. tr. *to represent*; *représenter*; *darstellen*; *representar* ◦ «Che cosa rappresenta questo quadro?»; Questa sera si rappresenta una commedia moderna.

razza, s. f. *race*; *race*; *Rasse*; *raza* ◦ Le razze umane; «Di che razza è il tuo cane?».

re, s. m. invar. *king*; *roi*; *Koenig*; *rey* ◦ Quando il re entrò, tutti si alzarono in piedi; Questo è il re dei vini (*un vino ottimo*).

realtà, s. f. *reality*; *réalité*; *Wirklichkeit*; *realidad* ◦ Non dobbiamo dimenticare la realtà delle cose; «Finalmente il tuo sogno è diventato realtà».

recare, v. tr. *to bring*; *apporter*; *bringen*; *acarrear, aportar*. 1. Le grandi piogge di questi ultimi giorni hanno recato molti danni alla campagna. 2. **recarsi**, v. rifl. ◦ Si recò alla stazione per salutare gli amici che partivano; L'anno prossimo mi recherò in Italia.

reciproco, agg. *reciprocal*; *réciproque*; *reziprok*; *recíproco*. [pl. m. *reciproci*]. ◦ Nella frase *Gli amici si salutarono con affetto* il verbo *salutarsi* è un verbo reciproco.

recitare, v. tr. *to recite, to act*; *réciter, jouer*; *vortragen, spielen*; *recitar* ◦ L'attore ha recitato una bella poesia; Recita molto bene.

regalo, s. m. *gift*; *cadeau*; *Geschenk*; *regalo* ◦ «Per Natale ti farò un bel regalo»; È molto bello fare dei regali agli amici; Ho avuto in regalo un quadro di valore.

regola 138

regola, s. f. *rule*; *règle*; *Regel*; *regla* ⊙ Lo studente ha imparato bene le regole di grammatica; Vive senza osservare nessuna regola; Rispondere a chi ci saluta è buona regola; Questo lavoro è stato fatto a regola d'arte.

regolare, agg. *regular*; *régulier*; *regelmaessig*; *regular* ⊙ Ha un viso regolare; Il professore ha spiegato i verbi regolari.

relativo, agg. *relative*; *rélatif*; *relativ*; *relativo* ⊙ Il professore ha spiegato agli studenti i pronomi relativi.

religione, s. f. *religion*; *religion*; *Religion*; *religión* ⊙ « Qual è la tua religione? »; Studia storia delle religioni.

remoto, agg. *remote*; *lointain*; *weit*; *remoto* ⊙ Le cause remote di una guerra; Il passato remoto del verbo *fare* è irregolare.

rendere, v. tr. *to give back*; *rendre*; *zurueckgeben*; *restituir.* [pass. rem. *resi, rendesti, rese, rendemmo, rendeste, resero*; part. pass. *reso*]. **1.** « Rendimi il libro che ti ho prestato, devo ancora leggerlo »; La pioggia ha reso difficile il viaggio. **2.** Ho comprato quel terreno con la speranza che renda bene.

repubblica, s. f. *republic*; *république*; *Republik*; *república* ⊙ L'Italia è una repubblica; « Chi sarà il nuovo presidente della repubblica? ».

resistere, v. intr. *to resist*; *résister*; *widerstehen*; *resistir.* [part. pass. *resistito*], aus. *avere.* ⊙ I soldati hanno resistito con coraggio per molti giorni; I muri di questa vecchia casa resistono ancora; Il suo cuore non ha resistito alla brutta notizia.

respirare, v. intr., aus. *avere to breathe*; *respirer*; *atmen*; *respirar.* **1.** Il malato respira con fatica. **2.** v. tr. ⊙ In montagna si respira aria pura. *Fig.*, Si respira già aria di vacanze (*le vacanze sono molto vicine*).

restare, v. intr., aus. *essere to remain*; *rester*; *bleiben*; *quedar* ⊙ « Quanto tempo resterai in campagna? »; « Resta a cena con noi! »; Siamo restati buoni amici; « Quanto resta da fare? »; « Mi si è rotta la macchina e sono restato a piedi »; Sentendo quella notizia restò a bocca aperta (*fu una grande sorpresa per lui*).

resto, s. m. *remainder*; *reste*; *Rest*; *resto* ⊙ Farò a piedi il resto della strada; « Signore, ha dimenticato di prendere il resto! ».

ricco, agg. *rich; riche; reich; rico* ⊙ Suo zio è molto ricco; Quel giovane ha sposato una signorina molto ricca; Il nostro paese è ricco di bellezze naturali.

ricevere, v. tr. *to receive; recevoir; erhalten; recibir* ⊙ Oggi ho ricevuto un bel regalo; Non ho ancora ricevuto il denaro per il mio ultimo lavoro; « Riceverai presto mie notizie »; Ci ha ricevuti sulla porta di casa; Quando andremo in Italia, saremo ricevuti dal Papa.

riconoscere, v. tr. *to recognize, to acknowledge; reconnaître; (an) erkennen; reconocer.* [vedi CONOSCERE]. ⊙ Il nostro amico è stato subito riconosciuto; Con una barba così lunga chiunque lo riconoscerebbe; L'ho riconosciuto dal passo; Riconoscerei la sua macchina tra mille; « Devi riconoscere che il tuo lavoro non è fatto bene ».

ricordare, v. tr. *to remember, to remind; se souvenir, rappeler; sich erinnern; recordar* ⊙ « Non ricordo il tuo numero di telefono, vuoi ripetermelo? »; « Vuoi dirmi dove abiti? non lo ricordo più ». **2. ricordarsi,** v. intr. pronom. ⊙ « Ricordati di scrivere quella lettera »; « Che cosa hai fatto ieri sera dopo la festa? » « Non mi ricordo, ho bevuto troppo ».

ricordo, s. m. *memory; souvenir; Erinnerung; recuerdo* ⊙ Conservo un bel ricordo del viaggio fatto quest'estate; « Tieni questa fotografia per mio ricordo »; Ha tentato di scrivere i suoi ricordi di guerra.

ridare, v. tr. *to give back, to give again; redonner; zurueckgeben; devolver, restituir.* [vedi DARE]. ⊙ « Ridammi la penna, per favore! »; « Ricordati di ridarmi i soldi che ti ho prestato »; Dovrò ridargli l'indirizzo: l'ha perduto ancora una volta.

ridere, v. intr. *to laugh; rire; lachen; reir.* [pass. rem. *risi, ridesti, rise, ridemmo, rideste, risero*; part. pass. *riso*], aus. *avere.* ⊙ « Perché ridi? non c'è proprio niente da ridere »; La gente rideva di lui e del suo strano modo di vestire; Ho visto un film che faceva morir dal ridere.

ridurre, v. tr. *to reduce; réduire; einschraenken; reducir.* [pass. rem. *ridussi, riducesti, ridusse, riducemmo, riduceste, ridussero*; part. pass. *ridotto*]. ⊙ Ha ridotto in pezzi il suo vestito nuovo; La lunga malattia lo ha ridotto molto male; Gli operai hanno voluto ridurre le ore di lavoro.

riempire, v. tr. *to fill (up); remplir; fuellen; llenar.* **1.** Ho riempito cinque bottiglie di ottimo vino; « Riempimi il

rifare

bicchiere d'acqua, per piacere, ho sete». **2. riempirsi,** v. intr. pronom. ⊙ La sala si riempì di gente in un attimo.

rifare, v. tr. *to do again, to remake*; *refaire*; *wieder machen*; *rehacer*. [vedi FARE]. ⊙ «Hai sbagliato tutto l'esercizio: devi rifarlo!»; Questo lavoro deve essere rifatto da capo.

rifiutare, v. tr. *to refuse*; *refuser*; *verweigern*; *rechazar*. **1.** Quel giovane ha rifiutato un ottimo lavoro; «È un amico, non rifiutargli il tuo aiuto!». **2. rifiutarsi,** v. intr. pronom. ⊙ «Mi rifiuto di rispondere a questa domanda»; Si rifiuta di mangiare.

riflessivo, agg. *thoughtful, reflexive*; *réfléchi*; *reflexiv, nachdenklich*; *reflexivo* ⊙ È un ragazzo molto riflessivo; Abbiamo studiato i verbi riflessivi.

riguardare, v. tr. *to concern*; *concerner*; *betreffen*; *pertenecer a, tener relación con* ⊙ «Ciò che dici non mi riguarda»; È un argomento che riguarda gli studenti.

rimanere, v. intr. *to remain*; *rester*; *bleiben*; *permanecer*. [pres. *rimango, rimani, rimane, rimaniamo, rimanete, rimangono*; fut. *rimarrò, rimarrai*, ecc.; pass. rem. *rimasi, rimanesti, rimase, rimanemmo, rimaneste, rimasero*; cong. pres. *rimanga*, ecc.; part. pass. *rimasto*] aus. *essere*. ⊙ Rimarremo ancora una settimana; «Rimani in casa o vieni al cinema con me?»; Sono rimasto ad aspettarli per più di un'ora; È rimasto solo al mondo; Del pranzo di oggi non è rimasto niente; «Per quanto tu dica, io rimango della mia idea».

rimettere, v. tr. *to put back*; *remettre*; *zuruecklegen*; *reponer*. [vedi METTERE]. **1.** «Rimetti ogni cosa al suo posto!»; Il ladro fu rimesso in libertà; «È un lavoro pericoloso: attento a non rimetterci la pelle!» (*essere ucciso*). **2. rimettersi,** v. intr. pronom. ⊙ Dopo tanto tempo si è rimesso a studiare; Si è rimesso dalla malattia in poco tempo; Finalmente il tempo si è rimesso, ha smesso di piovere e fa bel tempo.

ringraziare, v. tr. *to thank*; *remercier*; *danken*; *agradecer* ⊙ «Ti ringrazio del bel regalo che mi hai fatto»; «Telefonagli e ringrazialo»; «Ti ringrazio, ma non posso accettare il tuo invito».

ripetere, v. tr. *to repeat*; *répéter*; *wiederholen*; *repetir* ⊙ «Ripeti ciò che hai detto, non ho sentito bene»; Ripete sempre le stesse cose; Quello studente ha dovuto ripetere un anno.

riportare, v. tr. *to bring back, to report*; *reporter, porter de nouveau*; *berichten, wieder bringen*; *devolver, traer de nuevo* ⊙ Mi hanno riportato il libro che avevo perduto; Riportarono a casa l'amico ubriaco.

riposare, v. intr., aus. *avere* *to rest*; *se reposer*; *ruhen*; *des cansar*. **1.** Questa notte non ho riposato bene. **2. ripo sarsi**, v. intr. pronom. ⊙ Lavora sempre: non si riposa mai; « Sei molto stanco: riposati un po'! ».

riposo, s. m. *rest*; *repos*; *Ruhe*; *descanso* ⊙ « Buon riposo! »; Ho bisogno di riposo: andrò qualche giorno in campagna; Finalmente avremo una settimana di riposo.

riprendere, v. tr. *to take again, to resume*; *reprendre*; *wieder aufnehmen*; *reanudar, volver a tomar*. [vedi PRENDERE]. ⊙ Ha ripreso le sue valigie ed ha cambiato albergo; Il maestro è guarito: domani riprenderà il suo posto a scuola; I soldati hanno ripreso a combattere.

riscaldamento, s. m. *heating*; *chauffage*; *Heizung*; *calefacción* ⊙ « Vorrei una camera con riscaldamento »; È stato acceso il riscaldamento; Non si può stare senza riscaldamento in questi giorni: fa molto freddo; Il riscaldamento in questa casa non funziona.

riservare, v. tr. *to reserve*; *réserver*; *vorbehalten*; *reservar* ⊙ Speriamo che ci abbiano riservato una buona camera in albergo; Telefoneremo al ristorante per farci riservare un buon tavolo.

rispetto, s. m. *respect*; *respect*; *Ehrfucht*; *respeto* ⊙ Quel ragazzo ha un grande rispetto per le persone vecchie; Parla dei suoi superiori con il massimo rispetto.

rispondere, v. intr. *to reply*; *répondre*; *antworten*; *responder*. [pass. rem. *risposi, rispondesti, rispose, rispondemmo, rispondeste, risposero*; part. pass. *risposto*] aus. *avere*. ⊙ « Ho risposto subito alla tua lettera »; « Perché non rispondi alla mia domanda? »; Abbiamo bussato, ma nessuno ha risposto.

risposta, s. f. *reply*; *réponse*; *Antwort*; *respuesta* ⊙ « Non ho ancora ricevuto una tua risposta »; Non mi aspettavo una simile risposta da lui.

ristorante, s. m. *restaurant*; *restaurant*; *Restaurant*; *restaurante* ⊙ Oggi mangeremo al ristorante; Qual è il miglior ristorante di questa città?; In questo ristorante si mangia bene, ma i prezzi sono molto alti.

ritardo, s. m. *delay*; *retard*; *Verspaetung*; *retraso* ◎ Il treno ha un ritardo di venti minuti; « Perché sei arrivato in ritardo all'appuntamento? »; Ha risposto alla mia lettera con molto ritardo.

ritirare, v. tr. *to withdraw*; *retirer*; *abholen*; *retirar*. **1.** Andiamo a ritirare la posta; « Hai ritirato il pacco che ti ho mandato? »; Ho ritirato i biglietti per andare a teatro. **2. ritirarsi**, v. rifl. ◎ Mi sono ritirato dagli affari; Da vecchio mi ritirerò in campagna.

ritornare, v. intr., aus. *essere to return*; *retourner*; *zurueckkehren*; *regresar* ◎ Sono ritornato a casa a piedi; Mio fratello è ritornato da un lungo viaggio; « Va' via, ritornatene da dove sei venuto! »; Finalmente è ritornato il bel tempo.

ritorno, s. m. *return*; *retour*; *Rueckkehr*; *regreso* ◎ « Aspettiamo tutti il tuo ritorno »; Il ritorno dei soldati fu accolto con gran festa da tutti; Devo essere di ritorno prima di sera; Ho fatto il biglietto di andata e ritorno.

ritrovare, v. tr. *to find again*; *retrouver*; *wiederfinden*; *volver a encontrar* ◎ Ho ritrovato il libro che avevo perduto; Una casa così bella non la ritroverò mai più.

riuscire, v. intr. *to succeed, to manage (to)*; *réussir*; *gelingen*; *alcanzar, tener éxito*. [vedi USCIRE] aus. *essere*. ◎ « Sei riuscito a parlare con lui? »; Non è facile riuscire a finire questo lavoro prima di sera; « Non riesco a capire perché tu abbia fatto questo »; È molto bravo, riuscirà a farsi un'ottima posizione; Non riesce a stare attento.

riva, s. f. *shore, bank*; *rivage, rive*; *Ufer*; *ribera, orilla de lago, mar, rio* ◎ Il mio amico ha una casa sulla riva del lago; La barca si fermò lungo la riva del fiume.

rivedere, v. tr. *to see again*; *revoir*; *wiedersehen*; *volver a ver*. [vedi VEDERE]. **1.** L'ho rivisto dopo molti anni; Domani rivedrò mia madre. **2. rivedersi**, v. rifl. rec. ◎ Ci rivedremo molto presto.

rivelare, v. tr. *to reveal*; *révéler*; *offenbaren*; *revelar* ◎ « Ti dirò una cosa che non devi rivelare a nessuno »; Ha rivelato a tutti il suo passato.

rivista, s. f. *magazine*; *revue*; *zeitschrift*; *revista* ◎ Stava leggendo una rivista inglese; In questa rivista ci sono molte belle fotografie.

rivolgere, v. tr. *to turn (to)*, *to address*; *tourner, adresser*; *richten*; *dirigir*. [pass. rem. *rivolsi, rivolgesti, rivolse, rivolgemmo, rivolgeste, rivolsero*; part. pass. *rivolto*]. **1.** Non gli ha rivolto mai la parola, in tutta la sera; Rivolge spesso il pensiero alla famiglia lontana. **2. rivolgersi**, v. rifl. ⊙ Mi rivolgo a te per avere un grosso favore; « Rivolgiti ad un'altra persona! ».

rivoluzione, s. f. *revolution*; *révolution*; *Revolution*; *revolución* ⊙ Oggi, a scuola, abbiamo studiato la Rivoluzione francese; In quel paese è scoppiata una rivoluzione.

roba, s. f. *things, stuff*; *biens, choses*; *Sachen, Zeug*; *cosas, objetos* ⊙ « Non toccare: è roba mia! »; « Che cos'è? Roba da mangiare? »; Prendo la mia roba e me ne vado; Gli hanno dato in regalo tanta roba; È roba da poco. *Fig.*, È roba da matti!

romanzo, s. m. *novel*; *roman*; *Roman*; *novela* ⊙ « Hai qualche romanzo da farmi leggere? »; Quello scrittore è diventato famoso con il suo ultimo romanzo.

rompere, v. tr. *to break*; *briser*; *zerbrechen*; *romper*. [pass. rem. *ruppi, rompesti, ruppe, rompemmo, rompeste, ruppero*; part. pass. *rotto*]. **1.** Ha rotto il tavolo in mille pezzi; « È un oggetto di vetro: attento a non romperlo! ».

rosa, s. f. e agg. inv. *rose, pink*; *rose*; *Rose, rosa*; *rosa*. **1.** Ho ricevuto delle rose rosse; « Quanto costano queste rose? »; Nel mio giardino c'è una pianta di rose molto bella. **2.** Ha un vestito rosa; Abbiamo comprato per le bambine due cappelli rosa.

rosso, agg. *red*; *rouge*; *rot*; *rojo* ⊙ Scrivo con la matita rossa; Ho bevuto un buon vino rosso; La bandiera italiana è verde, bianca e rossa; Ha detto una bugia ed è diventato rosso.

rotondo, agg. *round*; *rond*; *rund*; *redondo* ⊙ In mezzo alla stanza c'è un bel tavolo rotondo.

rovinare, v. tr. *to ruin, to spoil*; *abîmer, ruiner*; *zugrunde richten*; *arruinar* ⊙ « Non rovinare le scarpe nuove! »; Il brutto tempo ha rovinato la nostra festa; Il troppo bere l'ha rovinato.

rubare, v. tr. *to steal*; *dérober*; *stehlen*; *robar* ⊙ Il ladro ha rubato molti oggetti d'oro; Mi hanno rubato la macchina; Non hanno lasciato niente, hanno rubato tutto. *Fig.*, « Mi hai rubato l'idea ».

rumore, s. m. *noise*; *bruit*; *Laerm*; *ruido* ◉ « Sento il rumore di una macchina: è forse quella di nostro zio? »; « Sta dormendo: non fate rumore! »; « Un rumore improvviso mi ha svegliato; Erano in tanti e tutti facevano un gran rumore; Il rumore mi dà noia.

ruota, s. f. *wheel*; *roue*; *Rad*; *rueda* ◉ Le automobili hanno quattro ruote; È necessario cambiare questa ruota.

S

sabato, s. m. *Saturday*; *samedi*; *Samstag*; *sábado* ⊙ « Verrò sabato prossimo »; Oggi è sabato; Viene a casa nostra ogni sabato sera.

sabbia, s. f. *sand*; *sable*; *Sand*; *arena* ⊙ In quella spiaggia c'è una sabbia finissima; I bambini giocano con la sabbia.

sacco, s. m. *bag, sack*; *sac*; *Sack*; *saco*. [pl. *sacchi*]. ⊙ Il contadino porta al mercato tre sacchi di patate; Quel vecchio aveva un grosso sacco sulle spalle; Compreremo un sacco da montagna. *Fig.*, Racconta sempre un sacco di bugie.

sala, s. f. *room, hall*; *salle*; *Saal*; *sala* ⊙ È proprio una bella sala da pranzo; Siamo rimasti per più di un'ora nella sala d'aspetto della stazione.

sale, s. m. *salt*; *sel*; *Salz*; *sal* ⊙ « Questa minestra è senza sale! »; « Mi passi il sale, per favore »; Nella bistecca c'è troppo sale.

salire, v. intr. *to go (come) up*; *monter*; *steigen*; *subir*.[pres. *salgo, sali, sale, saliamo, salite, salgono*; cong. pres. *salga, salga*, ecc.] aus. *essere*. ⊙ È salito in casa per prendere la borsa; « Siamo saliti subito, quando ci hai chiamati »; Salimmo in cima al monte; Il treno sta per partire: sono saliti tutti?

salita, s. f. *ascent*; *montée*; *Steigung*; *subida* ⊙ In questa città ci sono molte salite; Mi aspettò in cima alla salita; Prima di arrivare c'è ancora una lunga salita; La strada è in salita.

saltare, v. intr., aus. *essere to jump*; *sauter*; *springen*; *saltar*. **1.** Quando ho sentito suonare le sette, sono saltato giù dal letto; Saltava dalla gioia; Quando scoppiò la bomba, il ponte saltò in aria. **2.** v. tr. ⊙ Il ladro che era nel giardino, quando ha sentito dei rumori, ha saltato il muro ed è fuggito; Non ho letto tutto il libro, ho saltato molte pagine; Ieri sera non avevo fame, ho saltato la cena.

salutare, v. tr. *to greet*; *saluer*; *gruessen*; *saludar* ⊙ «Hai salutato i tuoi amici?»; Da un po' di tempo non mi saluta più; «Non ho salutato tua sorella perché non l'ho vista»; «Salutami il professore!».

salute, s. f. *health*; *santé*; *Gesundheit*; *salud* ⊙ Camminare un po' ogni giorno, fa bene alla salute; Ha un'ottima salute, ha una salute di ferro!; «Beviamo alla tua salute!»; «Alla salute!»; «Salute!».

salvare, v. tr. *to save*; *sauver*; *retten*; *salvar*. **1.** È stato salvato da un grave pericolo; Un bravo medico l'ha salvato da sicura morte; Qualcuno verrà a salvarci. **2. salvarsi,** v. rifl. ⊙ Solo pochi si sono salvati; Si è salvato dal fuoco, gettandosi dalla finestra. *Fig.*, Non mi salvo da quell'uomo (*ogni volta che mi vede viene a chiedermi qualcosa*).

sangue, s. m. *blood*; *sang*; *Blut*; *sangre* ⊙ Ha perduto molto sangue dal naso; Deve fare l'esame del sangue; Sono andato all'ospedale per dare il sangue. *Fig.*, «Cameriere, per favore, una bistecca al sangue!».

santo, agg. *saint*; *saint*; *Heiliger*; *santo*. **1.** Andremo in Italia per l'Anno santo; È stato ricevuto dal santo padre (*dal papa*); Passeremo insieme la santa Pasqua. **2.** s. m. (f. **-a**) ⊙ Oggi è la festa del santo della città; Gli piace leggere la vita dei santi.

sapere, v. tr. *to know*; *savoir*; *wissen, koennen*; *saber*. [pres. *so, sai, sa, sappiamo, sapete, sanno*; fut. *saprò, saprai,* ecc.; pass. rem. *seppi, sapesti, seppe, sapemmo, sapeste, seppero*; cong. pres. *sappia, sappia,* ecc.; cond. pres. *saprei, sapresti,* ecc.; imper. *sappi, sappiate*; part. pass. *saputo* ⊙ Vuole sapere tutto; «Voglio sapere dove sei andato»; Non sapevo che cosa fare; Sa molte lingue; «Che ora è?» «Non lo so»; «Fammi sapere se hai bisogno di me»; Sa fare tutto; Non ha saputo rispondere alle domande del professore; «Che io sappia, non è ancora arrivato».

sapone, s. m. *soap*; *savon*; *Seife*; *jabón* ⊙ «Lavalo con acqua e sapone!»; «Devi lavarti col sapone».

sbagliare, v. tr. *to (make a) mistake*; *se tromper*; *sich irren*; *errar, equivocarse*. **1.** Abbiamo sbagliato tutto l'esercizio; Il cameriere ha sbagliato il conto; Nessuno risponde al telefono, forse ho sbagliato numero; «Hai sbagliato strada, devi tornare indietro ». **2.** v. intr., aus. *avere* ⊙ Abbiamo sbagliato a parlargli in quel modo; Tutti sbagliano qualche volta. **3. sbagliarsi,** v. intr. pronom. ⊙ « Credevo che era tuo fratello, invece mi sono sbagliato ».

sbaglio, s. m. *mistake*; *erreur*; *Fehler*; *error, equivocación* ⊙ « Quando parli italiano fai ancora molti sbagli »; In questo esercizio ci sono troppi sbagli.

scala, s. f. *staircase*; *escalier*; *Treppe*; *escalera* ⊙ Fra il secondo e il terzo piano ci sono due file di scale; Mi aspettava in cima alle scale; È una scala di legno; Per salire sull'albero ci vuole una scala.

scappare, v. intr., aus. *essere* *to escape, to run away*; *s'échapper, s'enfuir*; *entweichen*; *escapar* ⊙ « Scappa, scappa, ecco la mamma! »; Il ragazzo è scappato di casa; Appena mi ha visto, è scappato; Gli scappa spesso la pazienza.

scarpa, s. f. *shoe*; *soulier*; *Schuh*; *zapato* ⊙ Ho comprato un paio di scarpe nere; La bambina non sa ancora mettersi le scarpe da sola; Per andare in montagna ci vogliono scarpe grosse.

scatola, s. f. *box, tin*; *boîte*; *Schachtel, Buechse*; *caja* ⊙ « Mi dia una scatola di fiammiferi »; La scatola è vuota; « Mettili nella scatola ».

scegliere, v. tr. *to choose*; *choisir*; *waehlen*; *escoger*. [pres. *scelgo, scegli, sceglie, scegliamo, scegliete, scelgono*; pass. rem. *scelsi, scegliesti, scelse, scegliemmo, sceglieste, scelsero*; part. pass. *scelto*]. ⊙ La signora sta scegliendo il suo nuovo vestito; « Prendi ciò che vuoi: scegli! »; Per le prossime vacanze ho scelto un piccolo paese di montagna.

scena, s. f. *stage*; *scène*; *Buehne*; *escena*. **1.** L'attore entra in scena; Questa commedia andrà in scena il mese prossimo. **2.** Dopo l'incidente si presentava ai nostri occhi una scena terribile.

scendere, v. intr. *to go (come) down, to get off*; *descendre*; *hinuntergehen*; *bajar, descender*. [pass. rem. *scesi, scendesti, scese, scendemmo, scendeste, scesero*; part. pass. *sceso*] aus. *essere*. **1.** Il bambino scende dalla sedia; « Per andare all'università deve scendere alla prossima fermata dell'autobus »; « Perché non sei sceso subito? »; Siamo scesi in fretta; « Scendi, per favore, devo parlarti ».

scherzare, v. intr., aus. *avere* *to joke*; *plaisanter*; *scherzen*; *bromear* ⊙ Il padre scherza spesso con i suoi bambini;

«Scusa, non volevo offenderti, ho scherzato»; È un tipo allegro, ha sempre voglia di scherzare; «Scherzi o fai sul serio?».

scienza, s. f. *science*; *science*; *Wissenschaft*; *ciencia* ⊙ Ha un grande amore per la scienza; È un uomo di scienza; Sua sorella studia scienze naturali.

sciopero, s. m. *strike*; *grève*; *Streik*; *huelga* ⊙ Domani c'è sciopero; Le fabbriche sono chiuse, gli operai sono in sciopero; È stato dichiarato lo sciopero generale.

scopo, s. m. *aim, purpose*; *but*; *Zweck*; *objeto, fin* ⊙ «Per quale scopo hai fatto questo?»; Il lavoro era lo scopo della sua vita; «Non ha scopo quello che fai»; «Ma è senza scopo!».

scoppiare, v. intr., aus. *essere to burst, to break out*; *éclater, exploser*; *platzen*; *estallar* ⊙ È scoppiata una bomba; Mi son dovuto fermare perché mi era scoppiata una gomma. *Fig.*, A quelle parole tutti scoppiarono a ridere.

scoprire, v. tr. *to discover, to uncover*; *découvrir*; *entdecken, auf-*; *descubrir*. [vedi COPRIRE]. **1.** Domani il sindaco scoprirà il nuovo monumento; La polizia non ha ancora scoperto il ladro. **2. scoprirsi**, v. rifl. ⊙ «Non scoprirti, fa ancora freddo»; Il bambino dormendo si è scoperto tutto.

scorrere, v. intr., aus. *essere to run, to flow*; *glisser, s'écouler*; *fliessen*; *escurrir*. [vedi CORRERE]. **1.** Il fiume scorre attraverso la campagna; Questa frase non scorre bene. **2.** v. tr. ⊙ Scorreva, presto presto, tutti i giornali che erano sul tavolo.

scorso, agg. *last*; *passé, dernier*; *vergangener*; *pasado* ⊙ L'anno scorso ho passato le vacanze al mare; La settimana scorsa non sono venuto a scuola perché ero malato.

scrittore, s. m. *writer*; *écrivain*; *Schriftsteller*; *escritor*. [f. *scrittrice*]. ⊙ È uno scrittore famoso; «Hai letto l'ultimo libro di quello scrittore?».

scrivere, v. tr. *to write*; *écrire*; *schreiben*; *escribir*. [pass. rem. *scrissi, scrivesti, scrisse, scrivemmo, scriveste, scrissero*; part. pass. *scritto*]. ⊙ Il bambino impara a scrivere; «Ti scriverò una cartolina»; Ho scritto una poesia; Quel giornalista scrive per un grande giornale; È molto tempo che mio fratello non mi scrive.

scuola, s. f. *school*; *école*; *Schule*; *escuela* ⊙ «Che scuola frequenta tuo figlio?»; Questa non è una scuola pubblica, è privata; Oggi non vado a scuola; Ogni giorno accompagno il mio bambino a scuola; Ieri ho incontrato un mio vecchio compagno di scuola.

scuro, agg. *dark*; *sombre*; *dunkel*; *oscuro* ⊚ Preferisco un vestito scuro; Oggi il tempo è molto scuro e forse pioverà.

scusa, s. f. *excuse, apology*; *excuse*; *Entschuldigung*; *excusa, pretexto*. **1.** « Sono venuto per chiederti scusa »; « Non accetto le tue scuse ». **2.** « Ogni volta che ti invito, trovi una scusa per non venire »; Queste sono tutte scuse!

scusare, v. tr. *to excuse*; *excuser*; *entschuldigen*; *disculpar, justificar*. **1.** « Ho dimenticato di telefonarti, scusami »; « Scusami per il ritardo »; « Scusi, mi passa il sale? ». **2. scusarsi,** v. rifl. ⊚ Sono andato a casa sua e mi sono scusato con lui; Mi scuserò con lui appena lo vedrò.

se, congz. *if, whether*; *si*; *wenn, ob*; *si* ⊚ Se avrò tempo, verrò; « Se proprio lo desideri, ti farò questo favore »; « Se vedi mio fratello, digli di tornare a casa »; « Se me l'avesse detto...! »; « Se ci fossi stato io...! »; Parla come se fosse il più bravo di tutti; Non so se questa sera potrò venire al cinema.

sé, pron. rifl. di terza persona sing. e pl. [vedi pag. 182].

secolo, s. m. *century*; *siècle*; *Jahrhundert*; *siglo* ⊚ Questa è una chiesa del decimo secolo; In quel secolo ci furono molti artisti. *Fig.*, « Dove sei stato? È un secolo che non ti vedo! ».

secondo[1], agg. num. *second*; *second, deuxième*; *zweiter*; *segundo* ⊚ Febbraio è il secondo mese dell'anno; È arrivato secondo; È importante conoscere una seconda lingua; Ho comprato un'auto di seconda mano (*usata*).

secondo[2], prep. *according to*; *selon*; *gemaess*; *según* ⊚ Ho sempre fatto tutto secondo coscienza; Quella signorina veste sempre secondo la moda; « Secondo me, sbagli »; « Quando andrai al mare? » « Secondo il tempo ».

sedere, v. intr. *to sit (down)*; *s'asseoir*; *sitzen-sich*; *sentarse*. [pres. *siedo, siedi, siede, sediamo, sedete, siedono*; cong. pres. *sieda, sieda,* ecc.] aus. *essere*. **1.** « Non stare sempre a sedere! »; Il nonno siede in poltrona mentre legge il giornale. **2. sedersi,** v. intr. pronom. ⊚ « Si sieda, prego »; « È ora di mangiare, sediamoci »; Il bambino si è seduto per terra.

sedia

sedia, s. f. *chair*; *chaise*; *Stuhl*; *silla* ⊙ « Scusi, è libera questa sedia? »; « Mi avvicini la sedia, per piacere »; « Posalo sulla sedia! ».

sedici, num. *sixteen*; *seize*; *sechzehn*; *dieciséis* ⊙ Mio figlio compie oggi sedici anni; È partito il sedici di questo mese; « Aprite il libro a pagina sedici ».

segno, s. m. *sign, mark*; *signe*; *Zeichen*; *señal* ⊙ Ha fatto un segno sul libro; Sul muro c'è ancora il segno della sua mano; Mi fa segno di andare via; Se non ha ancora risposto alla tua lettera, è un brutto segno.

segreteria, s. f. *secretary's office*; *secrétariat*; *Sekretariat*; *secretaría* ⊙ La segreteria dell'università è al primo piano; Devo andare in segreteria per pagare le tasse.

seguire, v. tr. *to follow*; *suivre*; *folgen*; *seguir* ⊙ Mi ha seguito per un lungo tratto; Si accorse di essere seguito; Il cane seguiva il suo padrone; Seguiamo un corso d'italiano. *Fig.*, « Parli in modo troppo difficile, non ti seguo ».

seguito, s. m. *continuation*; *suite*; *Folge*; *siguiente* ⊙ « Per ora basta così, il seguito me lo racconterai la prossima volta »; Abbiamo visto il seguito della commedia; Per fortuna la cosa non ebbe un seguito; In seguito cambiò idea; « Scrivilo qui di seguito ».

sei, num. *six*; *six*; *sechs*; *seis* ⊙ Ho fumato sei sigarette una dopo l'altra; « Quante ne vuoi? » « Sei »; « Prepara la tavola per sei ».

sembrare, v. intr., aus. *essere* *to seem*; *sembler*; *scheinen*; *parecer* ⊙ « Tieni molto bene la tua macchina, sembra ancora nuova »; Suo zio ha molti capelli bianchi, sembra più vecchio di quello che è; « Con questa barba lunga non mi sembri più tu »; « Non mi sembra vero! »; Sembrava molto stanco; « Mi sembra che tu non abbia studiato molto »; « Tu lo dici, ma mi sembra che non lo pensi ».

semplice, agg. *simple*; *simple*; *einfach*; *simple* ⊙ All'inizio sembrava una cosa semplice; È un uomo dai gusti semplici; Mi piace la gente semplice.

sempre, avv. *always*; *toujours*; *immer*; *siempre* ⊙ Sono venuto sempre a lezione; La incontro sempre allo stesso bar; Si alza sempre tardi; Non cambia mai, è sempre lo stesso; « Ti ho telefonato molte volte, ma il tuo telefono era sempre occupato »; « Studi sempre l'italiano? » « Sì, lo studio ancora ».

senso, s. m. *sense*; *sens*; *Sinn*; *sentido*. **1.** L'uomo ha cinque sensi; La signora ha perduto i sensi; Provava un forte senso di colpa. **2.** La strada è a senso unico.

sentimento, s. m. *feeling*; *sentiment*; *Gefuehl*; *sentimiento* ⊙ Sono legato al mio amico da un profondo sentimento di amicizia; Ha cantato una canzone con molto sentimento.

sentire, v. tr. *to feel, to hear*; *sentir, entendre*; *fuehlen, hoeren*; *oir, sentir*. **1.** Ho sentito suonare il campanello; « Se vuoi farti sentire, parla più forte »; Ieri sera ho sentito freddo; « Prima di darti una risposta voglio sentire mio padre »; « Senti che silenzio! ». **2. sentirsi,** v. rifl. ⊙ Stamattina mi sono sentito male; « Come stai? » « Mi sento meglio »; « Non ti senti bene? ».

senza, prep. *without*; *sans*; *ohne*; *sin* ⊙ Siamo rimasti senza una lira; « Faremo senza di voi »; « Mangi pure, senza complimenti »; « Glielo dirai? » « Senz'altro »; « È stato qui un'ora senza dire una parola »; « Non potete fare questo senza chiedere il permesso ».

separare, v. tr. *to separate*; *séparer*; *trennen*; *separar*. **1.** Ho separato i libri italiani da quelli stranieri; Un alto muro separa il giardino dalla strada; Molte cose ci separano. **2. separarsi,** v. rifl. rec. ⊙ Dopo il viaggio si separarono; Suo padre e sua madre si sono separati.

sera, s. f. *evening*; *soir*; *Abend*; *tarde, noche* ⊙ Verremo verso sera; Lavora dalla mattina alla sera; « Ci vedremo questa sera »; Tornerò a casa sul far della sera; « Buona sera! ».

sereno, agg. *clear, serene*; *serein*; *klar, heiter*; *sereno*. **1.** Oggi il cielo è sereno; È un giovane di animo sereno. **2.** s. m. ⊙ È tornato il sereno.

serio, agg. *serious*; *sérieux*; *ernst*; *serio* ⊙ È un ragazzo troppo serio; Non è un argomento serio!; È una cosa seria; È uno scrittore serio; « Non credere che scherzi, faccio sul serio! ».

servire, v. tr. *to serve, to be of use*; *servir*; *dienen, nuetzen*; *servir* **1.** I soldati devono servire la patria: « Hai fretta? Ti servo subito »; « A che cosa serve questo oggetto? »; Mi serve un nuovo quaderno per la scuola. **2. servirsi,** v. tr. pronom. ⊙ Quando viaggiamo preferiamo servirci del treno; « Posso servirmi del vostro telefono? ».

servizio, s. m. *service*; *service*; *Dienst*; *servicio* ⊙ Oggi è difficile trovare una brava donna di servizio; Il mese pros-

sessanta

simo prenderò servizio in una banca della mia città; Il capitano lascerà presto il servizio; In Italia il servizio militare dura dodici mesi.

sessanta, num. *sixty*; *soixante*; *sechzig*; *sesenta* ⊙ Mio zio compie oggi sessanta anni.

sesto, agg. num. *sixth*; *sixième*; *sechster*; *sexto* ⊙ Sabato è il sesto giorno della settimana.

sete, s. f. *thirst*; *soif*; *Durst*; *sed* ⊙ « Ho sete, mi dai un bicchiere d'acqua, per piacere? »; D'estate soffro molto la sete. *Fig.*, Quell'uomo ha sempre sete di denaro.

settanta, num. *seventy*; *soixante-dix*; *siebzig*; *setenta* ⊙ Ho letto settanta pagine del libro che mi hai prestato.

sette, num. *seven*; *sept*; *sieben*; *siete* ⊙ Vado via per sette giorni.

settembre, s. m. *September*; *septembre*; *September*; *septiembre* ⊙ Settembre, in Italia, è uno dei mesi più belli; Torneranno a settembre.

settimana, s. f. *week*; *semaine*; *Woche*; *semana* ⊙ Questo bambino ha soltanto tre settimane; Sono proprio stanco, ho lavorato molto questa settimana; La settimana passata sono stato poco bene; In molti uffici fanno la settimana corta (*cinque giorni di lavoro*).

settimo, agg. num. *seventh*; *septième*; *siebenter*; *séptimo* ⊙ È arrivato settimo; Quello studente si siede sempre sul settimo banco.

si, pron. rifl. di terza persona sing. e pl. [vedi pag. 182].

sì, avv. *yes*; *oui*; *ja*; *sí* ⊙ « Ti è piaciuto il film? » « Sì ».

sicuro, agg. *sure, safe*; *sûr*; *sicher*; *seguro*. **1.** Dopo le ultime piogge questo ponte non è più tanto sicuro; Non sono sicuro di venire; « Sei sicuro di quello che dici? »; Qui siamo al sicuro da ogni pericolo. **2.** avv. ⊙ « Verrai anche tu? » « Sicuro che verrò ».

sigaretta, s. f. *cigarette*; *cigarette*; *Zigarette*; *cigarrillo* ⊙ « Mi offri una sigaretta? »; « Quante sigarette fumi al giorno? ».

significare, v. tr. *to mean*; *signifier*; *bedeuten*; *significar* ⊙ « Guarda nel vocabolario che cosa significa questa parola »; Se non è venuto, significa che la cosa non gli interessa; Il lavoro significa molto per lui.

significato, s. m. *meaning*; *signification, sens*; *Bedeutung*; *significado* ⊙ Il significato della sua frase non è chiaro; « Le tue parole hanno uno strano significato ».

signora, s. f. *Mrs., lady*; *madame, dame*; *Frau*; *señora* ⊙ « Buon giorno signora »; « Desidera, signora? »; « Come sta la signora? ».

signore, s. m. *Mr., gentleman*; *monsieur*; *Herr*; *señor* ⊙ « C'è un signore che desidera parlarti »; « Scusi, signore, può indicarmi la strada per la stazione? ». *Fig.*, Suo zio è un vero signore.

signorina, s. f. *Miss, young lady*; *mademoiselle, demoiselle*; *Fraeulein*; *señorita* ⊙ « Signorina, può passarmi quel libro? »; « Signorina, permette che l'accompagni? »; In questa classe ci sono molte signorine.

silenzio, s. m. *silence*; *silence*; *Stille*; *silencio* ⊙ Per studiare ho bisogno di silenzio; In quel paese di montagna c'era un gran silenzio; « Fate silenzio! »; « Silenzio! »; È molto tempo che non ho notizie da mio fratello, il suo silenzio mi preoccupa.

simile, agg. *like, similar*; *semblable*; *aehnlich*; *semejante* ⊙ Ho comprato un paio di scarpe simili alle tue; Noi due abbiamo dei gusti simili; « Non avrei mai immaginato una cosa simile! ».

simpatico, agg. *nice, pleasant*; *sympathique, gentil*; *nett*; *simpático*. [pl. m. *simpatici*]. ⊙ Quel tuo amico è molto simpatico; Sua sorella non è bella, ma è simpatica; Mi sono divertito molto, era una compagnia simpatica.

sincero, agg. *sincere*; *sincère*; *aufrichtig*; *sincero* ⊙ È un amico sincero; Le sue parole erano sincere; « Con me devi essere sincero ».

sindaco, s. m. *mayor*; *maire*; *Buergermeister*; *alcalde*. [pl. *sindaci*]. ⊙ Il sindaco di questa città è molto attivo; Ho un appuntamento con il sindaco.

singolare, agg. e s. m. *singular*; *singulier*; *Singular*; *singular* ⊙ Dobbiamo mettere al singolare tutti i nomi plurali che si trovano nell'esercizio.

sinistro, agg. *left*; *gauche*; *links*; *izquierdo* ⊙ Mi fa male il piede sinistro; Posso scrivere anche con la mano sinistra; « Vada a sinistra e troverà l'università ».

sistema, s. m. *system*; *système*; *System*; *sistema*. [pl. *sistemi*]. ⊚ In quella scuola hanno un ottimo sistema per insegnare le lingue; « Che sistema di governo c'è nel tuo paese? ».

sistemare, v. tr. *to arrange*; *arranger*; *regeln*; *sistematizar*. **1.** « Non posso venire da te stasera, devo sistemare la mia biblioteca »; Ha sistemato il figlio in banca. **2. sistemarsi,** v. rifl. ⊚ Ci sistemeremo in questa città.

situazione, s. f. *situation*; *situation*; *Lage*; *situación* ⊚ Si è trovato in una situazione difficile; « La tua è una situazione proprio strana »; La situazione economica di quella fabbrica non è buona; Quell'uomo è sempre all'altezza della situazione.

smettere, v. tr. *to stop*; *cesser*; *aufhoeren*; *cesar, dejar*. [vedi METTERE]. ⊚ Mio fratello ha smesso gli studi ed è andato a lavorare; Il medico mi ha ordinato di smettere di fumare; « Smettetela di far rumore! »; « Basta! È ora di smetterla! ».

socialista, agg. e s. m. e f. *socialist*; *socialiste*; *Sozialist*; *socialista*. [pl. m. *socialisti*]. ⊚ Il partito socialista è al governo in molti paesi; Mio nonno è socialista; I socialisti vogliono un nuovo governo.

società, s. f. *society*; *société*; *Gesellschaft*; *sociedad*. **1.** È un uomo politico che ha fatto molto per la società. **2.** Hanno costituito una società per costruire la nuova strada.

soffrire, v. tr. *to suffer*; *souffrir*; *leiden*; *sufrir, tolerar, soportar*. [pass. part. *sofferto*]. ⊚ Il mio amico ha sofferto un grande dolore; Soffre spesso di mal di testa; Quella donna ha sofferto molto per la morte del figlio; Non è più suo amico, anzi ora non lo può soffrire.

soggetto, s. m. *subject*; *sujet*; *Subjekt*; *sujeto* ⊚ « Quale sarà il soggetto della prossima lezione? »; Il soggetto in italiano sta quasi sempre all'inizio della frase.

soggiorno, s. m. *stay*; *séjour*; *Aufenthalt*; *estancia, residencia* ⊚ Il mio soggiorno nella vostra città è stato breve ma bello; Devo andare alla polizia per il permesso di soggiorno.

sognare, v. tr. *to dream*; *rêver*; *traeumen*; *soñar* ⊚ Ho sognato mio fratello lontano; Ho sognato di fare un viaggio; Finalmente ha potuto comprare l'auto che ha sempre sognato. *Fig.*, Gli piace sognare ad occhi aperti.

sogno, s. m. *dream*; *rêve*; *Traum*; *sueño* ⊚ Stanotte ho fatto un bel sogno; « Finalmente sono in Italia: mi pare un sogno! »; « Mi regali questo quadro? » « Nemmeno per sogno! ».

soldato, s. m. *soldier*; *soldat*; *Soldat*; *soldado* ⊚ I soldati difendono la patria; I nostri soldati hanno combattuto con grande coraggio; Mio fratello sta facendo il soldato.

soldo, s. m. *money*; *argent*; *Geld*; *dinero* ⊚ Ho speso tutto, sono rimasto senza un soldo; Mio zio ha molti soldi; Per comprare quella casa ci vogliono molti soldi.

sole, s. m. *sun*; *soleil*; *Sonne*; *sol* ⊚ Il sole è al tramonto; Oggi c'è un bel sole; Le nuvole nascondono il sole; Devo comprare un paio di occhiali da sole.

solito, agg. *usual*; *habituel*; *gewoehnlich*; *acostumbrado, habitual, usual.* 1. Gli amici si incontrano ogni sera al solito bar; Faccio ogni giorno la solita strada. 2. s. m. ⊚ Come il solito, ho dovuto pagare io; Di solito la sera guardo la televisione; Di solito torna alle sei.

solo, agg. *alone, only*; *seul*; *allein, nur*; *solo.* 1. Sono partiti tutti, sono rimasto solo; « Se ti senti solo, telefonami »; Vuol fare sempre tutto da solo; È un tipo strano, parla da solo. 2. avv. ⊚ Potremo restare solo per poco tempo; Ieri sera c'erano tutti, mancavi solo tu.

soltanto, avv. *only*; *seulement*; *nur*; *sólo, solamente* ⊚ Ieri ho fumato soltanto tre sigarette; « Sarei venuto a trovarti, ma ho saputo soltanto oggi che eri malato »; « Non ho avuto tempo, ho fatto soltanto questo esercizio ».

sonno, s. m. *sleep*; *sommeil*; *Schlaf*; *sueño* ⊚ Vado a letto perché ho sonno; Stanotte ho dormito bene, ho fatto tutto un sonno (*ho dormito sempre senza svegliarmi mai*).

sopra, prep. *on, above*; *sur, dessus*; *auf, ueber*; *sobre.* 1. Il giornale è sopra il tavolo; Ha messo i libri uno sopra l'altro; L'aereo vola sopra le nuvole; « Tira vento: metti qualcosa sopra questi fogli di carta ». 2. avv. ⊚ L'ho messo lì sopra; « Chi c'è di sopra? »; Ha messo un tappeto per terra e ci ha dormito sopra.

soprattutto, avv. *above all*; *surtout*; *vor allem*; *sobre todo* ⊚ Si intende di molte cose, ma soprattutto di musica; Tutto lo spettacolo è interessante, ma soprattutto l'inizio.

sorella, s. f. *sister*; *soeur*; *Schwester*; *hermana* ⊚ Sua sorella è una bella ragazza; Vado a spasso con le mie sorelle.

sorprendere, v. tr. *to surprise*; *surprendre*; *ueberraschen*; *sorprender*. [vedi PRENDERE]. **1.** Il ladro è stato sorpreso dai carabinieri mentre rubava; La pioggia ci sorprese in mezzo alla campagna; Queste cose non mi sorprendono più: sono abituato a tutto.

sorpresa, s. f. *surprise*; *surprise*; *Ueberraschung*; *sorpresa* ⊚ È stata una grande sorpresa; «Ci hai fatto una bella sorpresa»; «Quando sono tornato a casa ho trovato una brutta sorpresa: i quadri più belli erano spariti».

sorridere, v. intr., aus. *avere* *to smile*; *sourire*; *laecheln*; *sonreir*. [vedi RIDERE]. ⊚ Quando mi ha visto mi ha sorriso; Sorridendo mi disse queste parole.

sorriso, s. m. *smile*; *sourire*; *Laecheln*; *sonrisa* ⊚ Quella ragazza ha un bel sorriso; Ho salutato la mia amica e lei mi ha risposto con un sorriso.

sostantivo, s. m. *noun*; *substantif*; *Substantiv*; *sustantivo* ⊚ La parola *penna* è un sostantivo.

sotto, prep. *under, below*; *sous, dessous*; *unter, unten*; *debajo, de abajo*. **1.** Il bambino si è messo sotto il letto; Nuotava sott'acqua; La barca passa sotto il ponte; Fa molto freddo, abbiamo venti gradi sotto zero. *Fig.*, Non vuol far vedere niente a nessuno, tiene tutto sotto chiave. **2.** avv. ⊚ Ha messo sotto un cane con la macchina; Va un momento di sotto; «Che cosa c'è lì sotto?».

spaghetti, s. m. pl. *spaghetti*; *spaghetti*; *Spaghetti*; *spaghetti* ⊚ «Mi porti un piatto di spaghetti»; «Ti piacciono gli spaghetti?».

spagnolo, agg. *Spanish*; *espagnol*; *spanisch*; *español* ⊚ Studia la grammatica spagnola; Il mio amico parla spagnolo.

spalla, s. f. *shoulder*; *épaule*; *Schulter*; *espalda* ⊚ Quell'uomo porta un sacco sulle spalle; Mi avvertì battendomi con la mano sulla spalla.

sparare, v. tr. *to shoot*; *tirer, faire feu*; *(er) schiessen*; *disparar* ⊚ Sparò due colpi contro i ladri.

sparire, v. intr. *to disappear*; *disparaître*; *verschwinden*; *desaparecer*. [pres. *sparisco, sparisci,* ecc.] aus. *essere* ⊚ Fino a poco fa eravamo insieme, poi è sparito tra la gente; Sul tavolo c'era una lettera, ora è sparita; All'arrivo della polizia, hanno fatto sparire il denaro che avevano rubato.

spasso, s. m. *walk, amusement*; *promenade, divertissement*; *Spaziergang, Vergnuegen*; *diversión, recreo* ⊙ Questa commedia è un vero spasso; Quando avremo finito gli esercizi, andremo a spasso; Il nonno porta a spasso i nipotini.

spazio, s. m. *space*; *espace*; *Raum*; *espacio*. **1.** Nella camera non c'è abbastanza spazio per mettere un altro letto; Non ho più spazio per mettere i libri. **2.** Nel giornale ho visto le fotografie dei primi uomini che sono andati nello spazio.

specchio, s. m. *mirror*; *miroir*; *Spiegel*; *espejo* ⊙ In quella stanza c'è un bello specchio antico; La nostra ospite si guarda sempre nello specchio.

speciale, agg. *special*; *spécial*; *besonderer*; *especial* ⊙ Lo studente che mi hai fatto conoscere ieri ha un modo speciale di parlare; Questo è un vino speciale.

specialmente, avv. *especially*; *spécialement*; *besonders*; *especialmente* ⊙ Mi piace andare a spasso specialmente di sera; È generoso con tutti, specialmente con gli amici; Dice sempre la verità, specialmente quando ha bevuto un po' di vino.

specie, s. f. invar. *kind*; *espèce*; *Art*; *especie* ⊙ Quell'animale è di una specie poco comune; Leggo libri di qualsiasi specie.

spegnere, v. tr. *to put out*; *éteindre*; *loeschen*; *apagar*. [pres. *spengo, spegni, spegne, spegniamo, spegnete, spengono*; pass. rem. *spensi, spegnesti, spense, spegnemmo, spegneste, spensero*; part. pass. *spento*]. ⊙ « Spegni la lampada, per piacere »; Ho spento il fuoco perché non faceva freddo; « Non spegnere la radio, voglio ancora ascoltare un po' di musica ».

spendere, v. tr. *to spend*; *dépenser*; *ausgeben*; *gastar*. [pass. rem. *spesi, spendesti, spese, spendemmo, spendeste, spesero*; part. pass. *speso*]. ⊙ Ho speso tutto il denaro che avevo; Mio fratello spende molto per i libri; « Quanto spendi in quest'albergo? »; « È bella la tua casa, però penso che tu abbia speso un po' troppo ».

speranza, s. f. *hope*; *espérance*; *Hoffnung*; *esperanza* ⊙ Ormai ho perduto ogni speranza di ritrovare il mio cane; È venuto con la speranza di ottenere un aiuto da noi.

sperare, v. tr. *to hope*; *espérer*; *hoffen*; *esperar, tener confianza* ⊙ Speriamo un ottimo successo della commedia; Spero di tornare presto; Lo studente spera di riuscire bene all'esame; Speriamo di trovare un tavolo libero al ristorante; «Spero che tu non dica di no»; Spero che mia sorella possa venire; «Speravo che tu restassi ancora un giorno con me».

spesa, s. f. *expense, purchase*; *dépense, frais*; *Ausgabe*; *compra* ⊙ «Quant'è la spesa?»; È un oggetto di poca spesa; Quel signore quando compra qualcosa non bada a spese; La signora è uscita per la spesa.

spesso, avv. *often*; *souvent*; *oft*; *frecuentemente, a menudo* ⊙ Lo incontro spesso la mattina, quando vado in ufficio; «Dobbiamo vederci più spesso»; Andiamo spesso in campagna; Quel bambino si ammala spesso; Spesso sento il desiderio del mare, ma non sempre posso andarci.

spettacolo, s. m. *performance*; *spectacle*; *Schauspiel*; *espectáculo* ⊙ Lo spettacolo mi è piaciuto molto; «Che spettacolo danno stasera al teatro?»; È stato un bello spettacolo; Siamo arrivati all'inizio dello spettacolo.

spiaggia, s. f. *beach*; *plage*; *Strand*; *playa* ⊙ La nostra città ha una bellissima spiaggia; Ieri la spiaggia era piena di gente; Questa spiaggia ha una sabbia finissima e bianca.

spiegare, v. tr. *to explain*; *expliquer*; *erklaeren*; *explicar* ⊙ Il professore ha spiegato la lezione; Gli ho spiegato i motivi per cui non ho potuto aiutarlo; «Spiegami bene quello che devo fare»; Gli ho parlato ma non mi ha capito, forse non mi sono spiegato bene.

spiegazione, s. f. *explanation*; *explication*; *Erklaerung*; *explicación* ⊙ Lo studente ascolta la spiegazione del professore; La spiegazione della poesia è stata molto chiara; «Perché hai fatto questo? Voglio una spiegazione!».

spingere, v. tr. *to push*; *pousser*; *stossen*; *empujar*. [pass. rem. *spinsi, spingesti, spinse, spingemmo, spingeste, spinsero*; part. pass. *spinto*]. ⊙ Ho dovuto spingere la macchina perché ero rimasto senza benzina; La gente che voleva entrare mi spingeva contro la parete; «Fa' piano, non spingere!».

spirito, s. m. *spirit*; *esprit*; *Geist*; *espíritu* ⊙ «Non dimenticate i valori dello spirito»; Non dobbiamo pensare a curare solo il corpo, ma anche lo spirito.

sporcare, v. tr. *to spoil*; *salir*; *beschmutzen*; *ensuciar* ⊙ «Fa' attenzione! Non sporcare subito il vestito nuovo!»; «Non sporcate il pavimento!».

sporco, agg. *dirty*; *sale*; *schmutzig*; *sucio*. [pl. m. *sporchi*].
⊚ Ho le mani sporche, vado a lavarle; «Cambia la camicia, è sporca».

sport, s. m. invar. *sport*; *sport*; *Sport*; *deporte* ⊚ «Quale sport preferisci?»; Tutti i giovani dovrebbero fare un po' di sport; La corsa è uno degli sport più antichi.

sportello, s. m. *door, ticket window*; *portière, guichet*; *Tuer, Schalter*; *ventanilla* ⊚ «Chiudi bene lo sportello dell'auto»; Molta gente aspettava davanti allo sportello per comprare il biglietto.

sposa, s. f. *bride*; *épouse*; *Braut*; *esposa* ⊚ La sposa era veramente bella; La ragazza ha comprato il suo vestito da sposa.

sposare, v. tr. *to marry*; *épouser*; *heiraten*; *casar*. **1.** Mio fratello ha sposato una donna bellissima; «Quell'uomo non lo sposerò mai!». **2. sposarsi,** v. rifl. e rifl. rec. ⊚ Mio padre si è sposato giovane; I nostri amici si sono sposati ieri.

spremuta, s. f. *squash*; *jus*; *Saft*; *jugo* ⊚ «Cameriere, mi porti una spremuta d'arancia».

stabilire, v. tr. *to establish, to fix*; *établir, fixer*; *festsetzen*; *establecer*. [pres. *stabilisco, stabilisci*, ecc.]. **1.** Prima di cominciare il gioco, furono stabilite le regole; Abbiamo stabilito di partire domani. **2. stabilirsi,** v. rifl. ⊚ Ormai si è stabilito in quella città, non tornerà più con noi.

stagione, s. f. *season*; *saison*; *Jahreszeit*; *estación* ⊚ «Quale stagione preferisci?»; Abbiamo avuto una buona stagione.

stamattina, avv. *this morning*; *ce matin*; *heute morgen*; *esta mañana* ⊚ Stamattina il professore non ha fatto lezione.

stampa, s. f. *printing, newspapers*; *impression, presse*; *Druck, Presse*; *impresión, prensa*. **1.** Deve curare la stampa del suo nuovo libro; La stampa di questo giornale non è molto chiara. **2.** Tutta la stampa nazionale ne ha parlato.

stanco, agg. *tired*; *fatigué*; *muede*; *cansado*. [pl. m. *stanchi*].
⊚ È stanco del viaggio; «Sei stanca?»; Dopo cena vado subito a letto, sono stanco morto.

stanotte, avv. *this night*; *cette nuit*; *heute Nacht*; *esta noche*
⊚ Stanotte non ho dormito bene.

stanza, s. f. *room*; *chambre, salle*; *Zimmer*; *pieza, habitación* ◦ «Avete una stanza libera?»; Abbiamo trovato una stanza con un bel panorama.

stare, v. intr. *to be, to stay*; *être, rester*; *sein, bleiben*; *estar*. [pres. *sto, stai, sta, stiamo, state, stanno*; fut. *starò, starai*, ecc.; pass. rem. *stetti, stesti, stette, stemmo, steste, stettero*; cong. pres. *stia, stia, stia, stiamo, stiate, stiano*; cong. imperf. *stessi, stessi*, ecc.; cond. pres. *starei, staresti*, ecc.; imp. *sta', state*; part. pass. *stato*] aus. *essere* ◦ «Come sta tuo fratello?», «Sta bene, grazie»; Non sono venuto perché stavo male; Mio zio sta in questa città da vent'anni; «Dove sta tuo fratello?»; I miei bambini stanno con i nonni; Quel professore quando fa lezione sta sempre in piedi; I ragazzi stanno a vedere la partita di calcio; Quando sono andato a casa sua, stava mangiando; «Presto, andiamo a casa! Sta per piovere»; Questo vestito non ti sta bene; Non può stare senza la sua ragazza; «State zitti!»; «Non dirgli niente, lascia stare». *Fig.*, «La tua salute mi sta molto a cuore».

stasera, avv. *this evening*; *ce soir*; *heute abend*; *esta tarde, esta noche* ◦ Stasera andremo al concerto; «Ci vedremo stasera al bar, ciao!».

stato, s. m. *state*; *état*; *Staat*; *estado* ◦ Sarà ricevuto dal Capo dello stato; Gli affari di stato lo tengono molto occupato; I fiumi e i laghi appartengono allo stato.

stazione, s. f. *station*; *gare*; *Bahnhof*; *estación* ◦ Vado alla stazione per salutare un amico che parte; «Scusi, qual è l'autobus per la stazione?»; Il treno è entrato in stazione.

stella, s. f. *star*; *étoile*; *Stern*; *estrella* ◦ Il cielo è sereno stasera, si vedono molte stelle; Il sole è la stella più vicina alla terra.

stendere, v. tr. *to spread (out), to stretch (out)*; *étendre, étaler*; *ausbreiten*; *extender, tender*. [vedi TENDERE]. **1.** Mia moglie ha lavato la camicia e l'ha stesa al sole; La signora stende la tovaglia sulla tavola. **2. stendersi**, v. rifl. ◦ Quando torno stanco dal lavoro, mi stendo sul letto.

stesso, agg. *same*; *même*; *selbst, derselbe*; *mismo, igual*. **1.** Non mi piace ascoltarlo, ripete sempre le stesse cose; Lo studente con cui vieni a lezione fa sempre gli stessi sbagli; Quelle due sorelle hanno i vestiti dello stesso colore. **2.** pron. ◦ «Hai cambiato auto?» «No, ho sempre la stessa»; Mio cugino è molto cambiato, non è più lo stesso.

stile, s. m. *style; style; Stil; estilo* ⊙ « Ti piace lo stile di questa chiesa? »; È un palazzo senza stile; È uno scrittore che ha uno stile tutto particolare.

stipendio, s. m. *salary; salaire; Gehalt; sueldo, salario* ⊙ Ha ricevuto oggi il suo primo stipendio; Ha un ottimo stipendio.

stomaco, s. m. *stomach; estomac; Magen; estómago.* [pl. *stomachi*]. ⊙ Ho mangiato troppo, mi fa male lo stomaco.

storia, s. f. *history, story; histoire; Geschichte; historia.* **1.** Mi piacciono molto i libri di storia; Quel professore insegna storia moderna all'università; Mio figlio ha un bravo professore di storia dell'arte. **2.** Mi ha raccontato una storia molto interessante.

strada, s. f. *road, street; route, rue; Weg, Strasse; calle* ⊙ C'era molta gente per la strada; La seconda strada a destra porta a casa mia; « Scusi, può indicarmi la strada per la stazione? ».

straniero, agg. *foreigner; étranger; Auslaender; extranjero* ⊙ D'estate in questa spiaggia vengono molti stranieri; Nella nostra città c'è un'università per stranieri.

strano, agg. *strange; étrange; seltsam; extraño* ⊙ Quella ragazza porta sempre strani cappelli; In questa casa succedono fatti strani; Ha uno strano modo di parlare; È strano che nostro zio non abbia ancora scritto.

stretto, agg. *narrow; étroit; eng; estrecho* ⊙ Nelle città antiche di solito le strade sono molto strette; Questo vecchio vestito non mi sta più bene, è un po' stretto.

stringere, v. tr. *to squeeze, to tighten; serrer; zuschnueren; estrechar.* [pass. rem. *strinsi, stringesti, strinse, stringemmo, stringeste, strinsero*; part. pass. *stretto*]. ⊙ Il bambino strinse i denti e non volle bere la medicina; Si è avvicinato e mi ha stretto la mano; Lo abbracciò e lo strinse forte forte.

studente, s. m. *student; étudiant; Student; estudiante.* [f. *studentessa*]. ⊙ È studente di medicina; Ci siamo conosciuti quando eravamo studenti; Vive alla casa dello studente.

studiare, v. tr. *to study; étudier; studieren; estudiar* ⊙ Studia l'italiano da molti anni; « Hai studiato la poesia? »; Non ha nessuna voglia di studiare; Suo padre non ha potuto farlo studiare; Studia da solo.

studio

studio, s. m. *study; étude; Studium; estudio.* **1.** Lo studio di una lingua è sempre interessante; Ci vogliono almeno due ore di studio al giorno; È un bravo scolaro, pensa sempre allo studio; È un uomo di studio; Il loro amico ha ricevuto una borsa di studio. **2.** Andai nello studio e mi misi a scrivere.

stufa, s. f. *stove; poêle, radiateur; Ofen; estufa* ⊙ Nella stanza c'è una stufa elettrica; «Accendiamo la stufa, fa freddo!».

stupido, agg. *stupid; stupide; dumm; estúpido* ⊙ Quel ragazzo è proprio uno stupido; «Non fare lo stupido, ti prego!».

su, prep. **1.** «Posali sulla tavola»; Non dovete scrivere sui muri; Si gettò il cappotto sulle spalle ed uscì; Dopo aver giocato un po', i bambini si sedettero sull'erba del prato. **2.** avv. ⊙ «Vieni su!»; Tutta la notte è andato su e giù per la stanza; «È tardi, su, andiamo!».

subito, avv. *immediately; immédiatement; sofort; inmediatamente* ⊙ «La prego di venire subito, ho molta fretta»; Torno subito; Risponderò subito alle lettere che ho ricevuto stamattina; «Va' ad aprire subito la porta!».

succedere, v. intr. *to happen; arriver, se passer; geschehen; suceder.* [pass. rem. *successi, succedesti, successe, succedemmo, succedeste, successero;* part. pass. *successo*] aus. *essere.* ⊙ In quel paese non succedeva mai niente; Che cosa sta succedendo?; Il nostro amico non esce più la sera, che cosa gli è successo?

successo, s. m. *success; succès; Erfolg; éxito* ⊙ Il film ha avuto un gran successo; È una canzone di successo.

succo, s. m. *juice; jus; Saft; jugo.* [pl. *succhi*]. ⊙ «Mi dia un succo d'arancia»; Ho comprato alcuni succhi di frutta.

sud, s. m. *south; sud; Sueden; sur* ⊙ La città è a sud del lago; È un vento che viene dal sud; La gente del Sud.

sufficiente, agg. *sufficient; suffisant; genuegend; suficiente* ⊙ Il pane che hai comprato oggi non è sufficiente; Il professore ha giudicato sufficiente la prova; «Era sufficiente che tu mi telefonassi, ed io ti avrei mandato il denaro».

sugo, s. m. *gravy, sauce; jus, sauce; Saft, Sauce; salsa.* [pl. *sughi*]. ⊙ La mamma ha preparato un ottimo sugo per gli spaghetti; «Cameriere, mi porti un piatto di spaghetti!» «Li vuole al sugo?» «Sì, per favore».

suo, agg. e pron. poss. [pl. m. *suoi*]. **1.** Le sue sorelle torneranno stasera; È andato fuori città con suo fratello; Abbiamo riconosciuto la sua voce; Lo studente ha messo i suoi libri nella borsa. **2.** « Di chi è questo giornale? » « È suo »; « Quest'ombrello è mio, non è suo ».

suonare, v. tr. *to sound, to play, to ring*; *sonner, jouer*; *toenen, spielen*; *tocar* ⊙ « Sai suonare il piano? »; L'orologio suona le cinque; « Suoniamo il campanello, qualcuno verrà ad aprire »; « Hanno suonato, guarda un po' chi è ».

suono, s. m. *sound*; *son*; *Klang*; *sonido* ⊙ Non abbiamo sentito il suono del campanello.

superare, v. tr. *to surpass*; *dépasser*; *uebertreffen, ueberholen*; *superar* ⊙ Mio fratello mi supera in altezza; « Prima di superare un'altra auto devi fare attenzione »; Lo studente ha superato l'esame.

superiore, agg. *upper, superior*; *supérieur*; *hoeher*; *superior* ⊙ Il mio amico abita al piano superiore; Quel ragazzo ha un'intelligenza superiore; È un vino di qualità superiore.

svegliare, v. tr. *to wake (up)*; *réveiller, éveiller*; *wecken*; *despertar*. **1.** « A che ora devo svegliarLa, signore? », « Mi svegli alle sette »; Stamattina mi ha svegliato il rumore della strada; « Dov'è nostro figlio? Dorme ancora? Sveglialo, è tardi ». **2. svegliarsi,** v. intr. pronom. ⊙ Stanotte non ho dormito bene, mi sono svegliato spesso.

T

tabacco, s. m. *tobacco; tabac; Tabak; tabaco*. [pl. *tabacchi*]. ⊙ È un tabacco da sigarette; Fuma tabacco forte; È un negozio di sale e tabacchi.

tagliare, v. tr. *to cut; couper; (ab) schneiden; cortar* ⊙ Abbiamo tagliato il vecchio albero del giardino; Questo coltello non taglia bene; L'operaio, lavorando, si è tagliato un dito.

tale, agg. **1.** « Cosa vuoi dire con un tale discorso? »; Ho avuto una tale paura che quasi morivo; « Come fa a piacerti un tale libro? ». **2.** pron. ⊙ « Oggi è venuto un tale a cercarti »; « Chi era quel tale con cui parlavi? ».

tanto¹, agg. **1.** « Non posso fermarmi, ho tanta fretta »; C'è ancora tanto lavoro da fare; « Dammi qualche cosa da mangiare, ho tanta fame »; « Nel tuo giardino ci sono tanti bei fiori ». **2.** pron. ⊙ È stato visto da tanti; Ieri sera eravamo in tanti ad ascoltarlo; Mi aiuta a fare questo lavoro e gli do un tanto al mese.

tanto², avv. ⊙ Ho mangiato tanto oggi; Quel ragazzo studia tanto; « Mi piace tanto la tua casa »; Oggi mi sento tanto stanco.

tardi, avv. *late; tard; spaet; tarde* ⊙ « È tardi, devo andare »; Ieri sera è tornato tardi a casa; Ho studiato fino a tardi; Ho fatto tardi al treno; Al più tardi, verrò fra una settimana; Non è mai troppo tardi per cominciare...

tassa, s. f. *tax; impôt, taxe; Steuer; impuesto* ⊙ Non ho ancora pagato le tasse per l'università; In questo paese si pagano molte tasse.

tassì, s. m. invar. *taxi; taxi; Taxi; taxi* ⊙ « È libero questo tassì? »; Arrivato alla stazione, ho preso il tassì.

tavola, s. f. *table*; *table*; *Tisch*; *mesa* ⊙ È ora di pranzo, la mamma prepara la tavola; « È pronto, mettetevi a tavola »; Il mare era così tranquillo che sembrava una tavola.

tavolo, s. m. *table*; *table*; *Tisch*; *mesa* ⊙ « Dove ha comprato questo tavolo? »; Abbiamo fatto riservare un tavolo al ristorante per questa sera; « Scusi, c'è un tavolo libero? »; Ci siamo seduti al tavolino del bar e abbiamo ordinato due caffè.

tazza, s. f. *cup*; *tasse*; *Tasse*; *taza* ⊙ Il bambino ha fatto cadere la tazza; Ho comprato delle tazze da latte; « Vuoi una tazza di tè? »; Mi ha offerto una tazzina di caffè.

te, pron. pers. di seconda persona sing. [vedi pag. 182].

tè, s. m. *tea*; *thé*; *Tee*; *té* ⊙ « Vuoi un tè? »; « Cameriere, mi porti un tè col limone », « A me col latte! ».

teatro, s. m. *theatre*; *théâtre*; *Theater*; *teatro* ⊙ Nella nostra città ci sono molti teatri; Ieri sera siamo andati a teatro; « A che ora comincia il teatro? »; « Cosa c'è stasera al teatro? ».

tedesco, agg. *German*; *allemand*; *deutsch*; *alemán* ⊙ È un professore di lingua e letteratura tedesca; « Parlate tedesco? ».

telefonare, v. intr., aus. *avere* *to telephone*; *téléphoner*; *telefonieren*; *llamar por teléfono* ⊙ « Scusi, posso telefonare? »; Ha telefonato un tale di cui non ricordo il nome; « Ricordati di telefonare alla maestra di nostro figlio ».

telefono, s. m. *telephone*; *téléphone*; *Telefon*; *teléfono* ⊙ « Dov'è il telefono, per favore? »; « Ti vogliono al telefono ».

telegramma, s. m. *telegram*; *télégramme*; *Telegramm*; *telegrama*. [pl. *telegrammi*]. ⊙ Ho ricevuto un telegramma; « Hai mandato il telegramma alla zia? »; « Prima di venire ti manderò un telegramma ».

televisione, s. f. *television*; *télévision*; *Fernsehen*; *televisión* ⊙ Ieri sera non sono uscito, ho guardato una commedia alla televisione; È un film della televisione italiana; « Nel tuo paese c'è la televisione a colori? ».

tema, s. m. *theme, composition*; *thème, sujet*; *Aufgabe*; *tema*. [pl. *temi*]. **1.** Il professore oggi ci ha dato un tema; Non posso venire a giocare, devo fare il tema; Il maestro mi ha detto che sono andato fuori tema. **2.** Il tema di questa conversazione è molto interessante.

temere, v. tr. *to fear*; *craindre*; *fuerchten*; *temer* ◎ È un bambino che non teme il buio; Temo di arrivare tardi all'appuntamento; « Temevo che tu non avessi ricevuto la mia lettera ».

temperatura, s. f. *temperature*; *température*; *Temperatur*; *temperatura* ◎ Oggi c'è una temperatura giusta: non è né caldo né freddo; « Non avrai mica la febbre? Misurati la temperatura ».

tempo, s. m. *time, weather*; *temps*; *Zeit, Wetter*; *tiempo*. 1. Il tempo presente, futuro, passato; Questo antico palazzo ha resistito al tempo; È stato lontano dalla sua città per molto tempo; « Quanto tempo ha tuo padre? »; Tempo di pace, tempo di guerra. *Prov.*, Il tempo è denaro. 2. Oggi fa brutto tempo, piove, tira vento, è freddo.

tendere, v. tr. *to tend*; *tendre*; *spannen*; *tender*. [pass. rem. *tesi, tendesti, tese, tendemmo, tendeste, tesero*; part. pass. *teso*]. 1. Tesero un filo da una finestra all'altra. 2. v. intr., aus. *avere* ◎ Tutti i popoli tendono alla pace.

tenere, v. tr. *to keep, to hold*; *tenir*; *halten*; *tener*. [pres. *tengo, tieni, tiene, teniamo, tenete, tengono*; fut. *terrò, terrai* ecc.; pass. rem. *tenni, tenesti, tenne, tenemmo, teneste, tennero*; cong. pres. *tenga, tenga*, ecc.; cond. pres. *terrei, terresti*, ecc.; part. pass. *tenuto*]. ◎ Teneva in mano un lungo coltello; Bisognava tenerlo fermo; Questo vestito tiene molto caldo.

tentare, v. tr. *to try, to tempt*; *essayer*; *versuchen*; *tentar, probar* ◎ Tenteremo una nuova strada; Il ladro ha tentato di fuggire dalla prigione; « Tentiamo la fortuna! ».

termosifone, s. m. *central heating*; *chauffage central*; *Zentralheizung*; *calefaccion* ◎ La casa è fredda: il termosifone non funziona; Devo far mettere i termosifoni nella nuova casa; « Spegni il termosifone, fa troppo caldo ».

terra, s. f. *earth*; *terre*; *Erde*; *tierra* ◎ La Terra gira intorno al Sole; È caduta per terra; La bottiglia cadde in terra e si ruppe; Nascose il suo denaro sotto terra.

terreno, s. m. *ground*; *terrain*; *Boden*; *terreno* ◎ È un ottimo terreno per i fiori; Davanti alla casa c'è un terreno molto grande, voglio metterci degli alberi da frutto; « Quanto hai pagato il terreno per la tua nuova casa? »; Ha venduto gran parte dei suoi terreni.

terribile, agg. *terrible, awful*; *terrible*; *schrecklich*; *terrible* ◎ È un bambino terribile; Mi ha detto delle cose terribili.

terzo, agg. num. *third*; *troisième*; *dritter*; *tercero* ⊙ Questa è la terza lettera che mi ha scritto in pochi giorni; «I libri che vedi sono la terza parte di quelli che ho»; È il terzo di cinque figli.

tesoro, s. m. *treasure*; *trésor*; *Schatz*; *tesoro* ⊙ «Dove sarà stato nascosto il tesoro?»; «Avete trovato un tesoro?». *Prov.*, Chi trova un amico trova un tesoro.

testa, s. f. *head*; *tête*; *Kopf*; *cabeza* ⊙ «Fa freddo, copriti la testa»; «Ho un gran mal di testa». *Frase idiom.*, Ha sempre la testa fra le nuvole.

tetto, s. m. *roof*; *toit*; *Dach*; *techo* ⊙ La casa non è ancora finita, manca il tetto; Dalla finestra si vedono i tetti delle altre case; Ho dovuto rifare il tetto della mia vecchia casa di campagna.

ti, pron. pers. di seconda persona sing. [vedi pag. 182].

tipo, s. m. *type, fellow*; *type*; *Type*; *tipo* ⊙ «Chi è quello strano tipo che è venuto a cercarti?»; Il mio amico è un tipo allegro; È un tipo di vino molto famoso.

tirare, v. tr. *to pull*; *tirer*; *ziehen*; *tirar*. 1. «Mi ha tirato i capelli!»; Gli ha tirato contro una pietra. 2. v. intr., aus. *avere* ⊙ Oggi tira vento; «Come va?» «Si tira avanti».

titolo, s. m. *title*; *titre*; *Titel, Ueberschrift*; *título* ⊙ Ieri sera sono andato al cinema, ma ho dimenticato il titolo del film; «Qual è il titolo del libro?».

toccare, v. tr. *to touch*; *toucher*; *beruehren*; *tocar*. 1. È vietato toccare la frutta; Chi tocca i fili muore! 2. v. intr., aus. *essere* ⊙ Gli è toccato un buon posto; Mi tocca partire subito.

togliere, v. tr. *to remove*; *enlever*; *(weg)nehmen*; *quitar*. [pres. *tolgo, togli, toglie, togliamo, togliete, tolgono*; pass. rem. *tolsi, togliesti, tolse, togliemmo, toglieste, tolsero*; cong. pres. *tolga, tolga,* ecc.; part. pass. *tolto*]. ⊙ «Togli questi libri dal tavolo!»; Il medico mi ha tolto un dente; «Perché non ti togli la giacca? Starai più comodo».

toletta, s. f. *toilet*; *toilette*; *Toilette*; *toilette* ⊙ «Scusi, sa dirmi dov'è la toletta?».

tornare, v. intr., aus. *essere to return*; *retourner, revenir*; *zurueckkommen*; *regresar* ⊙ Sono tornato prima di mezzanotte; «Tornerò presto»; Spero che mio fratello torni a casa.

torto

torto, s. m. *wrong; tort; Unrecht; sinrazón* ◦ « Non insistere! Hai torto! »; Crede di avere ragione e invece ha sempre torto; « Non pensavo di ricevere da te un torto simile ».

tovaglia, s. f. *table-cloth; nappe; Tischtuch; mantel* ◦ Oggi la signora ha messo una tovaglia nuova sulla tavola; Ho macchiato la tovaglia col vino.

tovagliolo, s. m. *table-napkin; serviette de table; Mundtuch; servilleta* ◦ « Cameriere, il tovagliolo, per piacere! ».

tra, prep. [vedi FRA]. ◦ Il bambino si è perduto tra la gente; Tra le due case c'è un giardino; « Tra me e te tutto è finito »; Tornerò tra una settimana.

tradurre, v. tr. *to translate; traduire; uebersetzen; traducir.* [pres. *traduco, traduci,* ecc.; imperf. *traducevo, traducevi,* ecc.; pass. rem. *tradussi, traducesti, tradusse, traducemmo, traduceste, tradussero*; cong. pres. *traduca, traduca,* ecc.; part. pass. *tradotto*]. ◦ Abbiamo tradotto una poesia in italiano.

traduzione, s. f. *translation; traduction; Uebersetzung; traducción* ◦ Lo studente ha sbagliato tutta la traduzione; Il professore corregge le traduzioni degli studenti; La traduzione di questa poesia non mi piace.

traffico, s. m. *traffic; circulation; Verkehr; tráfico.* [pl. *traffici*]. ◦ La domenica in questa strada c'è molto traffico; In tutte le grandi città esiste il problema del traffico.

tragedia, s. f. *tragedy; tragédie; Trauerspiel; tragedia.* **1.** Ieri sera abbiamo visto una tragedia alla televisione. **2.** La morte improvvisa del padre è stata una vera tragedia per la famiglia.

tramonto, s. m. *sunset; coucher de soleil; Sonnenuntergang; ocaso, puesta de sol* ◦ Da questa parte della casa si vede il tramonto del sole; È tardi: il sole è al tramonto; « Ci vediamo al tramonto ».

tranquillo, agg. *tranquil, calm; tranquille; ruhig; tranquilo* ◦ È un uomo tranquillo; « Sta' tranquillo, non preoccuparti, va tutto bene »; Oggi non è successo niente: è stata una giornata tranquilla.

transitivo, agg. *transitive; transitif; transitiv; transitivo* ◦ *Leggere* è un verbo transitivo.

trapassato, s. m. *past-perfect; plus-que-parfait; Plusquamperfect; pluscuam perfecto* ◦ Nella frase: *Non sono andato al* cinema con i miei amici, perché avevo già visto quel film le parole *avevo visto* sono il trapassato prossimo del verbo *vedere*.

trattare, v. tr. *to treat*; *traiter*; *(be)handeln*; *tratar*. **1.** Il professore ha trattato un argomento interessante; Lo hanno trattato male. **2.** v. intr., aus. *avere* ⊙ «Di che tratta questo libro?».

tratto, s. m. *line, stretch*; *trait*; *Strich*; *raya* ⊙ Ha fatto un tratto con la penna sul foglio; Abbiamo fatto un tratto di strada insieme; Tutto a un tratto il bambino si mise a piangere.

tre, num. *three*; *trois*; *drei*; *tres* ⊙ Partirò fra tre giorni; Sono le cinque e tre minuti; Ha comprato tre paia di scarpe. *Prov.*, Chi fa da sé, fa per tre.

tredici, num. *thirteen*; *treize*; *dreizehn*; *trece* ⊙ Mia sorella ha tredici anni; Ho letto soltanto tredici pagine di questo libro.

treno, s. m. *train*; *train*; *Zug*; *tren* ⊙ «A che ora arriva il treno?»; Ho fatto in treno un lungo viaggio; Ho perso il treno; Prenderò l'ultimo treno; Per arrivare prima, prenderò il treno rapido.

trenta, num. *thirty*; *trente*; *dreissig*; *treinta* ⊙ Oggi ho compiuto trenta anni; Ho comprato trenta bottiglie di vino; «Verrò a prenderti alle sedici e trenta minuti».

triste, agg. *sad*; *triste*; *traurig*; *triste* ⊙ Quel ragazzo è spesso triste; È molto triste perché poco fa ha ricevuto brutte notizie; «Le tue parole mi hanno fatto diventare triste».

troppo, agg. *too (much, many)*; *trop*; *zuviel*; *demasiado*. **1.** In questa stanza ci sono troppe persone; Ho fumato troppe sigarette; «Hai bevuto troppo vino». **2.** avv. ⊙ Sono stanco, ho studiato troppo; Mi sento male, ho mangiato troppo.

trovare, v. tr. *to find*; *trouver*; *finden*; *encontrar* ⊙ Ho trovato un ombrello; Abbiamo trovato un buon albergo; Finalmente quella ragazza ha trovato marito; Il mio amico ha trovato un buon posto. *Prov.*, Chi cerca, trova.

tu, pron. pers. ⊙ «Gli hai già scritto tu, o devo scrivergli io?»; «Sei stato tu?»; Ci siamo trovati a tu per tu, ma non gli ho parlato.

tuo, agg. e pron. poss. [pl. m. *tuoi*]. **1.** «I tuoi occhi sono molto belli»; «Dove sono le tue valigie?»; «Ho cono-

turismo

sciuto tuo padre »; « I tuoi fratelli sono simpatici; » « La mia casa è più grande della tua »; « Prendo i miei dischi, ricordati di prendere i tuoi »; « Questo è mio e quello è tuo ».

turismo, s. m. *tourism*; *tourisme*; *Fremdenverkehr*; *turismo* ⊙ Viaggia per turismo; Il turismo è molto importante per questo paese.

tuttavia, congz. *nevertheless*; *cependant*; *dennoch*; *pero, sin embargo* ⊙ « Sei stato cattivo, tuttavia ti farò un regalo per la tua festa »; Eravamo tutti molto stanchi, tuttavia andammo al cinema.

tutto, agg. *all*; *tout*; *alles*; *todo*. **1.** Tutte le mattine mi alzo alle sette; Tutti gli studenti hanno fatto l'esame; Attraversai tutta la città; Ho lavorato tutto il giorno; « Hai parlato con i miei genitori? » « Sì, ho parlato con tutt'e due ». **2.** pron. ⊙ Sono tutti a letto; Lo diremo a tutti; Tutto può succedere!

U

ubriaco, agg. *drunk*; *ivre*; *betrunken*; *borracho, beodo* ⊙ Gli piace molto il vino, per questo è spesso ubriaco; È così ubriaco che non sta in piedi; È più ubriaco la mattina che la sera (*è sempre ubriaco*).

uccello, s. m. *bird*; *oiseau*; *Vogel*; *pájaro* ⊙ Ho visto volare molti uccelli; Molti uccelli sono morti per il gran freddo.

uccidere, v. tr. *to kill*; *tuer*; *toeten*; *matar*. [pass. rem. *uccisi, uccidesti, uccise, uccidemmo, uccideste, uccisero*; part. pass. *ucciso*]. **1.** I soldati hanno ucciso molti nemici; Gli hanno ucciso il cane; Il troppo bere lo ucciderà. **2. uccidersi,** v. rifl. ⊙ Si è ucciso buttandosi sotto il treno.

ufficiale, s. m. *officer*; *officier*; *Offizier*; *oficial* ⊙ Suo zio è un alto ufficiale dell'esercito; Un bravo ufficiale guidò i soldati in quella difficile azione di guerra.

ufficio, s. m. *office*; *bureau*; *Amt*; *oficina* ⊙ « A che ora vai in ufficio? »; « Oggi tornerò tardi: in ufficio ho molto lavoro ».

uguale, agg. *alike, like*; *égal*; *gleich*; *igual* ⊙ « Guarda quel signore: ha un vestito uguale al tuo »; « Questi compiti sono uguali: avete anche fatto gli stessi sbagli! »; Le nostre borse sono uguali.

ultimo, agg. *last*; *dernier*; *letzter*; *último* ⊙ È sempre l'ultimo studente ad arrivare a scuola; L'ultima casa in fondo alla strada è di mio fratello; « Questa è l'ultima volta che te lo dico »; « Sto leggendo le ultime pagine del libro che mi hai prestato »; Ho comprato un vestito all'ultima moda.

umano, agg. *human*; *humain*; *menschlich*; *humano*. **1.** Gli studenti hanno studiato le parti del corpo umano. **2.** « Non fargli del male: cerca di essere più umano ».

undici, num. *eleven*; *onze*; *elf*; *once* ⊙ Ho letto soltanto undici pagine del libro che mi hai dato; « Che ore sono? » « Sono le undici ».

unghia, s. f. *nail*; *ongle*; *Nagel*; *uña* ⊙ Le sue unghie sono troppo lunghe; « Smetti di mangiarti le unghie! ».

unico, agg. *only*, *sole*; *unique*; *einzig*; *único* ⊙ L'ho visto quell'unica volta; È l'unico amico che ho.

unire, v. tr. *to unite*; *unir*; *vereinen*; *unir* ⊙ Deve unire due letti piccoli per farne uno grande; Altre persone si sono unite a noi per andare a quella festa; « Unite le vostre forze per riuscire meglio nel lavoro »; Una grande amicizia li unisce.

università, s. f. *university*; *université*; *Universitaet*; *universidad* ⊙ È un'università molto antica; All'università sono cominciate le lezioni; Frequenta da due anni l'università.

uno, un, num. [f. *una*, *un'*]. *one*; *un*; *ein*; *uno*. **1.** Nella stanza c'è uno specchio; « Quanti libri italiani hai letto? » « Uno ». **2.** art. ind. *a*; *un*; *ein*; *un* ⊙ Ho incontrato uno studente straniero; Ho ricevuto un regalo da un'amica. **3.** pron. ⊙ « Stasera è venuto uno a cercarti »; Se uno vuole riuscire agli esami, deve studiare.

uomo, s. m. *man*; *homme*; *Mensch*, *Mann*; *hombre*. [pl. *uomini*]. ⊙ « Chi è quell'uomo? »; In quella casa vive un uomo solo; È veramente un uomo buono e gentile; Quell'uomo ha un brutto carattere: è difficile andar d'accordo con lui.

uovo, s. m. *egg*; *oeuf*; *Ei*; *huevo*. [pl. f. *le uova*]. ⊙ « Quanto costano le uova? »; Al mercato ho comprato molte uova fresche; Spesso al mattino faccio colazione con le uova; « Metti quelle uova sul tavolo: più tardi le preparerò per la cena ».

usare, v. tr. *to use*; *employer*, *utiliser*; *benuetzen*; *usar* ⊙ « Posso usare la tua penna per scrivere la domanda? »; « Quale sapone usi? »; Non usa ancora bene i verbi italiani.

uscire, v. intr. *to go (come) out*; *sortir*; *(hin) ausgehen*; *salir*. [pres. *esco, esci, esce, usciamo, uscite, escono*; cong. pres. *esca*, ecc., *usciamo, usciate, escano*; imper. *esci, esca, usciamo, uscite, escano*] aus. *essere*. ⊙ « A che ora esci per andare al cinema? » Non è in casa: è uscito pochi minuti fa; Ieri sera siamo usciti tutti insieme; È uscito per primo dall'ufficio; « Penso di poter uscire domani con te ».

uscita, s. f. *exit*; *sortie*; *Ausgang*; *salida* ⊙ « Dov'è l'uscita? »; « Ti aspetterò all'uscita »; Fuori della scuola le mamme aspettano l'uscita dei bambini.

uso, s. m. *use*; *usage*; *Gebrauch*; *uso* ⊙ È una macchina di facile uso; L'ha comprata per uso personale; « Perché non parli? Hai perduto l'uso della parola? ».

utile, agg. *useful*; *utile*; *nuetzlich*; *útil* ⊙ La conoscenza di una lingua straniera può essere utile; Ho ricevuto molti regali utili; « Questo libro ti sarà molto utile per conoscere le abitudini di quel popolo ».

uva, s. f. *grapes*; *raisin*; *Traube*; *uva* ⊙ « Vuole la frutta? » « Sì, mi porti un po' d'uva »; Da quest'uva si ha un ottimo vino.

V

vacanza, s. f. *holiday*; *vacances*; *Ferien*; *vacaciones* ◉ Tra un mese cominceranno le vacanze; « Dove andrai in vavanza quest'anno? »; Al mare ho passato belle vacanze.

vaglia, s. m. invar. *money order*; *mandat*; *Scheck*; *giro* ◉ Sono rimasto senza soldi; spero che arrivi presto il vaglia di mio padre.

vagone, s. m. *coach, railway carriage*; *wagon*; *Wagen*; *vagón* ◉ « In questo treno c'è il vagone ristorante? »; Ho viaggiato in un vagone di prima classe; Per il prossimo viaggio prenderemo il vagone letto.

valere, v. intr. *to be worth*; *valoir*; *wert sein*; *valer*. [pres. *valgo, vali, vale, valiamo, valete, valgono*; fut. *varrò, varrai*, ecc.; pass. rem. *valsi, valesti, valse, valemmo, valeste, valsero*; cong. pres. *valga*, ecc.; cond. pres. *varrei, varresti*, ecc.; part. pass. *valso*] aus. *essere*. ◉ « Quanto può valere questa macchina? »; È una casa che vale milioni; Il libro che ho finito di leggere non vale niente; Spero che i miei consigli valgano a qualcosa; Valgono più i fatti delle parole. *Fig.*, Vale tanto oro quanto pesa.

valigia, s. f. *suit-case*; *valise*; *Koffer*; *maleta* ◉ Ha comprato una bella valigia di pelle; « Quanto pesano queste valigie! Cosa c'è dentro? »; Ho lasciato le valigie alla stazione; « Dove sono le mie valigie? »; È arrivato il momento di preparare le valigie e di partire; « Vuole aprire quella valigia? ».

valore, s. m. *value*; *valeur*; *Wert*; *valor* ◉ È un quadro di grande valore; « Ciò che puoi dire ora non ha più nessun valore »; I soldati hanno combattuto con grande valore.

vario, agg. *various*; *varié, différent*; *verschieden*; *diferente* ◉ Questa città ha un panorama vario; In questo mese ho letto vari libri, ma nessuno mi è piaciuto; Ha dipinto le pareti delle stanze di vari colori.

vaso, s. m. *vase*; *vase*; *Vase*; *jarrón* ⊚ Sul tavolo c'è un vaso con fiori gialli; Gli abbiamo regalato un bel vaso d'argento.

vecchio, agg. *old*; *vieux*; *alt*; *viejo*. 1. Sua nonna è molto vecchia; Abita una vecchia casa in campagna; È un vecchio amico di famiglia. 2. s. m. [f. -a]. ⊚ I vecchi hanno molta esperienza; Spesso i vecchi hanno bisogno di molte cure.

vedere, v. tr. *to see*; *voir*; *sehen*; *ver*. [fut. *vedrò, vedrai*, ecc.; pass. rem. *vidi, vedesti, vide, vedemmo, vedeste, videro*; cond. pres. *vedrei, vedresti*, ecc.; part. pass. *visto* o *veduto*]. ⊚ Ieri sera non ho potuto vedere i miei amici; « Hai visto i miei quadri? »; « Dopo aver visto il film, verrò a trovarti »; Lo vidi e lo salutai; Abitiamo nella stessa città e non ci vediamo mai; Quel vecchio non ci vede bene: ha bisogno degli occhiali.

veloce, agg. *fast, swift*; *rapide*; *schnell*; *veloz* ⊚ Ho comprato una macchina molto veloce; Preferisco viaggiare con il rapido perché è molto veloce.

vendere, v. tr. *to sell*; *vendre*; *verkaufen*; *vender* ⊚ Vorrei vendere questi vecchi libri che non mi servono più; « Sai se vendono questa casa? »; Riporterò il vestito dove me l'hanno venduto.

venerdì, s. m. *Friday*; *vendredi*; *Freitag*; *viernes* ⊚ Oggi è venerdì; Tornerà venerdì prossimo.

venire, v. intr. *to come*; *venir*; *kommen*; *venir*. [pres. *vengo, vieni, viene, veniamo, venite, vengono*; fut. *verrò, verrai*, ecc.; pass. rem. *venni, venisti, venne, venimmo, veniste, vennero*; cong. pres. *venga*, ecc.; cond. pres. *verrei, verresti*, ecc.; part. pass. *venuto*] aus. *essere*. ⊚ « Vieni con me al cinema? » « Ci verrei, ma non posso »; È venuto da me un vecchio amico; « Verrò a trovarti appena potrò »; Nella nostra città vengono molti stranieri; « A che ora verrà l'avvocato? »; Vennero in tanti a salutarmi alla stazione.

venti, num. *twenty*; *vingt*; *zwanzig*; *veinte* ⊚ Ieri ho fumato più di venti sigarette; « Ti sto aspettando da venti minuti »; Starò fuori circa venti giorni.

vento, s. m. *wind*; *vent*; *Wind*; *viento* ⊚ Oggi non si può stare in giardino: c'è troppo vento; La mamma non fece uscire il bambino perché tirava un forte vento; Il vento gli portò via il cappello.

veramente, avv. *truly*; *vraiment, sincèrement*; *wahrhaftig*; *verdaderamente* ⊙ È una persona veramente strana; Ho letto un libro veramente bello; « Non hai ancora capito? Veramente sono già due volte che te lo ripeto ».

verbo, s. m. *verb*; *verbe*; *Verb*; *verbo* ⊙ Oggi abbiamo studiato i verbi riflessivi.

verde, agg. *green*; *vert*; *gruen*; *verde* ⊙ Quella ragazza ha dei begli occhi verdi; In primavera tutta la campagna è verde.

verità, s. f. *truth*; *vérité*; *Wahrheit*; *verdad* ⊙ Da quel ragazzo non sapremo mai la verità; « Dimmi la verità »; « Avete scoperto la verità ? ».

vero, agg. *true*; *vrai*; *véritable*; *wahr*; *verdadero, verídico* ⊙ È un vero soldato; I fiori che sono nel vaso, sono dei fiori veri; Non so se è vero, ma tutti lo dicono; « È vero o non è vero che ci sei andato? ».

verso, s. m. *verse*; *vers*; *Vers*; *verso*. **1.** Non sono poeta, non ho mai scritto un verso; Ricordo soltanto i primi versi della poesia. **2.** Il mio amico sa rifare il verso di molti animali.

verso, prep. *towards*; *vers*; *gegen, nach*; *hacia* ⊙ L'ho visto mentre andava verso casa; Ogni mattina mi alzo verso le sette; Lo spettacolo è finito verso mezzanotte.

vestire, v. tr. *to dress*; *habiller*; *kleiden*; *vestir*. **1.** La mamma veste ogni mattina la sua bambina. **2.** v. intr., aus. *avere* ⊙ Mia madre veste spesso di nero. **3. vestirsi,** v. rifl. ⊙ Mentre mi vesto, mi guardo nello specchio; « Non ti sei ancora vestito? Fa' presto, è tardi! ».

vestito, s. m. *dress*; *vêtement*; *Kleid*; *vestido, traje* ⊙ « Mi piace il tuo vestito nuovo »; Devo comprare un vestito per l'estate.

vetro, s. m. *glass*; *verre*; *Glas*; *vidrio* ⊙ « Sta' attento, non tagliarti con il vetro! »; Il negozio ha una porta di vetro; I bicchieri, di solito, sono di vetro.

vi, ve, pron. pers. **1.** « Vi racconterò tutto »; « Che cosa vi ha detto? »; « Eravate anche voi al cinema? Non vi ho visti »; « Perché non mi rispondete quando vi saluto? »; « Ve lo presterò per una settimana »; « Ve ne parlerò domani ». **2.** avv. ⊙ Andremo a casa tua e vi ceneremo.

via, s. f. *street, road*; *rue, route*; *Strasse, Weg*; *calle* ⊙ In questa via ci abita mio fratello; Hanno cambiato nome alla via; Per tornare a casa prenderemo la via più breve.

via, avv. ⊙ È andato via senza salutare; «Perché vuoi restare in questo brutto posto? Vieni via con me!»; Finalmente la nebbia è andata via.

viaggiare, v. intr., aus. *avere to travel; voyager; reisen; viajar* ⊙ Mi piace molto viaggiare; Di solito viaggio in treno; Ho viaggiato con persone simpaticissime.

viaggiatore, agg. e s. m. [f. *-trice*]. *traveller; voyageur; Reisender; viajero* ⊙ Tutti i viaggiatori hanno dovuto scendere dall'autobus.

viaggio, s. m. *journey; voyage; Reise; viaje* ⊙ «Ho fatto un lungo viaggio per vederti»; È stato un viaggio interessante; È un viaggio d'affari; «Buon viaggio, ciao!».

viale, s. m. *avenue; avenue, boulevard; Allee; alameda, avenida* ⊙ Lungo questo viale ci sono dei grandi alberi.

vicino, agg. **1.** La sua casa è vicina al mare; «Oramai la città è vicina». **2.** s. m. [f. *-a*]. ⊙ I nostri vicini litigano ogni sera; Ho dei vicini di casa molto simpatici. **3.** avv. ⊙ Mio fratello abita qui vicino. **4.** loc. prep. ⊙ «Posso sedermi vicino a te?».

vietato, agg. *forbidden; interdit; verboten; vedado, prohibido* ⊙ È vietato fumare al teatro; Nel negozio è vietato toccare la frutta; È vietato attraversare i binari.

villa, s. f. *country-house; villa, maison de campagne; Landhaus; casa de campo, quinta* ⊙ Mi son fatto costruire una villa in montagna; Ha comprato una bella villa.

villeggiatura, s. f. *holiday; villégiature; Sommerfrische; veraneo* ⊙ È andato in villeggiatura; «Dove passerai la villeggiatura, quest'anno?»; «Buona villeggiatura!»; «Ci vedremo quando tornerò dalla villeggiatura».

vincere, v. tr. *to win, to beat; gagner, vaincre; gewinnen; vencer.* [pass. rem. *vinsi, vincesti, vinse, vincemmo, vinceste, vinsero;* part. pass. *vinto*]. ⊙ I nostri soldati hanno vinto la battaglia; «Chi vincerà la guerra?»; Il mio amico ha vinto molto denaro al gioco; Con questa nuova medicina speriamo di vincere quel terribile male.

vino, s. m. *wine; vin; Wein; vino* ⊙ «Vuoi un po' di vino?»; Ho bevuto due bicchieri di vino e già mi gira la testa; Abbiamo comprato una bottiglia di vino; «Ottimo, questo vino!».

virgola, s. f. *comma; virgule; Komma; coma* ⊙ Nella frase *Lo studente, occupato a fare gli esercizi, non andò alla festa con i suoi amici,* i piccoli segni che vedi dopo le parole *studente* e *esercizi* sono virgole.

visita, s. f. *visit*; *visite*; *Besuch, Untersuchung*; *visita*. **1.** Prima di tornare a casa, faremo visita al nostro amico; È stata una visita molto breve; La visita di quel medico costa molto.

viso, s. m. *face*; *visage*; *Gesicht*; *rostro* ⊙ Quella bambina ha proprio un bel viso; Non guarda mai in viso le persone con cui parla.

vista, s. f. *view*; *vue*; *Aussicht*; *vista*. **1.** Mio nonno ha ancora la vista buona; «Conosci mio fratello?» «Lo conosco soltanto di vista»; «Puoi lasciargli un biglietto, così saprà dove siamo andati, ma mettilo bene in vista». **2.** Dalla mia finestra c'è una bella vista sulla città.

vita, s. f. *life*; *vie*; *Leben*; *vida* ⊙ Sua nonna ha avuto una lunga vita; «Finché sarò in vita non dimenticherò quello che hai fatto per me»; È in fin di vita; Molti giovani hanno dato la vita per la patria.

vivere, v. intr. *to live*; *vivre*; *leben*; *vivir*. [fut. *vivrò, vivrai*, ecc.; pass. rem. *vissi, vivesti, visse, vivemmo, viveste, vissero*; part. pass. *vissuto*] aus. *essere* (o *avere*) ⊙ Nel bosco lungo il fiume vivono molti animali; Il poeta che ha scritto la canzone che stiamo leggendo, è vissuto nel secolo passato; Vivo in questa casa da più di vent'anni; Suo nonno ha vissuto novant'anni.

vivo, agg. *alive*; *vivant, vif*; *lebendig*; *vivo* ⊙ I suoi nonni sono ancora vivi.

vocabolario, s. m. *dictionary*; *dictionnaire*; *Woerterbuch*; *vocabulario* ⊙ In questo vocabolario ci sono le parole di uso più frequente della lingua italiana.

vocale, s. f. *vowel*; *voyelle*; *Vokal*; *vocal* ⊙ I, u, o, a, e sono vocali.

voce, s. f. *voice*; *voix*; *Stimme*; *voz* ⊙ Quella signorina ha una bella voce; Non posso parlare, non ho più voce; Il cane riconosce la voce del suo padrone; Stava parlando a bassa voce.

voglia, s. f. *wish, will*; *envie*; *Wille, Lust*; *deseo, ganas* ⊙ Gli manca la voglia di lavorare; Oggi non ho voglia di studiare; Ho voglia di un gelato; Muoio dalla voglia di rivederlo.

voi, pron. pers. ⊙ «Neanche voi potete dirlo»; «Sì, siete stati voi!»; «Posso venire con voi?».

volare, v. intr., aus. *essere* e *avere to fly*; *voler*; *fliegen*; *volar* ⊙ Quando mi sono avvicinato l'uccello è volato via; La finestra si aprì e tutte le carte volarono dal tavolo.

volentieri, avv. *willingly*; *volontiers*; *gern*; *de buena gana, con mucho gusto* ⊙ Studia volentieri; «Vengo volentieri con voi»; «Mi dai una sigaretta, per piacere?» «Volentieri».

volere, v. tr. *to want, to wish, will*; *vouloir*; *wollen*; *querer, desear*. [pres. *voglio, vuoi, vuole, vogliamo, volete, vogliono*; fut. *vorrò, vorrai*, ecc.; pass. rem. *volli, volesti, volle, volemmo, voleste, vollero*; cong. pres. *voglia, voglia,* ecc.; cond. pres. *vorrei, vorresti*, ecc.; part. pass. *voluto*] aus. *avere* e *essere* ⊙ Non ha voluto dirmi niente; È voluto partire con l'auto; «Vorrei vedere quel vestito grigio»; «Vorrei venire, ma non posso»; «Ne vuoi un po'?»; «Ti vogliono al telefono»; «Che vuoi?».

volontà, s. f. *will*; *volonté*; *Wille*; *voluntad* ⊙ Mio fratello ha poca volontà di studiare; È un giovane senza volontà; «L'ho fatto di mia volontà»; Sia fatta la volontà di Dio!

volpe, s. f. *fox*; *renard*; *Fuchs*; *zorro* ⊙ Hanno ammazzato una volpe; La volpe mangia i polli del contadino.

volta, s. f. *time, once*; *fois*; *Mal*; *vez* ⊙ L'ho visto una volta soltanto; È la prima volta che mi succede; «È la prima e l'ultima volta che vengo con te»; Gli ho telefonato tre volte; Una volta la vita era più tranquilla; C'era una volta un re...

vostro, agg. e pron. poss. ⊙ «Ho conosciuto il vostro medico»; «Ho parlato con i vostri genitori»; «Questi quaderni sono i miei e quelli i vostri».

voto, s. m. *mark, vote*; *note, vote*; *Note, Stimme*; *nota, calificación*. **1.** Il professore ha dato un brutto voto allo studente che ha sbagliato tutto l'esercizio. **2.** Quel partito politico ha avuto molti voti.

vuoto, agg. *empty*; *vide*; *leer*; *vacío* ⊙ Il bicchiere è vuoto; Se ne tornò a casa a mani vuote.

Z

zia, s. f. *aunt*; *tante*; *Tante*; *tía* ⊙ A Natale verrà a trovarci una vecchia zia; La zia è andata al cinema con i nipoti.

zio, s. m. *uncle*; *oncle*; *Onkel*; *tío* ⊙ Mio zio è ritornato da un lungo viaggio; Suo zio è molto ricco.

zitto, agg. *silent*; *silencieux*; *still*; *callado* ⊙ «Sta zitto, per piacere, voglio riposarmi un po'»; «Perché stai sempre zitto? Di' quello che pensi».

zucchero, s. m. *sugar*; *sucre*; *Zucker*; *azúcar* ⊙ «Cameriere, un caffè senza zucchero»; «Questo tè è amaro, vorrei ancora un po' di zucchero»; «Mi dia un chilo di zucchero».

GLI ARTICOLI DELLA LINGUA ITALIANA

il – i	un – (dei)
lo – gli	uno – (degli)
l' – gli	un – (degli)
la – le	una – (delle)
l' – le	un' – (delle)

Il fiore è rosso; Il film che ho visto è bello; Il romanzo non mi è piaciuto; I ragazzi giocano a palla; I fiammiferi sono nella scatola; È un libro interessante; È un soldato inglese; Lo studente è andato a scuola; Lo zio arriverà domani; « Hai messo lo zucchero nel caffè? »; Il professore corregge gli sbagli; Domani ci sarà uno sciopero; Quel signore ha uno stipendio molto alto; L'orologio di mio fratello è d'oro; L'anno prossimo farò un viaggio; Quasi tutti gli alberi in autunno perdono le foglie; È un ottimo ristorante; È un albergo moderno; In montagna c'è sempre un'aria molto buona.

LE PREPOSIZIONI

(di + il)	> **del**	(di + i)	> **dei**
(di + lo)	> **dello**	(di + gli)	> **degli**
(di + l')	> **dell'**	(di + gli)	> **degli**
(di + la)	> **della**	(di + le)	> **delle**
(di + l')	> **dell'**	(di + le)	> **delle**
(a + il)	> **al**	(a + i)	> **ai**
(a + lo)	> **allo**	(a + gli)	> **agli**
(a + l')	> **all'**	(a + gli)	> **agli**
(a + la)	> **alla**	(a + le)	> **alle**
(a + l')	> **all'**	(a + le)	> **alle**
(da + il)	> **dal**	(da + i)	> **dai**
(da + lo)	> **dallo**	(da + gli)	> **dagli**
(da + l')	> **dall'**	(da + gli)	> **dagli**
(da + la)	> **dalla**	(da + le)	> **dalle**
(da + l')	> **dall'**	(da + le)	> **dalle**
(in + il)	> **nel**	(in + i)	> **nei**
(in + lo)	> **nello**	(in + gli)	> **negli**

(in + l')	> **nell'**	(in + gli)	> **negli**
(in + la)	> **nella**	(in + le)	> **nelle**
(in + l')	> **nell'**	(in + le)	> **nelle**
(su + il)	> **sul**	(su + i)	> **sui**
(su + lo)	> **sullo**	(su + gli)	> **sugli**
(su + l')	> **sull'**	(su + gli)	> **sugli**
(su + la)	> **sulla**	(su + le)	> **sulle**
(su + l')	> **sull'**	(su + le)	> **sulle**

Nella lingua di oggi sono più usate le forme *con il, con i, con la, con gli,* ecc., delle forme *coi, col, cogli,* ecc. (e sempre *per il, per i, per la,* ecc.).

PRONOMI PERSONALI

io		mi	– me	mi	– a me
tu		ti	– te	ti	– a te
esso egli		lo	– lui	gli	– a lui, sé, si
	Lei	La	Lei	Le	a Lei
essa lei		la	– lei	le	– a lei, sé, si
noi		ci	– noi	ci	– a noi
voi		vi	– voi	vi	– a voi
essi		li	⎫		
loro	Loro		⎬ loro	(gli) loro	– a loro, sé, si
esse		le	⎭		

Anche io verrò domani alla festa con voi; Quando lo vedrò, gli dirò di telefonarti; Lo ho corretto più volte, ma lui continua a sbagliare; Quando uscirò con lei, le ricorderò quello che ci ha promesso; I miei amici sono partiti questa sera: volevo accompagnarli alla stazione, ma loro non hanno voluto; Vi ripeto che i vostri disegni mi piacciono e li farò vedere a mio padre; Prima di venire a pranzo, debbo lavarmi le mani; Ieri sera ci siamo molto divertiti al cinema; Quando parla si ripete spesso; Vuol far sempre tutto da sé; Gli debbo dare questo libro e glielo porterò a casa; Chi ti ha regalato questa bella penna? Me l'ha regalata lo zio.

CONIUGAZIONE DEL VERBO ESSERE

Modo indicativo

Presente   *Passato prossimo*

sono   sono stato
sei   sei stato
è   è stato
siamo   siamo stati
siete   siete stati
sono   sono stati

Imperfetto

ero
eri
era
eravamo
eravate
erano

Trapassato prossimo

ero stato
eri stato
era stato
eravamo stati
eravate stati
erano stati

Passato remoto

fui
fosti
fu
fummo
foste
furono

Trapassato remoto

fui stato
fosti stato
fu stato
fummo stati
foste stati
furono stati

Futuro semplice

sarò
sarai
sarà
saremo
sarete
saranno

Futuro anteriore

sarò stato
sarai stato
sarà stato
saremo stati
sarete stati
saranno stati

Modo congiuntivo

Presente

sia
sia
sia
siamo
siate
siano

Passato

sia stato
sia stato
sia stato
siamo stati
siate stati
siano stati

Imperfetto

fossi
fossi
fosse
fossimo
foste
fossero

Trapassato

fossi stato
fossi stato
fosse stato
fossimo stati
foste stati
fossero stati

Modo condizionale

Presente
sarei
saresti
sarebbe
saremmo
sareste
sarebbero

Passato
sarei stato
saresti stato
sarebbe stato
saremmo stati
sareste stati
sarebbero stati

Imperativo

Presente
sii
sia
siamo
siate
siano

Infinito

Presente
essere

Passato
essere stato

Participio

Passato
stato

Gerundio

Presente
essendo

Passato
essendo stato

CONIUGAZIONE DEL VERBO AVERE

Modo indicativo

Presente
ho
hai
ha
abbiamo
avete
hanno

Passato prossimo
ho avuto
hai avuto
ha avuto
abbiamo avuto
avete avuto
hanno avuto

Imperfetto

avevo
avevi
aveva
avevamo
avevate
avevano

Trapassato prossimo

avevo avuto
avevi avuto
aveva avuto
avevamo avuto
avevate avuto
avevano avuto

Passato remoto

ebbi
avesti
ebbe
avemmo
aveste
ebbero

Trapassato remoto

ebbi avuto
avesti avuto
ebbe avuto
avemmo avuto
aveste avuto
ebbero avuto

Futuro semplice

avrò
avrai
avrà
avremo
avrete
avranno

Futuro anteriore

avrò avuto
avrai avuto
avrà avuto
avremo avuto
avrete avuto
avranno avuto

Modo congiuntivo

Presente

abbia
abbia
abbia
abbiamo
abbiate
abbiano

Passato

abbia avuto
abbia avuto
abbia avuto
abbiamo avuto
abbiate avuto
abbiano avuto

Imperfetto

avessi
avessi
avesse
avessimo
aveste
avessero

Trapassato

avessi avuto
avessi avuto
avesse avuto
avessimo avuto
aveste avuto
avessero avuto

Modo condizionale

Presente
avrei
avresti
avrebbe
avremmo
avreste
avrebbero

Passato
avrei avuto
avresti avuto
avrebbe avuto
avremmo avuto
avreste avuto
avrebbero avuto

Imperativo

Presente
abbi
abbia
abbiamo
abbiate
abbiano

Infinito

Presente
avere

Passato
avere avuto

Participio

Presente
avente

Passato
avuto

Gerundio

Presente
avendo

Passato
avendo avuto

CONIUGAZIONE ATTIVA DEL VERBO AMARE

Modo indicativo

Presente
amo
ami
ama
amiamo
amate
amano

Passato prossimo
ho amato
hai amato
ha amato
abbiamo amato
avete amato
hanno amato

Imperfetto

amavo
amavi
amava
amavamo
amavate
amavano

Trapassato prossimo

avevo amato
avevi amato
aveva amato
avevamo amato
avevate amato
avevano amato

Passato remoto

amai
amasti
amò
amammo
amaste
amarono

Trapassato remoto

ebbi amato
avesti amato
ebbe amato
avemmo amato
aveste amato
ebbero amato

Futuro semplice

amerò
amerai
amerà
ameremo
amerete
ameranno

Futuro anteriore

avrò amato
avrai amato
avrà amato
avremo amato
avrete amato
avranno amato

Modo congiuntivo

Presente

ami
ami
ami
amiamo
amiate
amino

Passato

abbia amato
abbia amato
abbia amato
abbiamo amato
abbiate amato
abbiano amato

Imperfetto

amassi
amassi
amasse
amassimo
amaste
amassero

Trapassato

avessi amato
avessi amato
avesse amato
avessimo amato
aveste amato
avessero amato

Modo condizionale

Presente
amerei
ameresti
amerebbe
ameremmo
amereste
amerebbero

Passato
avrei amato
avresti amato
avrebbe amato
avremmo amato
avreste amato
avrebbero amato

Imperativo

Presente
ama
ami
amiamo
amate
amino

Infinito

Presente
amare

Passato
aver amato

Participio

Presente
amante

Passato
amato

Gerundio

Presente
amando

Passato
avendo amato

CONIUGAZIONE ATTIVA DEL VERBO CREDERE

Modo indicativo

Presente
credo
credi
crede
crediamo
credete
credono

Passato prossimo
ho creduto
hai creduto
ha creduto
abbiamo creduto
avete creduto
hanno creduto

Imperfetto

credevo
credevi
credeva
credevamo
credevate
credevano

Trapassato prossimo

avevo creduto
avevi creduto
aveva creduto
avevamo creduto
avevate creduto
avevano creduto

Passato remoto

credei
credesti
credé
credemmo
credeste
credettero

Trapassato remoto

ebbi creduto
avesti creduto
ebbe creduto
avemmo creduto
aveste creduto
ebbero creduto

Futuro semplice

crederò
crederai
crederà
crederemo
crederete
crederanno

Futuro anteriore

avrò creduto
avrai creduto
avrà creduto
avremo creduto
avrete creduto
avranno creduto

Modo congiuntivo

Presente

creda
creda
creda
crediamo
crediate
credano

Passato

abbia creduto
abbia creduto
abbia creduto
abbiamo creduto
abbiate creduto
abbiano creduto

Imperfetto

credessi
credessi
credesse
credessimo
credeste
credessero

Trapassato

avessi creduto
avessi creduto
avesse creduto
avessimo creduto
aveste creduto
avessero creduto

Modo condizionale

Presente
crederei
crederesti
crederebbe
crederemmo
credereste
crederebbero

Passato
avrei creduto
avresti creduto
avrebbe creduto
avremmo creduto
avreste creduto
avrebbero creduto

Imperativo

Presente
credi
creda
crediamo
credete
credano

Infinito

Presente
credere

Passato
aver creduto

Participio

Presente
credente

Passato
creduto

Gerundio

Presente
credendo

Passato
avendo creduto

CONIUGAZIONE ATTIVA DEL VERBO SENTIRE

Modo indicativo

Presente
sento
senti
sente
sentiamo
sentite
sentono

Passato prossimo
ho sentito
hai sentito
ha sentito
abbiamo sentito
avete sentito
hanno sentito

Imperfetto

sentivo
sentivi
sentiva
sentivamo
sentivate
sentivano

Passato remoto

sentii
sentisti
sentì
sentimmo
sentiste
sentirono

Futuro semplice

sentirò
sentirai
sentirà
sentiremo
sentirete
sentiranno

Trapassato prossimo

avevo sentito
avevi sentito
aveva sentito
avevamo sentito
avevate sentito
avevano sentito

Trapassato remoto

ebbi sentito
avesti sentito
ebbe sentito
avemmo sentito
aveste sentito
ebbero sentito

Futuro anteriore

avrò sentito
avrai sentito
avrà sentito
avremo sentito
avrete sentito
avranno sentito

Modo congiuntivo

Presente

senta
senta
senta
sentiamo
sentiate
sentano

Imperfetto

sentissi
sentissi
sentisse
sentissimo
sentiste
sentissero

Passato

abbia sentito
abbia sentito
abbia sentito
abbiamo sentito
abbiate sentito
abbiano sentito

Trapassato

avessi sentito
avessi sentito
avesse sentito
avessimo sentito
aveste sentito
avessero sentito

Modo condizionale

Presente
sentirei
sentiresti
sentirebbe
sentiremmo
sentireste
sentirebbero

Passato
avrei sentito
avresti sentito
avrebbe sentito
avremmo sentito
avreste sentito
avrebbero sentito

Imperativo

Presente
senti
senta
sentiamo
sentite
sentano

Infinito

Presente
sentire

Passato
aver sentito

Participio

Presente
(sentente)

Passato
sentito

Gerundio

Presente
sentendo

Passato
avendo sentito

CONIUGAZIONE PASSIVA DEL VERBO AMARE

Modo indicativo

Presente
sono amato
sei amato
è amato
siamo amati
siete amati
sono amati

Passato prossimo
sono stato amato
sei stato amato
è stato amato
siamo stati amati
siete stati amati
sono stati amati

Imperfetto

ero amato
eri amato
era amato
eravamo amati
eravate amati
erano amati

Passato remoto

fui amato
fosti amato
fu amato
fummo amati
foste amati
furono amati

Futuro semplice

sarò amato
sarai amato
sarà amato
saremo amati
sarete amati
saranno amati

Trapassato prossimo

ero stato amato
eri stato amato
era stato amato
eravamo stati amati
eravate stati amati
erano stati amati

Trapassato remoto

fui stato amato
fosti stato amato
fu stato amato
fummo stati amati
foste stati amati
furono stati amati

Futuro anteriore

sarò stato amato
sarai stato amato
sarà stato amato
saremo stati amati
sarete stati amati
saranno stati amati

MODO CONGIUNTIVO

Presente

sia amato
sia amato
sia amato
siamo amati
siate amati
siano amati

Imperfetto

fossi amato
fossi amato
fosse amato
fossimo amati
foste amati
fossero amati

Passato

sia stato amato
sia stato amato
sia stato amato
siamo stati amati
siate stati amati
siano stati amati

Trapassato

fossi stato amato
fossi stato amato
fosse stato amato
fossimo stati amati
foste stati amati
fossero stati amati

Modo condizionale

Presente

sarei amato
saresti amato
sarebbe amato
saremmo amati
sareste amati
sarebbero amati

Passato

sarei stato amato
saresti stato amato
sarebbe stato amato
saremmo stati amati
sareste stati amati
sarebbero stati amati

Imperativo

Presente

sii amato
sia amato
siamo amati
siate amati
siano amati

Infinito

Presente

essere amato

Passato

essere stato amato

Participio

Passato

amato

Gerundio

Presente

essendo amato

Passato

essendo stato amato

Nella stessa maniera si fa la coniugazione passiva dei verbi *credere* e *sentire*, con i participi passati *creduto* e *sentito*.